御一新

御一新　近代日本の光と影

近代日本的光與影

洪維揚——著

MEIJI REVOLUTION

THE GLORY AND SHAME OF MODERN JAPAN

3.

第3部
有司專制・士族反亂

目次

第三部　有司專制・士族反亂

第十六章　近代外交的試煉

第十七章　大阪會議

3.

第3部
有司專制・士族反亂

月岡芳年，〈皇国一新見聞誌　佐賀の事件〉——東京都立圖書館藏

第十四章

佐賀之亂

一、返回佐賀的江藤新平

西鄉在明治六年10月24日辭職獲准後四日(28日)離開東京，近衛兵裡薩摩出身的將官也相繼提出辭呈，在數日後追隨西鄉離開東京。不過，太政官不僅不敢處分這些擅自遞出辭呈也不管是否同意批准便自行返回鹿兒島的薩摩將官，甚至還照樣繼續支付這些將官們的薪資。當初薩、長、土三藩出兵組成近衛兵前身御親兵，如今薩摩、土佐出身的將領大量辭職，近衛兵只剩長州出身的將領（薩摩、土佐僅存部分），保衛帝都的責任便落在長州將領及長州出身的近衛兵身上。若執意追究、嚴懲薩摩及土佐辭職的將領，難保他們不會在地方掀起反亂，鑒於鎮台兵的不振，到時成為作戰主力的想必是為數僅有數千的長州近衛兵。

光薩摩的武力便足以推翻掉太政官，太政官不願再見到板垣、後藤、江藤、副島四位前參議也步上西鄉的腳步返回故鄉，先是以種種理由將他們留在東京，然後再以甫成立的警視廳進行監視。

在明治五年下野的東京府知事由利公正的建議下，在東京無所事事的板垣等四位前參議，於明治七年1月12日晚聚集在京橋區銀座（現在中央區京橋一帶）副島宅邸，閱讀剛由名東（德島）縣士族小室信夫與高知縣士族古澤滋起草的《民選議院設立建白書》。四名前參議對這一絕妙好文讚不絕口，陸續簽上自己的名字，預定14日向左院提交。

連署完畢，板垣因住家距離副島較遠而被江藤留下過夜。江藤、副島兩名前參議向板垣提及近來佐賀局勢不穩，唯恐在不平士族的把持下掀起反旗，因此想以前參議的身分與聲望西下佐賀鎮撫。的野半介在《江藤南白》一書有如下的記載：

……南白與副島相對私語良久，密告板垣，兩人懷西下之意。板垣認為此行太危險，告之：「兩君乃鎮西有眾望之人，國人仰之如泰斗，兩君一舉足，則壯士激揚，必擁戴兩君而翻捲旗幟於天下。兩君宜自重自愛，留居東京，莫如遣人持書平定之。此豈非善策耶？」然而，南白不同意，向板垣講述佐賀的形勢及不得不早日返回的原因。板垣欲強留之，南白說道：「副島君留東京，余一人西下，此乃出於形勢不得已。」板垣再勸南白，務以國家為重，以免貽誤自身。

堅持返回佐賀的江藤於翌日動身。

原本預定於14日遞交的《民選議院設立建白書》則因13日晚的「赤坂喰違之變」，延遲至17日才送至左院。2月2日抵達長崎的江藤，一上岸便為征韓黨員簇擁，進退兩難的江藤果真如板垣的預測成為佐賀之亂的領袖之一。

二、返鄉之前的島義勇

大久保成為內務卿後便收到佐賀政情不穩的情報，於是派出心腹岩村高俊到佐賀縣接替長兄岩村通俊為新權令。表面上調走岩村通俊的理由為高昇工部省，實際上是因為通俊同情佐賀士族，若由他繼續擔任權令，佐賀的情勢恐將難以控制。至於岩村高俊，筆者在《戊辰戰爭》一書第九章第二節提及他在戊辰戰爭期間的評價，另外也引用唐納德．基恩（Donald Keene）的著作《明治天皇》提到，高俊在前往佐賀的船上，偶遇應三條太政大臣的要求返回佐賀平息不平士族的秋田縣權令島義勇，高俊傲慢的言論激怒島義勇，讓他決心與佐賀士族站在同一陣營。

這位島義勇是何許人物？為何他會選擇與佐賀士族站在一起？

維新回天後先是放棄攘夷主張，版籍奉還、廢藩置縣使武士生計陷入困境，還被改名士族，明治四年以來種種改革又相繼剝奪士族的特權，各地士族普遍萌生今非昔比之感，部分藩的家老、上士甚至懷念起幕府時代。不平士族都把挽回武士地位的希望寄託在征韓一事，然而，士族的最後希望隨著征韓派五位參議的下野灰飛煙滅……

不甘心的士族成立以征韓為目的的組織，以俟他日征韓議題再起之時作為向太政官請願之用。位於玄界灘南岸的佐賀因地理環境之故，士族對朝鮮的關心甚於其他地方，當征韓議題遭到岩倉、大久保等反征韓派的否決，佐賀士族出現三種反應，其一主張延續征韓的議題，其二主張恢復幕府時代的藩主、士族的家祿，其三是中立無所屬。

主張延續征韓的人數最多，明治六年12月23日成立征韓黨，人數多達二千餘人，他們公然聚眾倡議征韓，並暗自聯繫鹿兒島及高知二縣士族。主張恢復幕府時代藩主、士族家祿的被稱為憂國黨(或封建黨)，人數亦有千餘人，該黨關心的雖是恢復幕府時代的舊制，但也反對太政官。中立無所屬被稱為中立黨，該黨領袖名為前山清一郎(名諱為長定)，雖然中立黨的勢力無足輕重，不過前山有著奧羽戰爭的戰功，是戊辰戰爭中得到最高賞賜的佐賀藩士(賞典祿四百五十石)，並曾任佐賀縣大參事及兵部省博多分營長，在佐賀有極大的聲望。

擁有兩千多名成員的征韓黨缺乏具全國性知名度的人物，其實不僅是征韓黨，幕末時期不管對開國或攘夷、佐幕或倒幕等議題都不關心的佐賀藩，在藩主鍋島直正．直大父子嚴禁家臣脫藩以個人名義從事志士行為下，缺乏薩摩、長州或土佐那樣擁有全國性知名度的人物。像是幕末時江藤有意脫藩從事攘夷，結果被已隱居的直正處以永蟄居處分，到王政復古前夕才獲釋，差不多已是佐賀藩最具知名度的人物。因此，當有參議經歷的江藤一回到佐賀便受到征韓黨的擁戴成為該黨領袖。在東京信誓旦旦說道要返回佐賀勸阻士族的江藤，一在長崎上岸便受到征韓黨員的歡迎，一如板垣預測的成為士族反亂的領袖。

憂國黨員原本預期副島會與江藤一起返回，預定要擁戴副島為憂國黨領袖，如此一來，擁有兩位前太政官參議經歷的佐賀士族，便能號召更多各地的不平士族。可惜副島最終打消返回佐賀，憂國黨員失去一個有高聲望的人選。不過，前秋田權令島義勇的返鄉也讓他們多少提振士氣。島義勇生於文政五（一八二二）年，佐賀藩尊皇派核心人物枝吉神陽是其表兄，枝吉之弟即副島種臣。島幼年進入藩校弘道館就讀，之後遊學江戶，師事佐藤一齋、藤田東湖、林櫻園等儒者及國學者，師事的對象雖多卻始終未曾接觸蘭學。

安政年間奉藩主之命成為箱館奉行堀利熙的近習，因而得到探險蝦夷地及樺太的機會，可說是外樣大名家臣中的第一人。慶應三年島先是被任命為藩的軍艦奉行，慶應四年加入新政府軍後又被任命為藩的海軍軍監，率領佐賀海軍參與征討奧羽行列。明治二年由於鍋島直正擔任開拓長官，有蝦夷地及樺太實地探險經歷的島被任命為開拓判官，島認為箱館的位置偏南，不適合做為開發北海道的根據地。島在明治二年十月從開拓使仮役所所在地小樽，朝東南來到一愛奴人與日本人的混居地，島一眼相中這個愛奴人口中「又乾又大的河川」之地，遂以愛奴語「サッ・ポロ」(sat-paro)作為這一舉目望去盡是原野的名字，此即北海道道廳所在地札幌市。

為了讓日本人安心移居開墾，島選定在今日札幌市中央區宮ヶ丘一帶創建神社（明治四年六月依據天皇敕旨命名札幌神社），札幌神社雖非北海道最初的神社，卻是札幌的首座。最初社格為國幣小社，明治廿六年升格官幣中社，明治三十二年升格官幣大社，同時也是北海道一宮。

札幌神社的主祭神為大國魂神（即大國主命）、大那牟遲神（大國主命的別名）及少彥名神，合稱「開拓三神」。一般說來，日本在新納入領地若有成立神社，「開拓三神」經常會是主祭神之一，像是在殖民地台灣設立的神社中，最常見的六尊主祭神為天照大神、明治天皇、能久親王以及「開拓三神」。昭和三十九年，札幌神社改名北海道神宮，同時也增添明治天皇為主祭神。

島與明治二年八月廿五日上任的第二任開拓長官東久世通禧不合，明治三年初為東久世下令解職（島的繼任者即筆者在《戊辰戰爭》提過的松浦武四郎）。在東京閒差近兩年的島，明治五年一月被派往秋田縣當上首任權令，不到半年的任期裡致力於八郎潟的**圍墾**（也稱「圍海造田」或「圍湖造田」。先在江河、湖、海的區域修築堤壩，再將河水、湖水、海水排出以行墾殖的工作。八郎潟原本是日本僅次於琵琶湖的第二大湖，經歷多次圍墾後萎縮成第十八位）。

明治五年七月辭官的島再次蟄居東京，明治七年1月聽聞佐賀不平靜的他主動要求返鄉鎮撫。2月1日，憂國黨員搗毀**小野組**（江戶時代的糸割符豪商，是近江商人的代表，屋號為井筒屋。慶應三年十二月，看好倒幕派的聲勢與實力，主動與三井組、島田組承擔討幕戰爭的軍資，據說共出資近三百萬兩。隨著新政府軍的勝利，小野組在明治時代搖身為御用商人，澀澤榮一下野後與三井出資成為第一國立銀行的大股東，明治中期因經營不善倒閉）在佐賀的支店，此時返鄉的島與江藤二人在還不是很清楚局勢的情形下，被推戴為反亂之首。

三、佐賀征討令

憂國黨搗毀小野組是出於軍資與糧餉的籌措，然而，在取得小野組的軍餉後卻沒有進一步擴大戰果，因為人數居於劣勢的憂國黨不願單獨行動，而被征韓黨奉為領袖的江藤此時人還在前往長崎的船上。筆者在前節有提過征韓黨與憂國黨在核心主張上有所差異（一為征韓，一為恢復封建制度），但在反對太政官這一點則無二致，由於有共同的目標，江藤於2月11日在長崎會見島後促成兩個主張迴異的團體攜手合作。

不過，或許是距離的因素讓佐賀士族認為太政官在短時間內不會（甚至不能或不敢）派兵來到九州，因此其軍事行動顯得散漫不振。此外，征韓、憂國兩黨的合作也麻痺了警覺性，以為由佐賀登高一呼，各地的不平士族必會起而響應。江藤因此拖到13日才進入佐賀，以舊藩校弘道館為本營指揮兩黨士族進攻縣廳佐賀城。

上任不到一個月便遇上士族反亂的佐賀權令岩村高俊緊急向熊本鎮台求援，熊本鎮台司令長官是與岩村權令同鄉的谷干城，他立即下令山川浩陸軍少佐從海路、佐久間左馬太陸軍少佐從陸路，各率領半個大隊的兵力前往佐賀馳援。結果只有從海路進軍的山川浩的半個大隊兵力(三百多人)進入佐賀城保護岩村權令，於是佐賀城成為佐賀士族進攻的目標。

山川浩雖是士族出身(會津藩家老)，但他率領的三百多名鎮台兵卻是去年山縣陸軍卿在各方不看好的情形下，硬是推動徵兵制徵募來的農民兵。這批農民兵自徵募以來飽受各界(尤其是各地士族)歧視的眼光，此役可說是徵兵制破除外界質疑眼光的大好機會，若能堅守住佐賀城(或是守住一段時間後)便可讓世人一改對徵兵制的印象。

2月16日，佐賀士族對進入佐賀城展開籠城姿態的鎮台兵展開猛攻，素來看不起農民兵的士族以為一輪猛攻便能令從未拿過兵器的農民為之喪膽，當日便可拿下佐賀城。孰料，農民兵在山川浩陸軍少佐的沉著指揮下，硬是擋下征韓黨與憂國黨的猛攻。筆者在《戊辰戰爭》多次提到山川浩這位受任於敗軍之際的年輕家老，親身經歷過會津戰敗的他，把每一次作戰都當作是洗雪會津恥辱的契機，不要命般的英勇作戰。指揮官對戰爭的態度會傳染給部下，因此這一群農民兵也回報以不要命的態度應戰。

在山川浩身先士卒的鼓舞下，熊本鎮台兵硬是撐到18日才因彈藥、糧食嚴重匱乏拱手讓出佐賀城。山川浩率領的三百三十二名鎮台兵戰死一百三十七名，而圍城的佐賀士族超過三千人，卻費時三日才攻下佐賀城，以農民兵而言這樣的成績不僅足以自豪，也足以令看衰他們的士族瞠目結舌。

逃出佐賀城的岩村權令及山川浩以下近二百名鎮台兵，與姍姍來遲的佐久間左馬太陸軍少佐的半個大隊會合，安全撤出佐賀。江藤前參議、島前秋田權令及佐賀士族以勝利者姿態進入佐賀城，並宣布以此為本營。19日島將前一晚擬畢的意趣書對外昭告：

數百年來天下忠義之士自然嘯集於天皇身旁，且由此輩的竭盡忠誠以開創中興之御大業，五方人民拭目信賞必罰萬機得其所，神世淳樸之風得以恢復。然則，恩賞不當、奸臣專橫，中興第一之元老島津從二位（久光）、西鄉正三位、木戶從三位、板垣正四位、副島正四位、後藤正四位及其他有功之士遭到黜退。舉無功無賴之奸才，醉心於蠻夷之醜風，開闢以來未曾有之苛政暴法重斂相行，使父兄師友如外國之黑奴，待華・士族及人民如讐敵，四海荒蕪滿是怨嗟之聲。雖然海內憂國之士基於尊皇愛國之念，屢屢向三條太政大臣、岩倉右大臣建言建白。兩大臣雖有忠諒之心，但器量狹小無識人之明，受奸臣之為愚弄，施淺薄之權謀詐術，失卻天下之人心，殺伐之氣由之而起。以忠諒的肥前為首，繼之以討伐肥後並及於元勳的薩州、土州，今般發肥後鎮台兵困守佐賀城，討伐全國之士族，不僅全國忠勇之士，甚至連無識之士民亦不堪憤憤。本月十六日早曉進攻，迄十八日朝陷落，剷除暴兵。江藤正四位公平眾望之名在外，應使置於適宜之所以安堵四民。內以變革國之大政，外以征討無禮的朝鮮國，並使支那、魯西亞（俄國）為我臣僕。特此向兩大臣懇懇忠告，宜以御慰諭厚待中興之諸元老，內以廣施仁澤，外以伸張御武威封建郡縣並行之體，此為治理神州最適之策。

此意趣書的要旨有三：

一、維新的理想在於復歸王政復古的神世淳樸，但已被現實政府的人事與刑罰叛離。

二、對政府歐化主義、種種苛政及暴法、待華．士族與人民如讐敵等態度的不滿。

三、對政府中央集權的非難，認為有消滅肥前、肥後、薩摩、土佐等西南舊雄藩士族集團的意圖。此次起兵所欲達成的，在國內是中興諸元老（島津久光與諸位下野參議）重返政府與變革國之大政；在國外則建立以支那、魯西亞為我臣僕的方針，行封建郡縣並行之政體。

這封意趣書被解讀為向東京宣戰，與佐賀士族攻下佐賀城沉浸在勝利喜悅的同一日，大久保內務卿登陸博多港，旋即以福岡為本營進入戰備狀態。以下筆者簡單介紹2月1日憂國黨員搗毀小野組支店後大久保的反應，讀者不難發現大久保的「超前部署」行動有多麼迅捷。

2月3日，憂國黨的搗毀行為急電傳至東京太政官，由於電報內容相當簡短，不清楚具體內容，但由於涉及辭官的前參議，因此太政官審慎看待佐賀的舉動。不過，太政官的反應也僅只於此。倒是大久保內務卿，當下便作出如下反應：

立刻逮捕江藤前參議，不能讓此舉蔓延到其他縣。

立即向三條太政大臣、岩倉右大臣、木戶參議兼文部卿三人請示，自己要前往九州平亂，而且還附帶以下條件：

自己在九州握有軍隊統帥權、行政權及司法權。

言下之意等於自己一旦進入九州，所作所為都可以不用再時時請示東京，而東京也不能以種種理由限制大久保的作為。另外，有一點要指出的是大久保內務卿的在九州握有軍隊統帥權，不光是指對九州軍隊（熊本鎮台）的統帥權，而是平亂軍隊一進入九州便得接受大久保的調度，大久保獲得了連戊辰戰爭期間在前線的指揮官也沒有的空前權力。

之後大久保得到關於佐賀反亂更精確的消息，即使知道江藤前參議並未涉入其中，但大久保仍執意前往九州。他擔心的不是江藤前參議，固然此時的太政官比幕府還不堪一擊是事實，但太政官再怎麼弱也不至於不如佐賀士族。不過，若不能盡快平定佐賀的亂事，難保薩摩士族不會跟進。這可不是危言聳聽，自西鄉下野後，光是東京一地便不時傳出這樣的謠言：

西鄉不甘就此退隱，一、兩年內一定會在薩摩舉起反旗。

太政官可沒人把這視為謠言。一旦薩摩趁勢而起，各地不平士族也會遍地開花，這才是大久保最膽顫心驚之事，因此大久保在9日準備就緒，動身離開東京。三條太政大臣、岩倉右大臣似乎也能感受到時局的動盪，不願大久保內務卿在此時離開(尤其是岩倉右大臣，不到一個月前他才剛受到士族襲擊)，頻頻說道東京也充滿危險。大久保把維護帝都安全及治安的責任交給川路大警視及警視廳後搭乘龍驤前往九州。

為保險起見，太政官在大久保離開後私下派出一張王牌前往九州，這張王牌不是別人，正是去年12月25日才被任命為內閣顧問的島津久光。久光始終認為之所以能完成維新回天大業，是建立在他被西鄉、大久保的謊言欺騙下同意出兵的結果。然而，完成維新回天大業後太政官的所作所為都與他期盼的背道而馳，且先不說成立島津幕府一事夢碎，光是與外國交往、廢除封建、文明開化等政策都讓久光為之震怒，不過權力盡失的他也只能在自家別邸鳴放煙火洩憤。

太政官得知久光的不滿特地為其保留左大臣的職位，還刻意把長州與薩摩納入明治五年天皇第一次大規模地方巡幸的行程裡，只是並沒能消除久光的怒氣。太政官隔年3月又以勝海舟、西四辻公業為敕使前往鹿兒島，終於讓久光點頭上京，久光一上京旋被任命為麝香間祗候，12月25日再任命為內閣顧問。相信讀者應該也清楚太政官把久光請到東京最主要的目的在於牽制薩摩士族，在西鄉辭官後久光尤其顯得重要。大久保離開東京後太政官出面說服久光，讓他返回鹿兒島勸說當地士族不要響應佐賀士族的反亂舉動。

簡單談完久光後，筆者再把焦點轉往大久保身上。大久保獲得三條太政大臣、岩倉右大臣二人充分授權後，率領東京鎮台砲隊於14日離開東京前往神戶，16日抵達神戶後直奔大阪鎮台，由野津鎮雄陸軍少將率領兩大隊兵力加上東京鎮台砲隊前往九州前線，在19日抵達福岡，大久保也在這一日發出佐賀征討令。

四、敗逃薩摩、土佐的江藤

20日傍晚，野津鎮雄陸軍少將集結東京鎮台砲隊、大阪鎮台兩大隊，以及山川浩和佐久間左馬太的熊本鎮台倖存兵力，合計約兩千多人準備翌日主動出擊。也在這一日，久光抵達鹿兒島，當日久光找來西鄉，要他前往佐賀鎮撫以及立誓不會響應佐賀士族的舉動。

西鄉雖允諾不會響應佐賀士族的起義，但是拒絕前往佐賀鎮撫。對大久保內務卿而言，西鄉不揭竿而起便已足夠，光是佐賀士族憑己之力足以平定。

21日，中立黨領袖前山清一郎率軍投效政府軍。前文已有提及前山清一郎的中立黨人數最少，前山率軍投效為政府軍帶來實質兵力上的助益有限。然而，前山此舉卻重重挫折佐賀士族的士氣，無形中也阻絕外地士族的響應。22日，征韓黨在鳥栖（佐賀縣鳥栖市）與政府軍激戰，堂堂士族竟敗給農民兵，江藤原本滿滿的自信似乎因這場敗仗而徹底洩氣。23日他宣布全軍解散後失去蹤跡，江藤從風光進入佐賀到解散全軍失去蹤跡前後也不過十日的光景，與發動本能寺之變到最後身首異處的明智光秀不遑多讓。這一日太政官才正式任命東伏見宮嘉彰親王（即戊辰戰爭期間的仁和寺宮，明治三年宮號改成東伏見宮）為佐賀征討總督，山縣陸軍卿與伊東祐麿海軍少將為征討參軍。

26日，甫上任的廣島鎮台司令長官井田讓陸軍少將也率領兩中隊從吳港出發。27日井田率領的廣島鎮台兵登陸博多港後，前往佐賀與大久保的軍隊會合，準備翌日進攻尚未降伏的島義勇及憂國黨。28日，大久保不理會憂國黨派來交涉的使者，下令總攻擊。雙方激戰中島義勇逃出，下落不明。3月1日，東京、大阪、廣島、熊本四鎮台兵合力攻下佐賀城，大久保將佐賀城交給外務少輔山口尚芳（岩倉使節團的副使之一），全力追捕包含江藤、島在內的征韓．憂國兩黨幹部。此時，東伏見宮征討總督和山縣、伊東兩征討參軍率領近衛兵兩大隊及東京鎮台一中隊才剛從東京出發而已。

雖然佐賀之亂因首腦江藤、島二人尚未落網而算不上真正結束，但是以徵募農民為主力的鎮台兵以此役而打響名號，使得自成立以來普遍不看好的士族、民眾收起小覷之心。

想不到這些莊稼漢戰力這麼強！

另一方面，自23日便下落不明的江藤前參議赫然於3月1日傍晚帶著八名親信現身在鹿兒島縣指宿郡宇奈木溫泉（鹿兒島縣指宿市山川成川鰻溫泉）。江藤從先前派來鹿兒島勸說西鄉舉兵的使者口中得知，西鄉自辭官回鄉後便在此地過著打獵的生活，逃出佐賀後便來到鹿兒島，江藤此行的目的是想說動西鄉舉兵，如若不能也希望出面向大久保斡旋結束作戰狀態。

西鄉認為江藤太過躁進，雖然世人都說太政官基礎不穩，過於微弱，但太政官再怎麼弱總不會輸給倉促舉兵、毫無規劃的佐賀士族。22日、28日兩次作戰便可證明，飛蛾撲火般的舉兵徒然使佐賀士族成為太政官增添聲望、鞏固根基的犧牲品。

西鄉直接對江藤說道：

太政官只要有一藏在，總不會差到哪去。

說完便保持沉默，對江藤的處境置之不理。在西鄉的眼裡江藤已如甕中之鱉，大久保正在逐漸縮小搜索範圍，搜索到鹿兒島來只是遲早的事。倒是江藤似乎不覺得自己已是泥菩薩過江，還喋喋不休的對西鄉說道只要薩、土、肥三地士族攜手，定能推翻太政官。西鄉不想再聽下去，示意江藤離去。

真冷漠！

江藤留下這句話後悻悻然離去。

筆者在第十三章第三節提到明治六年10月22日，西鄉、板垣、江藤、副島四名參議走出岩倉宅邸時，板垣對西鄉感性的談話，卻被西鄉澆了一盆冷水，對此板垣到了耄耋之齡仍耿耿於懷，雖然時空環境有所不同，江藤此時應有類似板垣的感觸。

從上述二例來看可知西鄉對於薩摩以外的人相當冷淡，因為冷淡所以認知也就有限，筆者再舉兩個例子或許更有助於讀者理解西鄉的識人觀。

筆者在《戊辰戰爭》一書第一章阿波沖海戰與第十二章箱館戰爭，曾兩度提及東鄉平八郎，進入明治時代曾向大久保提出前往海外留學學習鋪設鐵道的計畫，大久保批准東鄉的留學，不過暫時找不到適當的時機。東鄉於是轉向西鄉提出海外留學計畫，西鄉也批准了，不過，卻是把鐵道改成海軍，並對東鄉說道：

> 你若從事海軍，將來前途不可限量。

日本的鐵道鋪設沒有東鄉絲毫無損，但日本的海軍若沒有東鄉恐怕不會有日本海海戰的勝利。

前幾章曾多次提到大隈在閣議中屢屢遭到西鄉的斥責而對他懷恨在心，不過，話說回來，西鄉對大隈表現在外的精明能幹亦不抱持好感，曾對友人說道：

大隈那個人恐怕言過其實，不可給他承擔有重大影響的事務，尤其是教育，萬萬不能交給他。

然而，比起大隈自認擅長的財政和外交，他一生普遍被認為最有成就的領域正是教育方面。

3月2日，江藤又與西鄉談及起義之事，仍為西鄉拒絕。話題既不投機，江藤留下將前往土佐勸說板垣後便與西鄉告別，西鄉認定江藤此行前去土佐也會吃閉門羹，因為板垣不可能會同意江藤的計畫。與西鄉不歡而散後，江藤冒險進入鹿兒島與桐野利秋見面，桐野一如西鄉，對江藤的計畫相應不理，還勸他就此蟄居。

對薩摩斷念的江藤，把最後的希望寄託在土佐上。3日，江藤與親信分批乘船離開鹿兒島，在大隅半島的垂水（鹿兒島縣垂水市）上陸，不過，江藤並未前往土佐，而是北上進入宮崎縣飫肥（宮崎縣日南市，有「九州小京都」之稱）地區投靠舊友。

大久保內務卿撒下的搜索網也來到九州南部，江藤似乎有所察覺，因此亟欲離開九州，前往伊予，再從伊予轉往土佐。不過，連日暴雨以及覓得船隻的不易使江藤一行費時將近七日的時間才從飫肥經愛媛縣八幡濱海岸再到宇和島，這段期間島義勇已於3月7日在鹿兒島被捕押解回佐賀，14日，東伏見宮征討總督抵達佐賀，在九州的鎮台兵及官軍都在緝拿江藤一行人。

江藤一行八人分成三組分批行動，在宇和島與土佐中村間反覆打轉，終於在3月25日來到浦戶。此時板垣還在返回土佐的路途上，江藤沒能見到板垣，見到的是後來追隨板垣的林有造與片岡健吉二人，江藤勸說他們兩人鼓動土佐士族起義。若在明治三十年代，林與片岡當然有能力號召，但在此時兩人也愛莫能助。佐賀淪陷，而薩摩、土佐都不願或無能幫助自己，此時的江藤已是窮途末路，漫無目的的他只能往東進入阿波，29日在土佐、阿波交界處的甲之浦（高知縣安藝郡東洋町）遭到逮捕。

江藤是因為與貼在甲浦旅館的通緝照片比對一致而被認出。諷刺的是，通緝照片是江藤在明治五年擔任司法卿期間推廣的制度，而他正是這套制度的第一個受害者。江藤內心想必想到以下這則典故：

秦孝公卒，太子立。公子虔之徒告商君欲反，發吏捕商君。商君亡至關下，欲舍客舍。客人不知其是商君也，曰：「商君之法，舍人無驗者坐之。」商君喟然嘆曰：「嗟乎，為法之弊一至此哉！」（出自《史記．商君列傳》）

為秦國變法並使其成為戰國時代最後贏家的商君，最終招致秦惠王（秦孝公之子）車裂（俗稱五馬分屍，但亦有其他說法）的下場，此即成語「作法自斃」的典故，用來形容此時的江藤真是再貼切不過了。

五、佐賀臨時裁判所的判決

4月2日江藤被捕的消息傳回佐賀，平時臉上毫無表情的大久保總算露出一絲喜悅，當夜設宴宴請東伏見宮（即使他對平亂毫無貢獻）、岩村高俊權令、山田顯義陸軍少將、河野敏鎌司法大丞、野津鎮雄陸軍少將等平亂功臣。止不住內心振奮的大久保，在當晚的日記寫道：

雲陽艦今井（兼輔）艦長來報，江藤及其親信共九人在高知縣被捕，令人雀躍不已。岩村、山田等人舉杯慶賀，各自賦詩作歌，盡情暢歡。

個性嚴謹的大久保會在日記裡出現「雀躍」、「慶賀」、「盡情暢歡」等字眼，不難看出對佐賀士族的平定有多大喜過望。不過，平定佐賀士族應在意料之中，以大久保性格上的內斂、沉穩，使用「雀躍」、「慶賀」、「盡情暢歡」未免過於浮誇，筆者認為大久保大喜過望的原因並非佐賀士族的平定，而是逮捕到江藤。

明治初年到江藤下野的六、七年間，太政官裡有明確建立國家理念和能力的，大概只有大久保和江藤兩人（木戶雖有理念但欠缺執行力），大久保身為維新回天元勳之一，太政官一成立便因功勳成為右院最具實力的機構大藏省之長。相較之下，出身佐賀這一在戊辰戰爭期間沒有太大功勳的藩，江藤仕途的起步顯得坎坷許多，因廢藩置縣的契機才得以進入太政官，最初為文部大輔，繼而為左院副議長，然而這都不是江藤的興趣所在。

明治五年四月，留守政府成員之一的江藤當上司法卿，他積極整備司法制度，為此吸收許多非佐賀甚至非薩長土肥的人士進入司法省，像是河野敏鎌（土佐）、沼間守一（幕臣）均為他延攬，明治初年能夠做到用人唯才而非出生地的，大概也只有他和大久保。江藤積極吸收的這些人投入在建立司法職務、廣設裁判所（法院）、翻譯歐美各國法律條文，不僅使司法省成為獨立機構，而且權勢足以威脅到大藏省，感受到威脅的大久保決定趁此次的審判永久除掉江藤。

被捕的江藤押解回佐賀，將與先前已逮捕的島義勇及征韓、憂國兩黨主要幹部一起審訊。為此，大久保內務卿4月5日在佐賀先行成立臨時裁判所，由於大久保內務卿出發前已從太政官取得九州地區的軍隊統帥權、行政權及司法權，因此佐賀臨時裁判所可預見的將由大久保一手主導（儘管司法並非其專長）。

8日，平亂無功的東伏見宮征討總督，和山縣、伊東兩征討參軍應大久保之邀，前來旁聽對江藤的審判。江藤昔日的部下河野敏鎌擔任審判長，負責審問昔日長官江藤。江藤見狀怒道：

河野！你忘了我昔日對你的恩情嗎？

江藤指的是他擔任左院副議長期間（明治四年八月十日到明治五年四月廿五日），一位廿七、八歲的土佐青年手持左院議長後藤象二郎的介紹信前來見江藤，江藤立即安排這位年輕人在隸屬左院的待詔院就職，這位土佐青年便是河野敏鎌。河野雖受江藤提拔，在江藤下野後迅速向大久保靠攏，在大久保遭到暗殺後又迅速向其接班人伊藤、大隈靠攏，明治十四年政變與大隈一同下野，因沼間守一的推舉成為大隈成立的立憲改進黨副總理。

河野雖是審判長，充其量只能照本宣讀判決文書，而且在大久保炯炯有神的目視下，河野只能在內心對江藤寄予同情，而無法表現在對江藤的判決上。江藤在陳述時避重就輕，極力爭取前往東京再審，他認為自己頂多就是關個幾年。倒不是江藤過於樂觀或自信，而是有前例可循。在戊辰戰爭裡與新政府軍奮戰到最後一刻才降伏的蝦夷政權，除中途戰死的土方歲三、中島三郎助外，包括榎本武揚、松平太郎、荒井郁之助、大鳥圭介、永井尚志等人都在明治五年初得到天皇特赦，自己在幾年後一定會有東山再起的機會。

4月13日，江藤的判決書出爐，內容如下：

藐視當朝憲法，以征韓為名結黨，籌集火器，抵抗官軍，大逆不道。鑒於此，除籍梟首。

梟首！

江藤聽到這兩個字頓時感到天旋地轉，內心一片空白。

難道連到東京再審的機會都不給嗎？

到東京再審，江藤便有可能因為條公、岩倉右大臣的介入逃過死刑的命運，然而，大久保厲害之處在於他一開始已跟條公、岩倉右大臣請求授權「在九州握有軍隊統帥權、行政權及司法權」。大久保肩負弭平亂事的重責，要求軍隊統帥權及行政權乃理所當然，然而，為何連帶要求司法權相信讀者到此也已能理解，大久保獲知江藤在佐賀掀起反亂的那一刻，便有在佐賀當地處決江藤的想法，處決江藤不僅能增添太政官的威信，還能掃除政敵，並拉開與其他太政官成員的距離。

總計這一日的判決如下：

梟首：江藤新平、島義勇。

斬首：山中一郎、香月經五郎、朝倉尚武、中島鼎藏、西義質、山田平藏（17日自首）、重松基吉、副島義高、中川義純、村山長榮、福地常彰。

以上共十三人。另外有七人禁錮、一百三十六人懲處、二百四十人除籍（除去士族）不等的處分。

大久保在當天的日記簡單記載：

江賊已除，今日暢快，大安心。

文字雖短，酣暢之心躍然紙上。

17日，征討佐賀亂事一行人啟程離開佐賀，18日從博多港搭船出航，24日回到東京，25日立即進宮呈上覆命書向天皇報告佐賀之亂的始末。

另一方面，自2月中旬派往鹿兒島鎮撫當地士族的內閣顧問島津久光，在2月23日江藤逃出佐賀後，由於已成功達成不讓鹿兒島士族介入的使命，儘管亂事還未完全平定，不過也只是時間的問題，照理久光應返回東京才是。然而，久光回到闊別一年的鹿兒島索性住下不回東京，久光一去不回讓太政官因佐賀亂事逐步弭平而寬慰的心情又出現坐立難安。

二位大人該不會和西鄉前參議聯手起來鼓動鹿兒島士族吧？

一想到久光、西鄉及鹿兒島士族三者聯手，太政官個個頭皮發麻、不寒而慄，而他們最為倚重的大久保此時又在九州平亂，無心辦公的太政官由三條太政大臣出面上奏天皇下達敕令，派出敕使前往鹿兒島帶回久光。4月2日，以宮內大輔萬里小路博房為正使、宮內少輔山岡鐵舟為副使帶著敕命前往鹿兒島。由於敕使帶著天皇的敕命，久光自然不便拒絕，與敕使一同返回東京。久光一行回到東京時正好是大久保進宮覆命後的第三天（4月27日），早在久光返回之前大久保已向太政官提議，只要久光一返回東京便讓他當上左大臣。太政官早在廢藩置縣的同時便已保留左大臣的職位要用來安撫因廢藩而權力盡失的久光，當大久保再次提出時太政官全體同意通過。於是久光一到東京便自動成為太政官第二把交椅的左大臣，在幕府時代武家只有將軍才能當到左大臣（話雖如此也只有家光、家齊、家慶三位將軍當上左大臣），久光卻毫不費力便達成此一目標。

大久保回到東京發現又有一件棘手難辦的事情在等著他，此即征台。陸軍中將兼台灣蕃地事務局都督西鄉從道，於4月9日率領谷干城陸軍少將、赤松則良（幕臣）海軍少將兩位參軍，以及征討軍約三千人左右，搭乘孟春、日進兩艦於15日來到長崎，正好與結束佐賀征討的政府軍相遇。此時可能也沒多少人想到，浩浩蕩蕩的征台之舉，最後還是要由大久保內務卿出面才能解決，這部分筆者留到第十六章再做說明。

比佐賀之亂稍早之時，板垣等四位前參議向左院遞上有署名的《民選議院設立建白書》，要求太政官成立民選的議院。這一份建白書呈上後會有怎樣的回應？太政官又是如何的看待民選議院？這是下一章要談論的主題。

第十五章

民權運動的初始及提出《民選議院設立建白書》

一、成立愛國公黨

因征韓下野的五名參議除西鄉在10月28日離開東京外，待在東京的四名前參議經常聚會，在數次交換意見中得到共識，認為「為發揮舉國一致的精神，圖國家民生之昌隆」，為此，「應先確立公議輿論的制度，建立億兆（百姓）與國家憂戚與共之道」。

與板垣一同下野的土佐人士片岡健吉（下野前的軍階為海軍中佐）、林有造（下野前為外務省出仕），向四名前參議建議向太政官呈上開設國會的建白。片岡、林二人為何會作如此建議呢？

他們兩人除同為土佐出身並與板垣共進退外，更在於兩人皆有海外留學的經歷，片岡於明治四年赴英留學兩年，林也在明治三年到歐洲遊學一段時間。兩人都曾目擊並親自感受到歐洲的文明與風土，對於議院有初步認識，因此他們的勸說為四名前參議接受。兩人進而向前參議們推薦甫於上個月從英國留學歸國的高知縣士族古澤滋與名東縣士族小室信夫，這兩人對英國議院的了解在當時日本幾乎無人可出其右。經由片岡、林二人的引薦，古澤、小室灌輸四名前參議致力於將英國議院及立憲政體移植到日本來。

古澤滋不僅與板垣、後藤同鄉，還同樣出身上士階層，在很短的時間內便取得板垣、後藤以及片岡、林等土佐出身的信任。至於小室信夫此時雖名列名東縣士族，但他並非德島藩出身，甚至也不是生在武士階級之家。

天保十（一八三九）年小室出身丹後國與謝郡岩瀧村（京都府與謝郡與謝野町）一個貿易商的次男，青年時期的他在京都的分店學習，同時學習幕末盛極一時的平田派國學。處在攘夷派全盛期的京都，周遭望去盡是尊王攘夷的信徒，在這種環境下的小室很難不受到影響。筆者在《幕末》第九章第一節提到成為將軍後見職的慶喜首度上洛後不久，在京都三條大橋出現遭到梟首的足利三代木像（足利尊氏．義詮．義滿），對不會抵抗的木像梟首事件竟然動員多達十餘名，不過細看其出身可知包含富商、農民、醫師、浪人，而小室信夫是其中一員。新上任的京都守護職松平容保派遣會津藩士緝捕，這一行中劍術高超的高松平十郎、仙石佐多雄戰死後，包括小室在內，劍術普通甚至完全不會者只能束手就縛。

由於小室在德島藩邸附近被捕，會津藩遂把小室交由德島藩處置，小室因此被囚禁在德島藩長達五年多。儘管貴為四國第一大藩（石高廿五萬七千石），但德島藩自黑船事件以來對於攘夷、開國、佐幕、倒幕等各種政治勢力毫不關心。到慶應四年二月，幕府不僅在先前的鳥羽．伏見之戰失利，整個佐幕派勢力還因而退出京坂等**上方**（「上」，指御所，原指御所及京都周邊之地，後來逐漸往外擴大，近世成為京阪地方周邊的稱呼，現代稱為關西地方、畿內地方、京阪地方）地區，德島藩雖想向朝廷與倒幕主力的幾個藩示好，無奈過去對政治的不關心，以致於藩內沒有上得了檯面的人物。

幾年前關押在我藩的小室信夫如何？

有家臣想起文久二年因足利三代木像梟首事件被囚禁的小室，認定有過攘夷事蹟的他，可以與薩、長、土等倒幕主力攀上關係，不僅立即釋放小室，並提拔他為小姓頭，於是丹後商人次男的小室搖身變成四國第一大藩德島藩藩士。由於是德島藩唯一有攘夷事蹟的藩士，小室竟成為德島藩的指標，以徵士身分出仕新政府，被任命為岩鼻縣（慶應四年六月沒收武藏國西北部與上野國南部的旗本領設置，明治四年十一月併入群馬縣與埼玉縣的前身入間縣）知事。明治三年轉任德島藩大參事，明治五年以左院少議官身分自費前往英國學習鐵道和產業，在那裏邂逅小他八歲、專攻政治經濟學的土佐藩士古澤滋。

在英國將近三年的留學，使兩人成為莫逆之交，回國後古澤滋為片岡、林二人引薦，與小室一同拜會板垣、後藤、江藤、副島四名前參議。廢藩置縣後，幕府時代的德島藩改置名東縣，大致上名東縣與現今德島縣一致（明治六年到八年名東縣還包括今日的香川縣，明治九年一度併入高知縣，明治十三年起從高知縣獨立出來，改名德島縣至今），因此小室以名東縣士族的身分拜會四名前參議。

在英國多年的古澤、小室對英國的議會印象深刻，認為這是英國強大的原因，與四名前參議的言談中屢屢提及，堅定板垣等人投身開設國會的志向。明治七年1月12日，如前章第一節所言，四名前參議這一晚在副島宅邸傳閱古澤、小室起草的《民選議院設立建白書》，並在上面署名準備擇日呈至左院。除這件事外，同日晚在京橋區銀座三丁目一名為幸福安全社的俱樂部，聚集前東京府知事由利公正、福岡校弟、奧宮慥齋、坂崎斌（即《汗血千里駒》的作者坂崎紫瀾）等數十人。這些志在成立政治結社的人聚齊後，來到副島宅邸奉板垣為他們的首領，並把組織的名稱命名為「愛國公黨」，亦進行本誓署名式。其本誓內容如下：

一、天之生斯民也，必賦予一定不可動之通義權理（權利），此通義權理乃上天均賜人民者，不得以人力予以移奪。然則世運尚未全開，人民動輒不能保全本然之通義權理者大有人在。況乎我國數百年來封建武斷之制，使其民為奴隸之餘弊尚未能完全剷除。苟若不進行改革，揚我國威，我國人豈能獲得財富？我輩一片至誠、愛國之心發憤於此，乃與同志之士相誓，主張保全天賜我人民之通義權理，此即愛君愛國之道。

二、我輩基於愛君愛國一片至誠之上，發憤勉力，主張保全人民之通義權理。然則所行之道，即奉戴我天皇陛下御誓文之旨意，造次顛沛，徹上徹下，唯在於以公論公議恆常遵守盟約之旨意。

三、我輩理想中之政府，是為人民所設，捨此無他。唯在保全主張人民之通義權理，使人民得為自主自由、獨立不羈之人民而已。是即君主人民之間融然一體，別其禍福緩急，以維持我日本帝國昌盛之道。

四、我輩所欲主張之通義權理者，乃亞細亞洲中迄今主張之天下大業。欲得其功，必假以歲月不可。故我黨之士宜常培養忍耐力，縱令艱難憂戚、百挫千折，亦莫屈撓。以至誠之心、不拔之志，竭盡我輩終生之力，勉力保護主張通義權理。

日本學術界普遍存在兩種說法，一是以此時成立的愛國公黨作為日本最早的政黨，雖然愛國公黨未必符合現代政黨應具備的條件，但至少已擁有領袖、黨綱、黨員這三個核心要素。另一說以明治十四年10月18日成立的自由黨(板垣為總理、中島信行為副總理)為最早政黨，因為除具備愛國公黨的要素外，自由黨還具備主義及黨紀。

愛國公黨與自由黨一脈相承，不管哪個作為日本最早政黨都無損其歷史地位。惟，愛國公黨成立不久因江藤前參議返回佐賀被擁戴為征韓黨領袖，與憂國黨領袖島義勇掀起佐賀之亂，繼而板垣、後藤在3月多離開東京後，為數有限的黨員因缺乏具號召力的人物及經費短缺等因素自然消失。雖然曾經存在卻無實際作為，或許這也是愛國公黨不被認可為日本最早政黨的原因。

二、赤坂喰違之變

1月14日晚上8點左右，辦完公的岩倉右大臣走出赤坂仮皇居（明治六年5月5日皇居因故燒毀，暫時以位在赤坂的紀伊德川家上屋敷為臨時皇居，明治廿一年10月27日遷入新落成的明治宮殿，也稱為新皇居），當馬車漫步走到喰違見附（東京地鐵丸之內線與地鐵半藏門線交會處附近，相當於港區赤坂三丁目）的皇居外濠河堤時，黑暗中突然跳出八、九個人，拔刀高喊：「國賊！」然後往岩倉的馬車衝過來。

馬夫立即被砍倒在地，有數人拔刀刺向車內，刺傷岩倉的眉心，岩倉在移動身軀準備從馬車的另一邊逃出時左腰又中一刀，好在這兩刀刺得都不深。岩倉趁著當晚沒有月亮逃出馬車，卻不慎跌落皇居外濠，一時間失去意識。摸黑行刺的刺客們遍尋不著岩倉已倍感焦急，為尋找岩倉而在現場逗留過久，最後似乎有聽到腳步聲而匆匆散去，岩倉被路過的宮內省官員抬回而保住一命。

附帶一提，十四年前的櫻田門外之變及四年後的紀尾井坂事件，都在此次岩倉遇襲方圓的一公里內。

右大臣遇襲！

消息一傳出，太政官整個人心惶惶，從夜裡到次日清晨，太政官及各省卿在宮內省進進出出慰問受傷的岩倉右大臣，大久保內務卿下令川路大警視全力搜捕行刺的凶手。

隸屬內務省下的警視廳負責維持帝都治安，在幕府時代這一工作是由江戶町奉行（分為北町奉行和南町奉行）負責，各率領廿五名與力與百來名同心，卻要負責至少五十萬江戶居民的治安（江戶另有約五十萬武士與家眷，不在町奉行的負責範圍），二百餘年下來幾乎沒有出過太大的紕漏。

這是怎麼做到的呢？江戶居民的順從固然是一大主因，幕府讓人民互相監督以維持秩序的政策也不容忽視。

大警視川路利良根據親自考察巴黎警力的配置，設定警視廳名額為三千人，隨著後來遇上五名參議下野，約一百多名薩摩出身的警官跟進，三千名警力成為遙不可及的目標。五參議下野後，為防範不平士族的反撲，川路大警視配置若干人力保護反征韓派以免上演廣澤真臣的悲劇，但由於警力不足，三條、岩倉兩位大臣不在保護範圍之內。川路出於公卿甚少成為暗殺對象，認為就算不派警力保護應也不至於遇險。的確，筆者從幕末一路寫來也只有文久三年五月廿日姉小路公知為攘夷派殺害這一例子，即使在姉小路暗殺事件之前盛行於京都的天誅，也幾乎沒有公卿成為刀下亡魂，相較之下平民成為暗殺對象的可能性還高過公卿。川路正是出於這樣的考量，把應該派來保護三條、岩倉的警力調撥到其他用途上，結果反而招致岩倉遇襲。

大久保認為行刺的凶手應不出因五參議下野而感到不平的薩摩、土佐、佐賀三藩不平士族，太政官畏懼的是萬一若查出行刺的凶手出自薩摩士族，警視廳、內務省甚至太政官是否還能繼續辦下去？

現場遺留的線索只有手巾一條與木屐一只，川路便憑藉這僅有的線索率領邏卒（最基層的警力）著手偵查，竟然被他查出凶手來自土佐。得知真凶不是薩摩士族，警視廳、內務省甚至太政官都放下心頭大石，雖然太政官還有佐佐木高行、福岡孝弟、土方久元、田中光顯等土佐勢力，不過一來都不是身居舉足輕重的參議，再者上述這些人也都沒有板垣、後藤的聲望。

武市熊吉．喜久馬兄弟、岩田正彥、澤田悅彌太、島崎直方、下村義明、中西茂樹、中山泰道、山崎則雄等九名土佐士族僅在事件後三日（17日）便遭警視廳逮捕，川路的效率之快、能力之強令人咋舌。27日，川路鑑於「巡邏兵卒」的簡稱邏卒恐有損形象，取得大久保同意後改名為「巡邏查察」，簡稱巡查，至今仍是日本最低階的警察（依日本的警察法，巡查以上依序為巡查部長、警部補、警部、警視、警視正、警視長、警視監、警視總監）。2月2日，太政官核定警視廳警力定額為六千名，已超過近衛兵半數。20日允許巡查以上的警力攜帶武器，換言之，川路大警視等同於半個近衛都督。

警視廳初試啼聲便取得豐碩成果，不僅對警視廳本身，對內務省甚至太政官都有助於提升聲望，此後警視廳逐步成為鎮壓反政府勢力的最大利器。所謂的「反政府勢力」，在明治十年以前主要指遍及各地的地租改正反對一揆、血稅一揆（士族反亂由鎮台兵負責鎮壓），進入明治十年代以後則以要求成立議會、頒布憲法為訴求的自由民權運動。面對比種種一揆更為棘手的自由民權運動，警視廳配合太政官頒布的種種條例（詳細內容請見第十八章），動輒禁止或驅離民權人士的演講、集會等活動。

再把焦點移回武市熊吉等九名土佐士族上。武市等九人被捕後旋即展開審理，不過，不到半個月內先是發生民選議院論爭，繼而佐賀之亂、出兵征台等事件一再順延岩倉遇襲事件的審理，一直拖到7月9日由司法省臨時裁判所判決斬罪，並於幕府時代的刑場傳馬町牢屋敷處決，屍首埋於寶泉寺（東京都中野區上高田）。

三、提出《民選議院設立建白書》

與武市等九人被捕同一日，板垣、後藤、江藤、副島四名前參議及前東京府知事由利公正、前大藏大丞岡本健三郎和古澤滋、小室信夫共八人，捧著《民選議院設立建白書》來到左院，為著左院既是正院的諮詢機關，也是立法機關，有接受人民陳情的義務。

該建白書由留學英國的古澤滋起草，由漢學造詣深厚的副島種臣修改、潤飾，此文與同時代清國文人的文章相比也毫不遜色，是愛國公黨時期最有名的文獻。其內容全文如下：

臣等伏察，方今政權之所歸，上不在帝室，下不在人民，而獨歸有司。夫有司，上雖非不曰尊帝室，而帝室漸失其尊榮；下雖非不云保人民，而政令百端，朝出暮改，政刑成於私情，賞罰出於愛憎，言路壅蔽，困苦無告。夫如是欲事天下之治安，雖三尺童子猶知其不可也，若因循不改恐致國家土崩之勢。臣等愛國之情不能自已，乃講求振救之道，惟在於張天下之公議，欲張天下之公議，在於立民選議院，則有司之權限有所限制，上下安全蒙受幸福。請逐次陳之。

夫人民對政府有納稅之義務，則其政府之事有與知可否之權理，是天下之通論，無待臣等之喋喋贅言者，故臣等竊願有司亦不抵抗此大理。今拒立民選議院之議者曰：「我民不學無識，未進開明之域，故今民選議院之立，為時尚早。」臣等以為若果真如其所言，則急使其學且智以進於開明之域之道，即立民選議院。何則？今日欲使我人民學且智以進開明之域，首先保有其通義權理，使之起自尊自重與天下共憂樂之氣象；

欲使之起自尊自重與天下共憂樂之氣象，則在於使之與聞天下事。若如是而人民猶安其固陋，自甘不學無識者，未之有也。而今待其學且智自進於開明之域，是殆待百年河清之類也。甚有謂曰：「今遽立議院，不過集天下之愚耳。」噫！何其自傲太甚，而蔑視其人民如耶！有司中固有智功過人者，然又安知世之學問識見者，亦有過諸人者，蓋天下之人，不可如是蔑視也。若可蔑視者，有司也亦其中一人，然則均是不學無識者矣。僅以有司之專裁，與伸張人民之輿論公議，其賢愚果如何耶！臣等謂曰：「有司之智，視維新以前，必有其進者。」何則？人之智識者，必從其用之而前進。故曰：「立民選議院，是即使人民學且智急進於開明之域之道也。」

且夫政府之職，宜奉以為目的者，在使人民得為進步也。故草昧之世，野蠻之俗，其民勇猛暴悍而不知所從。方此之時，政府之職在使之其所從也。今我國既非草昧，而我人民之從順者既又過甚。然則，今日宜以為我政府之目的者，乃立民選議院，使我人民起勇往敢為之氣，辨知分任天下之義務，得以參與天下之事，則闔國之人皆同心也。

夫政府之強何以致知，天下人民皆同心也。臣等不必遠引舊事以證之，則昨十月政府之變革驗之，岌岌乎且危哉！我政府之孤立何也？昨十月政府之變革，天下人民以之為喜戚者無幾。不啻不以之為喜戚者而已，天下人民茫然不知者，十居八九，唯驚於兵隊之解散而已。今立民選議院，則政府人民之間情實融通，相共合為一體，國始以強，政府始以強固。

臣等既就天下之大理而究之，就我國今日之勢觀之，就政府之職而論之，及就昨十月政府之變革而驗之，臣等自信臣等之說愈篤。竊謂：今日天下維持振起之道，在於唯立民選議院而張天下之公議而已。如其方法等之議，非臣等能言之，蓋非十數張紙所能盡也。但臣等竊聞，今日有司藉持重之說，事多務因循，目世之言改革者為「輕率進步」，而以「尚早」二字拒之，臣等請而辯之。

夫云「輕率進步」者，固非臣等之所能解，若以事出倉卒者為輕率進步乎，而民選議院者所以鄭重其事。各省不和而變更之際，失事本末緩急之序，彼此設施不相洽，此為輕率進步乎。此國無定律，有司任意放行故也。有是二者，則適足證明民選議院非設立不可也。夫進步者，天下之至美也，事事物物非進步不可也。然則，有司必不能以進步二字罪之，其所以罪者，必止於輕率二字。輕率二字與民選議院不相關涉也。

以「尚早」二字之於民選議院，臣等不啻不能解，臣等之見正與之相反。今日立民選議院，尚恐待長久之歲月，而後始期其十分完備。故臣等唯恐其設立有一日之晚，故曰：「臣等唯見其反對耳。」

有司之說又云：「歐美各國今日之議院，非一朝一夕設立議院，其以進步之漸而致之也，故我今日不得俄而摹仿。」夫以進步之漸而致之者，豈獨議院哉？凡百學問、技術、機械皆然。然彼積數百年之久而致之者，蓋前無成規，皆自身之經驗發明故也。今我擇取其成規，何不可企及也。若我自待發明蒸氣之理，然後我始得可用蒸氣機械；待發明電氣之理，然後我始得可架電信之線，則政府應無可下手之事。

臣等所以辯論今日我國民選議院不可不立，及今日我國人民進步之程度，堪立斯議院，非與有司為難使其難以拒之。立斯議院，伸張天下之公論，樹立人民之通義權理，鼓舞天下之元氣，以上下親近，君臣相愛，維持振起我帝國，欲以保護我人民之幸福安全也。請幸採擇之。

在遞交左院之前，板垣等人另謄一副本交由當時的報紙《日新真事誌》，囑咐於次日刊登。當時的知識分子如明六社成員以及之後掀起的民選議院是否尚早的筆戰，主要是拜《日新真事誌》刊登之賜。此一手稿遞交左院後轉交正院，正院允諾會由太政官與諸參議討論。然而，三條、岩倉、大久保及多數參議並無採納之意，他們早已認定成立民選議院並非當務之急，而且也無助於改變日本的國際地位。木戶參議的立場較為微妙，曾親眼目睹歐洲富強的他，對能使日本強大的因素感到興趣。他不像太政官其他成員由衷對民選議院感到厭惡，當日未能親眼見到建白書原稿令木戶不大開心，當晚便召板垣到自宅，原本是想藉機閱讀建白書，不過建白書謄本已由小室交給《日新真事誌》，此舉引起木戶不滿，最後不歡而散。

板垣等人或許已預見太政官的回應，才會在遞交左院之前，另謄一副本交由《日新真事誌》發表，此舉可謂板垣等人的先見之明。為何板垣等人將謄本交給《日新真事誌》，而非當時更具知名度的《郵便報知新聞》、《東京日日新聞》(《每日新聞》前身)、《橫濱每日新聞》呢？

《日新真事誌》是英國人布雷克(John Reddie Black)於明治五年四月在東京創辦的報刊，由於是外國人創辦的報刊，因而得到太政官准許予以刊登左院議事、議案及建白書的特權，因此《日新真事誌》雖不如上述報紙有名，仍受到板垣等四名前參議青睞。《日新真事誌》雖因刊登《民選議院設立建白書》而聲名大噪，然而，《民選議院設立建白書》一文將太政官詆詈為有司，並批評當今日本形同有司專制，致太政官感到不悅。由於布雷克創辦的《日新真事誌》享有治外法權，不受日本法律約束，以致太政官徒呼負負。明治八年太政官以高薪聘用布雷克為左院顧問，使其交出《日新真事誌》經營權，旋即便為太政官以違反同年制定的《新聞紙條例》為由勒令停刊。

自由民權運動的研究學者、已故島根大學名譽教授內藤正中認為《民選議院設立建白書》有以下四點歷史性的意義：

一、建白書非難有司專制，提出及早設立代議制度的政治改革要求。他們的要求並不是要達成「抵抗政府」、「成就謀求政府大官」的主觀性意圖，而是要以「賢能之府」糾正「有司專制之弊害」，以達到創出「帝室萬世之屏障砥柱」的政治改革。……卻被以「時期尚早」的理由阻撓其實現。有司專制政府對於抗拒民選議院的設立，不管是要求盡早開設或變更政治制度，「時期尚早」始終是拒絕的最好理由。

二、建白書明確以公開的文書形式主觀要求政治改革，客觀喚起大眾對民選議院設立的關心。四名前參議連署批判政府的建白書發表在《日新真事誌》上引起莫大反響，新聞紙自身也從「記錄江湖瑣話」的一般性格升格為「論難攻擊的媒介」，發展出明治前期具有特性的「政論新聞」，……為作為大眾國民運動的明治十年代自由民權運動的發展培養廣泛的土壤。

三、相對於租稅納入義務，所以參政很明確是權利，士族與布爾喬亞(bourgeoisie)階級萌生有產者參政思想，認為參加政治是「天下的通論」。……雖然此時還不到全民要求普通選舉的階段，但是地主、布爾喬亞階級透過民選議院的設立表達對政治的關心。……

四、建白使政府中斷一時的憲法及議院制度的調查研究宣告復活，明治七年5月2日，新設地方官會議(正式召開在明治八年6月26日)……其結果是促成對於真正公議制度的憧憬。……明治八年2月大阪會議，其結果是4月14日「漸次樹立國家立憲政體」詔敕的頒布，建白書的趣旨使得政府方面一連串的讓步，元老院・大審院的設置、地方官會議的開設都得到實現。

四、針對民權議院設立是否尚早的筆戰

雖然《民選議院設立建白書》一到左院便石沉大海，不過，《日新真事誌》刊登的謄本仍在知識分子間（不管認同或是反對）造成轟動。集當時一流學者於一身的明六社，雖在幕末時期多少都曾在蘭學或洋學書籍得知議會，部分成員如西周、津田真道、中村正直、箕作麟祥、森有禮等人還曾到過歐美留學，對議會的定義及功能的認知不見得不如古澤滋、小室信夫之輩。不過這些學者由於有各自立場，對於《民選議院設立建白書》遂有不同立場的詮釋。2月3日，同屬明六社成員且是宮內省四等出仕的加藤弘之發表一篇回覆板垣、後藤、副島三氏的文章。

加藤回覆文的大意為鞏固國家治安之基礎莫如伸張公議，但欲達此事有一難處，即公議必須「至論明說」。這點在文明開化的歐洲各國尚且無法做到，何況開化未完全的日本？設立議院需要有專精的人才，可是無智不學之民多矣。英國人曾云全歐各國中制度憲法最恰當適切的唯獨英國，其他國家的憲法不過都是紙上談兵。由於英國出現眾多賢、智者，英國人有敢如此誇口的自信。雖然制定憲法對我國是最為恰當適切的制度，然而，當下吾

邦尚處未開化完全之境，欲採納公議制定憲法恐怕是緣木求魚。

加藤以俄國為例，說俄國到今日都還未成立民選議院，原因便在於人民的識見還不到足以參政的階段，而吾邦卻打算進行俄國猶不敢進行的民選議院，想必會很困難。雖說吾邦今日已逐漸浸染文化，然而農商至今依舊是昔日的農商，安於無智不學，沒有興起振作的氣象。凡人民智識未開而先給予自由之權利，在不知正確的使用情形下，恐有傷害國家治安之虞，豈能不戒慎恐懼？

加藤的結論認為日本三千萬人中，稱得上學識卓越之俊傑的，恐怕僅有數十人。這樣的數量不足以增人民之聲價，也不足以稱人民為開明，而貿然設立民選議院，實有害而無益。

加藤的回覆文同樣刊登在《日新真事誌》上，由於加藤指名道姓針對板垣、後藤、副島三名前參議而來，因此板垣反覆閱讀後由他口述，古澤滋起草，再由漢文造詣甚深的副島與福岡孝弟負責潤飾。

板垣口述、古澤滋起草的反駁文於2月20日依舊刊登在《日新真事誌》。板垣在開頭寒暄後直指慶應四年總裁局副總裁三條實美代祐宮宣讀的《五條御誓文》，認為新政府成立之初讓各藩派人到政府來（筆者在《戊辰戰爭》第四章第二節提到的貢士，四十萬石以上的大藩出三員、十萬石以上至三十九萬石的中藩出二員、一萬石以上至九萬石的小藩出一員）參政，因此版籍奉還、府藩縣三治一致之制、廢藩置縣等偉業得以實現；廢藩後，不再置貢士，使得政府淪為有司專制的寡頭制（Oligarchy）。接著板垣援引彌爾氏著作（筆者在第八章第三節提及中村正直曾翻譯彌爾的著作《自助之理》）中以俄、德兩國歷史為例，若要讓英明神武的天皇主政下的日本振起直追歐美各國，唯有設立民選議院。

接著加藤再度撰文反駁板垣等人的論點，於是設立民選議院是否為時尚早成為論戰的焦點。根據《自由黨史》的記載，明六社的森有禮、西周、津田真道、西村茂樹先後撰文投稿到報社發表個人的意見。有趣的是，雖然皆為明六社成員，但並不完全都無條件贊同加藤的意見，津田、西村二人的主張甚至還比較傾向板垣等人。

值得注意的是在這場論戰中不管是板垣、副島等主張立即設立民選議院，或是設立民選議院為時尚早的明六社諸成員皆是當時已有高知名度的名望家，不過，《自由黨史》卻也收錄一位名為馬城台次郎反駁加藤意見書，而且還收錄兩篇。

這位名不見經傳的馬城台次郎究竟何許人也？為何《自由黨史》會收錄兩篇他反駁加藤

的為時尚早論呢？

馬城台次郎乃是筆名，本名大井憲太郎，天保十四（一八四三）年生於豐前國幕府天領宇佐郡。最初學習漢學，之後到長崎學習蘭學、洋學，後來又到江戶跟隨箕作麟祥學習法文。戊辰戰爭期間被編入幕府大砲隊與新政府軍作戰，結束後受到新政府謹慎的處分。板垣等人遞交《民選議院設立建白書》時，大井身分為陸軍省八等出仕，顧及到自己的身分因此才以馬城台次郎為筆名反駁加藤的為時尚早論。

筆者在第八章介紹明六社成員時曾提及加藤弘之，他在文久元年出版《鄰草》，在慶應四年及明治三年分別出版《立憲政體略》與《真政大意》。在這三本書可以看出加藤積極引薦歐美民主制度至日本，先進開明的洋學者形象而為森有禮延攬進明六社。然而，以明治七年2月3日為分界點，這一天刊登在《日新真事誌》回覆板垣等人的意見裡，加藤從日本應積極引進立憲體制轉向為日本實施立憲體制為時尚早。此後一如筆者在第八章所言：「加藤修正自己的立場，不再發表主張民權的著作，……明治十五年，加藤發表《人權新說》，對於過去一味盲目主張民權之事感到懊悔，認為國家的生存與進步是依據社會進化論，徹底否定自由民權運動的理論依據——天賦人權思想。」

不過，若以「轉向」而言，大井憲太郎與加藤弘之在程度上沒有太大差別。取得弁護士（相當於現代的律師）資格的大井於明治十五年加入自由黨，被選為自由黨常議員。明治十七年自由黨解散後，大井深入今日東京都、埼玉縣、山梨縣交界處的秩父地區，領導當地的困民黨與政府對抗，此即秩父事件。翌年12月，大井又以朝鮮甲申事變為契機支持流亡日本的朝鮮獨立運動領袖金玉均。大井不像福澤諭吉那樣只是口頭上讚許金玉均，他召集前自由黨左派份子聚集大阪，購買槍枝等武器，還自行製造炸藥，密謀偷渡帶進朝鮮，準備發動武裝政變推翻李朝，建立以金玉均為領袖的立憲體制。

大井的構想根本沒有實現的可能，一旦失敗便會成為國際紛爭，說不定還會引來清國或其他覬覦朝鮮的列強以此為名發動與日本的戰爭，以明治十八年日本的國力而言與任何一個國家作戰皆無勝算。大井的成員也認為在朝鮮發動政變的風險太高，因此在大阪便向當地政府密告，結果以大井為首共有近一百四十名成員被捕，是為大阪事件。

首謀大井判處九年徒刑，後來遇上大日本帝國憲法頒布而得到特赦。特赦後的大井雖然還打著民權旗號，然而，已經轉向為國權的他再也不實際關心民權了。大井的例子並非個案，明治二十年代像大井那樣由民權轉向國權（國粹主義）的例子比比皆是，三宅雪嶺、陸羯南、德富猪一郎……都是箇中翹楚，不過在明治十年代即已轉向便屈指可數了，大井憲太郎正是這屈指可數的其中一人。

五、成立政治團體立志社

板垣在東京遞交《民選議院設立建白書》以及與加藤弘之進行筆戰期間，九州發生佐賀之亂。不久，大久保內務卿主動請纓前往九州督戰，警視廳在原本維持東京治安的任務外，還額外被賦予監視東京內有能力作亂的士族領袖，當然，這是指板垣、後藤、副島三名前參議。

隨著佐賀亂事趨於平定，警視廳逐漸緩和對三名前參議的監視，板垣認為繼續留在東京對於設立民選議院並無助益，不如返回土佐，以自己的影響力在土佐成立地方政社，先團結地方，再結合各地方的政社組成一大政黨，不過，板垣的離去使得剛成立的愛國公黨隨之解散。

3月中旬左右來到大阪的板垣一行人，先讓片岡健吉、林有造等人返回土佐，他繼續滯留大阪超過十天，因此3月25日冒死來到土佐的江藤新平沒能見到板垣，最後抱憾而終。進入4月，板垣先是吸收片岡、林等人成立的海南義社，16日在高知城下附近成立立志社（高知市帶屋町一丁目中央公園內有其遺址），以片岡健吉為社長，前陸軍大佐谷重喜為副社長。

立志社成立意趣書提到「夫我輩同為日本帝國人民，則三千餘萬人民盡皆平等，無貴賤尊卑之別，當享受其一定之權利，以保生命、以保自主，勉職業、長福祚，以成獨立不羈之人。……夫天下元氣能存者，其國強盛，故其人民氣風之強弱盛衰，乃天下元氣之消長。……歐人言國乃人民反射之光，故人民之氣風苟衰，則天下人民失其元氣，天下千萬人之元氣盡失。日而益甚，則國安能致其昌盛富強乎。今我國遭大變革之際，……我輩奮起，欲以振天下之元氣，則宜先自修練，先能自治方能保有人民之權利，進而成為自主獨立之人民，與歐美各國自由之人民相比而不遜色。」

立志社不僅只是政治團體，還設有學舍、商局及法律研究所，講授三權分立、四民平等、天賦人權論以及十八世紀以後的歐洲政治史，培育年輕士族致力於政治活動，另外立志社又訂定共計三十二條的規則供社員遵守。

立志社在當時日本屬於首創，雖然前一年在東京已成立明六社，但明六社屬於學術團體，與政治團體立志社性質迥然不同。立志社成立後，不僅在土佐，在日本各地也相繼成立同性質的團體，不過這些團體多半缺乏重量級人物，成員也多半非士族出身，經費拮据不說，連成員都難得固定，多數成立不到一年便自行解散。

立志社則不然，它是政黨（指之後的愛國社、國會期成同盟、自由黨）成立前板垣等土佐派政治活動的根據地，為各地方政治團體所尊崇，當明治十七年10月自由黨成立時，這些地方上的政治團體如河野廣中的三師社（福島縣）、平岡浩太郎和頭山滿的**玄洋社**（明治十四年2月成立以福岡縣為地盤的政治團體，其前身為向陽社。在向陽社時代主張民權，改稱玄洋社後改以國家主義，是右翼團體之祖，核心人物為箱田六輔、平岡浩太郎、頭山滿。反對向歐美國家主導的條約改正低頭，於明治廿二年向時任外務大臣的大隈重信丟擲炸彈。另外成立以內田良平為首領的右翼團體黑龍會，積極支持孫文領導的革命）皆自視為自由黨各地的黨部。最多據稱社員達千餘人，與其說是政治團體，似乎也可視為士族救濟組織。明治十六年3月，隨著政黨聲望日墜而自行解散，其存在時間長達近九年，幾乎是同類型政治團體中持續最久的。

自由民權運動的熱絡期是在明治十一年4月以後，這個時間點已接近本書的結尾，因此筆者對這一主題也將在明治十一年4、5月打住。下一章筆者將焦點轉往外交，談談太政官在維新回天後幾年來與鄰近國家地區的衝突、紛爭及解決之道。

第十六章
近代外交的試煉

一、《日清修好條規》簽訂及其風波

第十二章第二節曾提及從明治二年底起，外務省派出使者攜帶國書向朝鮮國王傳達王政復古的經過，但因為國書格式不符合幕府時代的「日本國大君」而為李朝拒收，消息傳回日本，憤怒的士族因而萌生「征韓」的主張。

外務省冷靜思考後認為朝鮮的外交在很大程度上受到清國左右，如果日本可以和清國建立對等外交關係，應該有利於改善日朝外交。原本打算於明治三年五、六月間派遣使者前往北京與總理衙門（也稱為總署，是總理各國事務衙門的略稱）進行對等外交談判細節，然而，此時位於北京東邊的天津發生教案（史稱天津教案）使日本不得不暫時中止派遣使節。

天津教案雖說與本書主題並無直接關聯，為了讓讀者能夠理解還是容筆者簡單介紹。清國自咸豐八年（安政五年）與英法簽訂天津條約，使英、法兩國傳教士取得在內地自由傳教以來，屢與清國人民發生衝突，以致於清國人民普遍仇視傳教士與天主教。

由於有天津條約這一護身符，西洋傳教士在清國領地上可謂橫行霸道、肆無忌憚，部分地痞流氓紛紛倚之為靠山，狐假虎威、魚肉鄉民，連官府也莫可奈何。不過也不能忽略天主教教義與中華傳統習俗的衝突之處，這兩點才是教案頻傳的根本原因。

同治九年（明治三年）春夏之際，法國傳教士在天津設立的育嬰堂傳出嬰兒死亡，在民間的謠言裡育嬰堂等同於邪教殺嬰永駐青春，消息一傳出，大批民眾在民情激昂下包圍天主堂。天主堂裡的神父急忙派人從後門逃出向法國領事豐大業（Henry Victor Fontanier）求救，豐大業立即來到三口通商大臣（因天津條約而對英、法開放牛莊、天津、登州三個通商口岸，在天津教案後裁撤改設三口北洋通商大臣，由直隸總督兼任，簡稱北洋大臣）崇厚的官府要求派兵維持秩序。崇厚當了近十年三口北洋通商大臣，在官場中早已練就出大事化小、小事化無的處世哲學，面對法國傳教士的厲聲威逼並不當一回事。崇厚的溫吞惹怒豐大業，掏槍向崇厚射擊恫嚇，崇厚受到驚嚇連忙逃進裡室。

盛怒的豐大業帶著祕書親自前往天主堂，向維持秩序的知縣開槍，結果激怒包圍天主堂的群眾而遭擊斃。憤怒的群眾不因豐大業之死而平息，衝進天主堂搗毀並縱火，波及到天津的法國領事館、英美的基督新教教堂、西班牙的天主堂以及俄國東正教教堂，除豐大業外，還有英、俄、義大利、比利時等國計二十餘人遭到殺害。當然，這些歐洲列強不會坐視自己的權利與人民無端遭受損失及殺害，法、英等國相繼派出軍艦集結在天津一帶，各國公使以法國公使羅淑亞(Julien de Rochechouart)為首，聯合起來到總理衙門下達最後通牒，要求賠償、懲凶。

朝廷下詔直隸總督曾國藩處理，相信不少讀者都聽過曾國藩，由他成立湘軍並與胡林翼、左宗棠、李鴻章等湘軍將領平定太平天國之亂，收復清國最富饒的江南地區，締造曇花一現的同治中興，延續已行將就木的清國數十年國祚。曾國藩以領事、傳教士等一千洋人遭到殺害是既定事實，因而做出懲處天津地方官的裁決，不料此舉卻為曾國藩招來「漢奸」罵名。當時垂簾聽政的東、西兩太后認為必須嚴厲懲處天津地方官才能平息法國怒氣，主張適度懲處的曾國藩因而不得兩太后信任。由於當時已發生普法戰爭，始終處於不利局面的法國沒有堅持賠償、懲凶的要求便接受清國的和解，天津教案因此在沒有進一步釀成戰爭前得以結束落幕。

原本外務省預定派出外務大丞柳原前光為使節前往北京，但因天津教案的發生而暫緩，等該案結束後再前往北京與曾國藩談判。不過，曾國藩在處理天津教案時立場偏向洋人，以致引起天津人民及朝廷的不滿，甚至連湘軍及湖南同鄉也恥於他的作為與其斷絕往來。四面楚歌的曾國藩向朝廷提出辭職，原本朝廷想等完全處理完畢後再准曾國藩的辭呈，但曾辭意甚堅，適逢當時發生幾近懸案的「刺馬案」（兩江總督馬新貽遭平民張汶祥刺殺，但兩人的關係與張的行刺動機並不清楚，劇作家以戲劇方式揣測此案而衍生出諸多戲劇，包括票房席捲兩岸三地的《投名狀》），朝廷遂准曾國藩的辭職改任兩江總督，而以其門人李鴻章（字少荃）為直隸總督兼三品北洋通商大臣（簡稱北洋大臣）。

由於直隸總督換人且又兼北洋大臣職務，區區外務大丞不足以與北洋大臣對等談判，於是太政官在明治四年五月改任大藏卿伊達宗城為全權大臣（由於外務省已在為年底使節團的派遣及條約改正積極準備，外務卿澤宣嘉難以分身而改由大藏卿擔任全權大臣）、柳原前光為副使與李鴻章談判。

談判的進展相當快，七月廿九日（格列高里曆9月13日）便已制定《日清修好條規》（或《中日修好條規》），內容共十八條，全文如下：

大清國、大日本國素敦友誼，歷有年所，茲欲同修舊好，益固邦交，是以大清國欽差全權大臣辦理通商事務太子太保協辦大學士兵部尚書直隸總督部堂一等肅毅伯李，大日本國欽差全權大臣從二位大藏卿伊達，各尊所奉諭旨，公同會議，訂立修好條規，以期彼此信守，歷久弗渝。所有議定各條並列於下：

一、嗣後大清國、大日本國倍敦和誼，與天壤無窮。即兩國所屬邦土，亦各以禮相待，不可稍有侵越，俾獲永久安全。

二、兩國既經通好，自必互相關切。若他國偶有不公及輕藐之事，一經知照，必須彼此相助，或從中善為調處，以敦友誼。

三、兩國政事禁令，各有異同，其政事應聽己國自主，彼此均不得代謀干預，強請開辦。其禁令亦應互相為助，各飭商民，不准誘惑土人稍有違犯。

四、兩國均可派秉權大臣，並攜帶眷屬隨員，駐紮京師。或長行居住，或隨時往來，經過內地各處，所有費用均係自備。其租賃地基房屋作為大臣等公館，並行李往來及專差送文等事，均須妥為照料。

五、兩國官位雖有定品，授職各異。如彼此職掌相等，會晤移文，均用平行之禮。職卑者與上官相見，則行客禮。遇有公務，則照會職掌相等之官轉申，無須徑達。如相拜會，則各用官位名帖。凡兩國派員初到任所，須將印文送驗，以杜假冒。

六、嗣後兩國往來公文，中國用漢文，日本國用日本文，須副以譯漢文，或只用漢文，亦從其便。

七、兩國既經通好，所有沿海各口岸，彼此均應指定處所，准聽商民來往貿易，並另立通商章程，以便兩國商民永遠遵守。

八、兩國指定各口彼此均可設理事官，約束己國商民。凡交涉財產詞訟案件，皆歸審理，各按己國律例核辦。兩國商民彼此互相控訴，俱用稟呈。理事官應先為勸息，使不成訟。如或不能，則照會地方官會同公平訊斷。其竊盜逋欠等案，兩國地方官只能查拿追辦，不能代償。

九、兩國指定各口倘未設理事官，其貿易人民均歸地方官約束照料。如犯罪名，准一面查拿，一面將案情知照附近各口理事官，按律科斷。

十、兩國官商在指定各口，均准雇用本地民人服役工作，管理貿易等事，其雇主應隨時約束，勿任藉端欺人，尤不可偏聽私言，致令生事。如有犯案，准由各地方官查拿訊辦，雇主不得徇庇。

十一、兩國商民在指定各口，彼此往來，各宜友愛，不得攜帶刀械，違者議罰，刀械入官。並須各安本分。無論居住久暫，均聽己國理事官管轄。不准改換衣冠，入籍考試，致滋冒混。

十二、此國人民因犯此國法禁，隱匿彼國公署商船行棧，及潛逃彼國各處者，一經此國官查明照會彼國官，即應設法查拿，不得徇縱。其拿獲解送時，沿途給予衣食，不可凌虐。

十三、兩國人民如有在指定口岸，勾結強徒為盜為匪，或潛入內地，放火殺人搶劫者，其在各口由地方官一面自行嚴捕，一面將案情飛知理事官，倘敢用凶器拒捕，均准格殺勿論。惟須將致殺情迹會同理事官查驗。如事發內地不及查驗者，即由地方官將實在情由照會理事官查照。其拿獲到案者，在各口由地方官會同理事官審辦。在內地即由地方官自行審辦，將案情照會理事官查照。倘此國人民在彼國聚眾滋擾，數在十人以外，及誘結通謀彼國人民作害地方情事，應聽彼國官逕行查拿。其在各口者知照理事官會審，其在內地者，由地方官審實，照會理事官查照，均在犯事地方正法。

十四、兩國兵船往來指定各口，系為保護己國商民起見。凡沿海未經指定口岸，以及內地河湖支港，概不准駛入，違者截留議罰，惟因遭風避險收口者，不在此例。

十五、嗣後兩國倘有與別國用兵情事，應防各口岸，一經布知，便應暫停貿易及船隻出入，免致誤有傷損，其平時日本人在中國指定口岸及附近洋面，中國人在日本指定口岸及附近洋面，均不准與不和之國互相爭鬥搶劫。

十六、兩國理事官均不得兼作貿易，亦不准兼攝無約各國理事。如辦事不合眾心，確有實據，彼此均可行文知照秉權大臣，查明撤回，免因一人僨事，致傷兩國友誼。

十七、兩國船隻旗號，各有定式，倘彼國船隻假冒此國旗號，私作不法情事，船貨均罰入官，如查系官為發給，即行參撤。至兩國書籍，彼此如願誦習，應准互相採買。

十八、兩國議定條規，均系預為防範，俾免偶生嫌隙，以盡講信修好之道。為此兩國欽差全權大臣先行畫押蓋印，用昭憑信，俟兩國御筆批准互換後，即刊刻通行各處，使彼此官民咸知遵守，永以為好。

《日清修好條規》可說是維新回天後日本與其他國家（儘管不是歐美列強）簽訂的第一個平等條約，而直隸總督兼北洋大臣李鴻章也有這樣的看法。雖說是平等條約，內文仍援引領事裁判權（第八、第九、第十三條）、協定關稅（第七條）等與列強簽訂的不平等條約內容。

不過，太政官對於《日清修好條規》內容並不滿意，認為並沒從清國手上取得內地通商權及最惠國待遇，一旦清國與其他列強簽訂新約而讓渡的權利，日本便無法均霑。另外，在協商期間橫濱的法文報紙傳出伊達大藏卿是為了與清國簽訂軍事攻守同盟而前往北京。為此外務省特別發出聲明稿闢謠，提到與清國簽訂攻守同盟，並依據此一同盟與他國作戰互相支援是為「無稽之談」，派遣伊達大藏卿為使節其目的在於「依據各國條約之例，修訂通信通商貿易章程」。

與之同時，李鴻章與伊達宗城還簽訂《日清通商章程》（或《中日通商章程》），全文共三十三條，第一條內容規定清國開放的港埠為：

上海、鎮江、寧波、九江、漢口、天津、牛莊、芝罘、廣州、汕頭、瓊州、福州、廈門、台灣、淡水。

而日本開放的港埠為：

橫濱、函館、大阪、神戶、新潟、夷港（佐渡）、長崎、築地。

第二到第三十三條內容因與本書無直接關聯而略去不談。

然而，當《日清修好條規》內文傳回日本時，第二條內容證實先前法文報紙的疑慮並非空穴來風，時任外務卿的岩倉於八月廿九日致電伊達，要他們盡速返國針對第二條內容做說明。美國對此尤其疑雲重重，駐日公使迪龍（Charles Egbert DeLong）專程照會此時的外務卿副島種臣諮問此一條文的見解。由於美國公使的疑慮，太政官遲遲不能批准。另外，第十一條提到兩國商民在指定口岸往來時不得攜帶刀劍，士族認為罔顧其權利於是也反對《日清修好條規》。

翌年二月太政官派柳原為使節前往北京，要求先行刪除甚有爭議的第二條內容。三月廿九日在天津登陸的柳原，其修改條規的意圖似乎為大他廿七歲的李鴻章看穿，李先是避而不見，數日後當面痛斥柳原說兩國欽差全權大臣先行畫押蓋印的條規，豈能任意更改？我若接受貴國要求則上瀆職於朝廷，下失信於萬民，有何面目立於天地間？李鴻章一番慷慨激昂的發言讓年僅廿四歲的名家公卿無地自容，柳原擺出哀兵姿態，說道：

中堂所言，極是正理，自知惶愧，惟回國不能銷差，乞將照會暫存。

李鴻章當然不肯，但在柳原再三哀求下想出一個通融的辦法：日本若與歐美各國締結條約改正後的新約，若其內容與此次修好條規有所衝突則可在本條規批准後另締協定。如此一來，算是暫時平息因《日清修好條規》而引起的爭議。明治六年4月30日，《日清修好條規》由第三任外務卿副島種臣簽字批准，筆者在第三節會再次提及。不過，副島專程前來北京可不光是為了簽字，他另一項使命是為解決下一節提到的事件。

二、八瑤灣事件及琉球處分

明治四年十月十八日，四艘載有從宮古島、八重山群島收繳的年貢運往琉球王國都城首里城（沖繩縣那霸市東北部），在返回宮古島途中遇上颱風，其中一艘漂流至台灣南部八瑤灣（屏東縣滿州鄉），扣除掉中途死去及失蹤的人數，共有六十六人登陸。

由於船隻已為颱風掀起的巨浪打壞，倖存的六十六人必須暫時在對他們而言屬於異域的台灣求生存。語言不通以及飢渴難耐，一行人誤入原住民排灣族的居住地，排灣族人起先拿出糧食和淡水招待他們，然而宮古島民卻擔心排灣族會對他們不利，在吃飽喝足後不告而別。排灣族人對宮古島民的不辭而別異常憤怒，下令族人追捕。儘管宮古島民已逃至漢人居住區域，六十六人中仍有五十四人遭到殺害，僥倖逃過一劫的十二人在當地漢人的保護下，先是輾轉來到台灣府城（台南市），再由台灣府派人護送到福州的琉球館，於翌年六月搭船返回琉球，結束為期半年多的在台驚魂。

明治五年三月起為求見李鴻章以刪除《日清修好條規》爭議第二條內容的外務大丞柳原前光，在滯留天津期間聽聞此事，他認為似乎可以轉移自己在《日清修好條規》爭議條文刪除方面的失職，回國後大肆宣傳此事。

留守政府雖也為琉球人在台遇害感到憤慨，但終究沒有向清國提出聲明及抗議，更遑論懲凶、索賠。留守政府的沒有作為與其說是畏懼清國，倒不如說是缺乏一個可以向清國要求懲凶、索賠的依據（或是口實）。反倒是琉球人在台遇害事件在民間（特別在士族間）引起的反響遠比太政官激烈許多，反應最激烈的當屬與琉球距離最近且歷史淵源深厚的鹿兒島縣。該年六月天皇展開日後被稱為六大行幸的第一次，當天皇滯留鹿兒島期間，廿五日三名琉球人前來行在所要求謁見天皇（請見第七章第三節），看似巧合的舉動究竟真是偶然或事先安排恐怕三名琉球人內心已有答案。

鹿兒島縣縣令大山綱良（附帶一提，他是日本當時唯一本籍出身的縣令），對於向台灣用兵以報琉球人在台遭到殺害一事甚為積極，天皇行幸鹿兒島期間他主動向太政官提出台灣征伐論，提到「綱良伏願仰仗皇威，興問罪之師，發兵征剿，……欲借軍船，直搗彼巢窟，滅其巨魁，上張皇威於海外，下慰島民冤魂於九泉。」大山的台灣征伐論最終未被太政官採納，畢竟搭乘軍艦前往台灣討伐原住民無論如何也無法視為地方縣令的行為，若處理不當不僅會引發日清間的戰爭，還可能招致列強的覬覦。

不過，不採納大山縣令的意見並不代表留守政府膽怯畏戰，而是要在有正當名分的情形下應戰。琉球在江戶初期雖被薩摩藩征服而臣屬，但在更早之前琉球已是明國的藩屬，當大清於十七世紀入主中原消滅明國後，以往向明稱臣的藩屬（包括琉球）也陸續臣屬清國，因此同為琉球宗主國的日本因琉球人民遭到殺害向清國問罪甚至開戰，只憑宗主國的關係是站不住腳的。

因此，留守政府要在名分上站得住腳，必須斬斷琉球與清國的宗主關係，亦即讓琉球成為日本領土，此即琉球處分。一般所謂的琉球處分共有兩次（或是兩階段），第一次（或第一階段）是把琉球王國（廢藩置縣後由鹿兒島縣管轄，保有若干自治權）改為琉球藩；第二次（或第二階段）則是廢琉球藩改置沖繩縣，多數人認知的是第二次琉球處分，而忽略第一次琉球處分的過程及其影響。

第二次琉球處分發生在明治十二年，已超出本書敘述範圍，是以筆者在本節只談第一次琉球處分。

八瑤灣事件倖存的宮古島民一返回琉球便到琉球王府告狀，**第二尚氏王朝**（琉球王國最後的王朝，為與統一琉球全境的尚巴志家系有所區別而稱第二尚氏王朝。一四六九年，第一尚氏王朝重臣尚圓趁尚德王去世人心不穩之際發動政變，建立第二尚氏王朝，共傳十九代至尚泰王為日本併吞，歷時四百一十一年）國王尚泰派出尚健（尚泰生父尚育王異母弟，以尚泰叔父身分攝政）經鹿兒島前往東京。不過，尚健一行人八月十四日到達東京卻難以進宮謁見天皇，每天等待進宮的機會。九月十四日，尚健一行進宮便獲悉琉球王國已私下被日本降格為琉球藩，琉球國王尚泰被降格為直屬天皇的琉球藩王，與幕府時代的大名藩主一同位列華族（《華族令》頒布後於明治十八年敘侯爵）。

諷刺的是，在已經完成廢藩置縣的明治五年，日本卻存在一個在幕府時代向薩摩藩臣屬的琉球藩。

第一次琉球處分還不止如此，九月廿八日太政官將將琉球王國至今與歐美各國締結的條約（包括培理脅迫幕府締結日美和親條約後與琉球簽訂的《琉美修好條約》、安政二年與法國簽訂的《琉法修好條約》，及安政六年與荷蘭簽訂的《琉蘭修好條約》三約。這三個條約內容大致相同，都必須對簽訂國的船隻提供薪炭．淡水、對簽訂國漂流民的引渡、承認領事裁判權以及自由貿易）以及今後的外交事務改由外務省管轄，換言之，即剝奪琉球王國的外交權，此舉當然是為八瑤灣事件向清國交涉鋪路。

三、副島外務卿

琉球王國被降格為琉球藩後，儘管還未正式成為日本領土，但已足夠讓外務省跨海向清國提出抗議。副島外務卿向前文提及的美國駐日公使迪龍徵詢台灣的相關情資，迪龍向副島介紹在當時美國首屈一指的台灣通李仙得（Charles William Joseph Emile Le Gendre，另外還有李仙德、李善得、李聖德、李全德等中文名字）。

李仙得於1830年生於法國中部，在法國受完大學教育後娶美國妻子而入美國籍，南北戰爭初起在紐約招募志願兵團參戰而被授予少校軍階。四年戰爭李仙得多次參與重要戰役，但也多次負傷，無奈之下選擇退伍一途，此時他已晉升至上校（南北戰爭結束後被授予准將）。

後來李仙得投入外交界，1866年被任命為駐廈門領事，他剛上任便發生宮古島民在台遇害事件的翻版——羅發（Rover）號事件，美國商船羅發號在屏東以南海面上觸礁沉沒，十四名生還船員在今日墾丁附近登陸，被當地排灣族人視為闖入者而將其殺害。唯一的倖存者逃到打狗向官府報告，清國官員抱著多一事不如少一事的心態不予受理，倖存者便把申訴對象轉移到甫上任的李仙得。李仙得為調查此事件曾以廈門領事身分與清國官員交涉，但清國官員態度消極，延宕多時毫無成果。李仙得於是放棄官方交涉，帶著英國通譯悄悄在台灣南部上岸，在當地漢人的帶領下李仙得一行直指瑯嶠(屏東縣恆春鎮)，與排灣族斯卡羅領袖、瑯嶠十八社大頭目卓杞篤針對此事進行協商談判，據說在此次冒險過程中李仙得學會台灣話。

李仙得這番經歷在當時幾乎無人能及，對台灣番地的了解明顯超過許多清國官員，因此才被迪龍推薦給副島外務卿，此時是明治五年十一月左右。原本李仙得在廈門領事任期屆滿後想返美從事其他工作，但因迪龍的推薦使他在返鄉的途上特地在橫濱下船與副島外務卿會晤，副島外務卿與李仙得一交談便茅塞頓開，油然浮生相見恨晚之感，當下便聘雇他為外務省顧問，比照敕任官的待遇。李仙得於是打消返回美國的打算，此後長居日本直到明治廿三年才為朝鮮王室聘用為顧問，並在那裏結束一生。附帶一提，長居日本的李仙得也娶日本女性為妻，戰前享譽日本並曾在昭憲皇太后御前演唱的女高音關屋敏子是其外孫女。

得知日本有意就宮古島民遇難一事責難清國官員的李仙得，以自己與清國官員交涉的經驗，以及自己在台灣番地探勘的體驗為副島外務卿起草多份備忘錄，李仙得在這些備忘錄總不忘強調一點：

清國官員顢頇怕事，可先用言語使之視台灣為化外之地，再以「番地無主論」作為出兵台灣的口實。

明治六年2月27日，天皇任命副島外務卿為特命全權大使，隨行的有外務大丞柳原前光、外務少丞平井希昌・鄭永寧（幕府時代專職長崎唐通事的家族）等外務省官員，副島外務卿前往清國期間由外務少輔上野景範代理其事（當時外務大輔缺員）。若只有上述人員其實只需派遣一艘軍艦便已足矣，但最終卻派出龍驤、筑波二艦隨行。這是為什麼呢？原來副島外務卿被任命為特命全權大使負責對清國交涉的消息一傳出，陸海軍軍人歡聲雷動，據外務少丞鄭永寧的記載「海陸軍士知之，皆踴躍而來，請隨副島入清。副島許以發軍艦，蓋養其氣也，士乃奮臂而去。」

第七章第三節談到天皇行幸西國・九州，以及第十四章第三節大久保內務卿前往九州平定佐賀之亂，都是搭乘龍驤，對此讀者想必不會陌生。筑波在第七章第三節也曾提及是天皇行幸西國．九州時緊跟在後的六艘軍艦之一，該艦是明治四年七月兵部省向英國購買的木造帆船軍艦，由於艦齡已達二十年，主要是作為海軍兵學寮的練習艦。

不過，副島特命全權大使並未立即啟程，他想等此時人在鹿兒島休假的西鄉參議返回東京後與他商談，等了十餘日還不見西鄉返回，3月12日副島遂決定親自前往鹿兒島拜會。18日，龍驤經過大隅半島南端的佐多岬，這裡是日本本土距離琉球最近之地，副島在此遙望琉球，想起自己肩負的使命，若有所思的他吟出如下漢詩：

南海望琉球諸島

風勢鼓濤濤勢奔，
火輪一幫艦旗翻。
聖言切到在臣耳，
保護海南新置藩。

19日龍驤、筑波二艦駛入鹿兒島灣，得知副島到來的西鄉立即登門拜訪，雖然不清楚兩人具體會談的內容，不過應該與副島此次前往清國交涉的內容有關。20日副島一行受到島津久光的款待，30日副島由鹿兒島北上來到長崎，再從長崎西轉前往上海。

在副島離開東京後又發生四名**小田縣**（原名深津縣，廢藩置縣便存在，明治五年六月五日更名小田縣，明治八年12月10日併入岡山縣，明治九年4月18日岡山縣再與北邊的北條縣合併成今日的岡山縣）民外出經商遇上颱風漂流至台灣，雖然保住性命，但船上財物被洗劫一空，此即「小田縣漂流民事件」。

4月1日抵達上海的副島特命全權大使在該地空轉半個多月，19日才進入天津與直隸總督兼北洋大臣李鴻章針對《日清修好條規》的批准以及台灣、琉球的問題進行談判。當初《日清修好條規》最具爭議性的第二條，李鴻章同意以視岩倉使節團與歐美各國簽訂的新約內容作適當調整。不過，李鴻章不知道的是早在去年在美國碰壁後，岩倉使節團已不把條約改正視為使節團出訪的重點，但也因為如此，《日清修好條規》爭議最大的一條得以擱置下來。關於武士佩刀的第十一條，副島強調在日、清兩國都會採取嚴格禁止，而不偏袒任何一方。因為宮古島民、小田縣民在台灣遭難事件衍生出日方對於條規第十四條的關注，這一點李鴻章和副島兩人同意第十四條的適用範圍不包含台灣在內。

4月30日，延宕多時的《日清修好條規》終於在簽字後近兩年得到批准，這一條規持續二十餘年到明治廿七年8月1日清、日兩國在朝鮮互相宣戰下失去效力。

《日清修好條規》的談判至此圓滿落幕。副島此行前來清國雖說是為了《日清修好條規》的批准，以及解決宮古島民、小田縣民在台灣遭難事件的責任釐清，然而，在外交上他是以祝賀清國同治皇帝親政的名義渡清，因此解決《日清修好條規》後，便輪到此行的重頭戲——各國外交使節團祝賀清國同治皇帝親政。

十八世紀末英國馬戛爾尼（George Macartney）伯爵要求覲見乾隆皇帝，被以不合禮節為由拒絕，所謂的不合禮節是指馬戛爾尼不願對乾隆皇帝行三跪九叩之禮，別說馬戛爾尼，外國使節多半都不能接受，因此馬戛爾尼之後外國再也沒有派遣使節前來。在清國國力強大的乾隆盛世還能將歐美諸國拒之於外，到了因十餘年太平天國的動盪而奄奄一息的咸豐．同治年間，豈有餘力抵擋已完成工業革命的歐美列強？副島提議採用歐美國家對其元首行三鞠躬禮即可，但被總理衙門拒絕。副島認為覲見皇帝的禮儀只是覲見過程的一個環節，不應過於拘泥在細微環節上而阻礙其他過程的討論。不過，總理衙門可不作如是想，副島認為若是屈就三跪九叩之禮只會讓清國繼續妄自尊大，若是如此不如一開始便不要前來。

令人訝異的是，到6月18日，副島與總理衙門竟然還圍繞在覲見皇帝的禮節上進行攻防，與這一群將繁文縟節看得比外交交涉還重要的官員談外交，副島內心在憤怒之餘，想必也感到無奈吧！

副島決定突破僵局，19日他向總理衙門官員辭別返國，說道既然在覲見皇帝的禮節上爭論不休，再繼續談下去也沒有意義。要來祝賀皇帝親政的外國使節提前離席，對向來重視面子甚於一切的清國（也包括之前的歷朝歷代），沒有外國使節的觀禮祝賀便無法凸顯皇帝的榮耀。於是總理衙門反過來挽留副島，再三討論後決定接受副島提出的三鞠躬禮，惟，仍要求副島與歐美各國使節一同覲見皇帝。

筆者在《戊辰戰爭》第四章第四節曾提到副島以「《尚書．虞書．舜典》有云：『賓于四門，四門穆穆。』堯舜以來，不已如此乎」打臉清國官員，正是此時。副島以自己是特命全權大使，其身分凌駕在各國公使之上，因此應有優先覲見皇帝的權利。結果各國公使因副島的一席話，得以在6月29日一同覲見甫結束兩宮（鈕祜祿氏慈安太后、葉赫那拉氏慈禧太后）聽政、進入親政狀態的十八歲同治皇帝，身為特命全權大使的副島以位居上席的優先地位，在各國公使團之前於吏部尚書毛昶熙帶領下，單獨覲見同治帝，身著大禮服的副島不施三跪九叩，不卑不亢的三鞠躬後便遞上國書。副島之後是英、法、荷、俄、美五國公使同時覲見，副島能在英、法、荷、俄、美五強國之前單獨覲見皇帝，大大提高剛結束封建體制朝近代國家邁進的日本的國際地位及能見度，也讓副島的名字受到國際的注目，贏得崇高聲望。

另一方面，中國自漢代以來建立並引以為傲的華夷秩序，在副島的三言兩語之下受到重創，已故的政治兼歷史學者信夫清三郎教授形容副島「一舉解決自上世紀末英國使節馬戛爾尼以來，歐洲公使團一直要求而未能實現的禮儀問題。從朝貢體制變成條約體制，這已是華夷秩序崩潰的開始；跪拜禮儀的破壞則更加快它的崩潰速度。」

覲見過皇帝後，副島繼續衝擊華夷秩序，他首先向總理衙門請教朝鮮問題。關於朝鮮，總理衙門的回答如下：

朝鮮稱屬國者，唯遵循舊例，僅存冊封獻貢之典耳。

副島抑制住內心的喜悅，繼續試探問道：

諸如彼國之議和開戰之類權利，貴國亦絕不干預乎？

總理衙門的答覆是肯定的。

副島接著追問台灣問題，總理衙門對於台灣的回覆如下：

熟番之地置府縣而治之；生番之地置於化外，甚不理事也。

副島認為總理衙門的回覆讓日本取得在朝鮮及台灣的化外之地自由行動的口頭保證，副島固然有套話之嫌，但總理衙門又何嘗不是愚昧無知、故步自封呢？副島對於征韓原本並不關心，此行見識到清國官員的顢頇言行，返回後態度丕變，大力支持西鄉參議的征韓（儘管兩人征韓的目的並不完全相同），之後更成為征韓參議的一員。

副島在清國的舉止透過報紙記者的撰稿傳回日本，其提升日本國際地位的事實早已在日本國內沸騰。作為隨行一員的鄭永寧目睹7月26日副島返抵東京時的盛況，寫道：

副島甫歸，京阪富豪結社已有四百餘戶，願集資財產數百萬以資助伐番，計可供數載之用，並願自任其地之開拓。而有志報國之士，皆昂然奮臂聽候副島調遣。

可見在明治六年，不僅是征韓，就連征台也到近乎瘋狂的地步。然而，結束歐美考察返國的使節團成員組成反征韓派，硬是擋下8月17日閣議一致通過任命西鄉為出使朝鮮的使節，並趁三條太政大臣陷入昏迷之際由岩倉右大臣代理太政大臣，並以代理太政大臣的職權無限期延後西鄉出使朝鮮。

征韓一事既遭擱置，士族遂將希望寄託在征台上，那麼，征台又將會如何呢？

四、木戶下野

西鄉等五參議下野後，大久保成立內務省，並自任這一集大權於一身的機構之長官內務卿，因此在板垣等人的《民選議院設立建白書》被形容為「有司專制」。為撕去貼在身上的「有司專制」的標籤，大久保不惜以近衛都督、大藏卿、司法卿甚至陸軍卿等職務，讓太政官中聲望與自己相當的木戶孝允選擇作為兼職。

由於木戶對於軍事不感興趣，因此優先排除近衛都督和陸軍卿。以岩倉使節團副使身分到歐美各國考察，讓木戶體悟到歐美國家強盛的原因在於制定憲法、實施二院制（或一院制）議會有效節制君權的擴張，然而，要達到這一理想境界端賴於提升國民教育水準，出於如此的考量木戶於是毅然選擇文部卿。

自明治六年4月19日大木喬任轉任參議後文部卿出現缺員，文部大輔宍戶璣也在該年9月27日因興趣不合去職，於是文部省實權便落在文部少輔田中不二麿身上。不過，田中終究只是少輔，且又非薩長土肥出身（尾張藩），因此文部省頗有被冷落之感，木戶在此時空降正好可重振文部省的地位。

明治七年1月25日，木戶成為第二任文部卿（首任為大木喬任）。木戶認為國家的發展不是只靠一、兩位天才或豪傑便能達成，以他在歐美的見聞經驗，確信必須大力推廣包含女子教育在內的全民教育才行。不過，木戶的前任大木也曾推動全民教育的普及（筆者在第九章第五節提及的《學制》），但最終因為師資不足而草草結束。記取大木失敗教訓的木戶認為要普及全民教育必先得有足夠的師資，因此他把師範學校的設置列為優先目標。在大木推動《學制》期間，在東京、大阪、仙台三地設置日本最初的師範學校，儘管如此還是不及《學制》預定的學區。木戶上任後增設愛知、廣島、長崎、新潟四所，總算補足《學制》七大學區。

進入2月，佐賀士族擁戴返鄉的前參議江藤新平掀起反亂的消息很快傳到東京，決意前往九州坐鎮征討的大久保內務卿於8日指名木戶在自己前往九州期間代理內務卿，於是木戶有超過兩個半月的時間身兼參議、文部卿、內務卿三職，對於大病初癒的他是沉重吃力且難以承擔的負荷。

不過，身兼三職的木戶卻有一事被蒙在鼓裡，在木戶出任文部卿之前，大久保與大隈已成為蕃地問題調查委員，「蕃地」所指的正是前一年6月副島外務卿在北京從總理衙門口中得到「生番之地置於化外，甚不理事也」的台灣。在指名木戶代理內務卿前的2月6日，大久保與大隈參議先在岩倉宅邸裡聯合提出《台灣蕃地處分要略》，當日並在閣議通過。《台灣蕃地處分要略》的內容大致有以下三點：

（一）台灣生蕃是清國政府政權未逮之地，既是政權未逮之地，日本便有興師討蕃撫民的義務。

（二）清國對於琉球的從屬與否意見不一，但對於「自古以來為中國之藩屬」這點較無疑義，這點應避免回應清國。

（三）為準備出兵台灣，應在當地調查以備開戰之日。

從《台灣蕃地處分要略》內容來看，大久保似乎有意征台，然而，突如其來的佐賀之亂使得征台的行程被迫暫緩到該亂事平定之後。想必讀者會感到納悶：大久保和大隈去年不是都反對征韓嗎？怎麼才過幾個月便改弦更張主張征台？

大久保在去年10月看到大批薩摩籍將官拋下其戍守帝都的職責與近衛兵不管，跟隨西鄉的腳步返回鹿兒島。這些返回故鄉的將官想必也隨時在關注太政官的一舉一動，如果太政官的作為無法符合他們的期望，難保這些精力充沛的將官不會在鹿兒島掀起反旗。

與其說大久保因「生番之地置於化外，甚不理事也」而征台，倒不如說大久保想藉征台緩和薩摩士族不平的情緒，藉由征台打消太政官普遍烙印在全國士族中膽小怕事的形象。亦即司馬遼太郎在《宛如飛翔》一書提到的「能量發洩論」：

藉由討伐台灣之生番，安撫國內沸騰的征韓情緒。

4月4日，太政官成立台灣蕃地事務局，將其置於正院之內，換言之，台灣蕃地事務局必須對太政官負責。事務局以參議兼大藏卿大隈重信為長官，5日任命陸軍大輔西鄉從道為都督，為增加從道的威信特地晉升他為陸軍中將，6日任命陸軍少將谷干城和海軍少將赤松則良為台灣蕃地事務參軍，並將外務省顧問李仙得轉任至事務局。

筆者在前文已提過木戶既反對征韓，也反對征台，當他得知不僅成立台灣蕃地事務局，而且還置於正院管轄。難掩心中不滿的木戶，在5日寫了一封充滿諷刺意味的信件給三條太政大臣：

聞江藤等人就縛，一則以喜，一則以憂。彼等乃昔日征韓之巨魁，今日既傾盡國力征伐台灣，若彼等認罪，不妨派其為征台先鋒。……

木戶雖然說得這麼酸，但是2月6日《台灣蕃地處分要略》閣議一致通過也有他的一份，當時同意的他此時卻表現出不同意征台。對於自己的表裡不一，木戶在8日寫給伊藤參議的信件是這麼說的：

此時，余若出面反對，必至出現大分裂，引起軒然大波，故勉力控制不發。此心此境，敬希諒察，……

木戶在這封信件強調他之所以在2月6日的閣議同意《台灣蕃地處分要略》，是不希望太政官重演征韓時的分裂。木戶當日向大隈問道，征台會耗費多少錢，大隈隨口回答五十萬圓。木戶以幕末以來實際參戰的幾次經驗認為五十萬圓絕對不夠，他認為身為大藏卿的大隈估計過於草率，征台日軍會因主帥的草率估計橫死異鄉。大隈見到木戶罕見的發怒，內心慌了，便推說這是從道的估計，說道：

西鄉從道還說，如果軍費超過五十萬圓，他願以死相抵。

當晚木戶在日記裡痛罵大隈和從道二人：

西鄉從道說以死保證軍費不超過五十萬圓，這話實在不負責任，理應估算費用的大隈也同樣不負責任，實在不像堂堂政府大員應說出口的話。西鄉的一條命就能解決問題嗎？換作是我我也不要他的命。

9日，從道偕同兩位參軍以及約三千名征討軍搭乘孟春、日進兩艦離開品川，朝長崎而去。

4月18日，木戶以「國內之政尚未理出頭緒，而驟興外征之師，天下之守令將何以信朝旨之所在乎」為由遞出辭呈。西鄉已在去年10月下野、大久保滯留九州未歸，太政官如今能依賴的只剩木戶，而他卻選在此時提出辭呈，三條太政大臣當然不會批准。

至少等到大久保返回。

木戶想想也有道理，此時拋棄條公有失道義，雖未收回辭呈，但不再提辭職一事。之後幾日大久保雖返回東京，不過似乎所有事情都要由他定奪，29日便又離開東京前往長崎，來去匆匆的他似乎對木戶提出辭呈一事都還不知情。

已決定辭職的木戶並不因大久保的忙碌而改變，太政官也只能在5月13日同意他辭去參議兼文部卿，但是並未批准木戶的辭呈，只是讓他換個環境改到宮內省出仕。辭意甚堅的木戶在15日單獨謁見天皇，表達辭意，如此一來太政官也不便再予以慰留。19日木戶召集福羽美靜、加藤弘之、元田永孚等侍讀，勉勵他們從事針對天皇教學的改革，翌日也向三條太政大臣、德大寺實則宮內卿提出，並由他們上奏天皇，完成這些事情後木戶翩然離開太政官。

27日，木戶與幕末以來患難與共的結髮之妻幾松離開東京往西而去。當晚投宿在箱根湯本，發現該旅店的床之間掛有山內容堂的墨寶，木戶陷入對這一陰陽永隔的故人的緬懷，在他的日記裡寫下如下四句絕句紀念容堂：

微風細雨宿溪邊，
屈指昔遊已六年。
壁上時看亡友句，
一吟未了淚潸然。

6月5日，木戶與幾松參拜伊勢神宮，然後進入京都，爬上二年坂來到靈山召魂社追思包括龍馬在內於幕末期間死去的友人。

與西鄉辭職一樣，木戶的辭職也引起些許漣漪，山田顯義、三浦梧樓、鳥尾小彌太三位長州出身的陸軍少將（最年長的山田僅只三十一歲，最年輕的鳥尾廿七歲）跟隨辭職，據説鳥尾小彌太辭職時憤憤地說道：

我從小就很粗暴，因為這樣才加入奇兵隊。可是我卻不懂薩摩人的粗暴：哥哥前腳才吵著征韓，弟弟後腳也嚷著要征台，這到底是怎樣的粗暴？根本視國家如無物嘛！

不過，同樣表態反對征台的伊藤參議、山縣陸軍卿卻沒有與木戶同進退，而是選擇戀棧現職（山縣在2月8日一度辭去陸軍卿，但6月30日便復職，惟，辭去陸軍卿期間仍兼任近衛都督）。

五、出兵台灣

4月9日，台灣蕃地事務局都督西鄉從道陸軍中將率領約三千名征討軍，分乘孟春、日進兩艦（均是佐賀藩在幕末時分別向英、荷訂購的蒸汽船，維新後贈予新政府）從品川啟程。從道在啟程前先行發電照會清國閩浙總督李鶴年，該電報內容全文如下（原文為漢文）：

大日本陸軍中將兼陸軍大輔西鄉

照會事：台灣土蕃之俗，自古嗜殺行劫，不奉貴國政教，海客災難是樂。邇年我國人民遭風漂到彼地，多被慘害。幸逃脫者，迨入貴國治下之境，始沾仁宇恩恤，藉得生還。本國稔知貴國矜全我民之意厚且至也，我國政府感謝奚似。而彼土蕃反是，害我人民，如此，為民父母豈忍漠然？是以我皇上委本中將，以深入蕃地，招彼酋長，百般開導，殛其凶首，薄示懲戒，使無再蹈前轍，以安良民。本中將謹遵欽旨，即率親兵，將由水路直進蕃地。至若船過貴境，固無他意，應毋阻拒。但恐閭巷之說，或觸於貴國之詫異，特茲備文報明，為此照會貴大臣，希即查照，轉飭各該地方官，咸使知之可也。須至照會者。右照會

大清兵部尚書兼都察院右都御史閩浙總督部堂李

正文結束後，另又附上附片，全文如下：

明治四年十二月，我琉球島人民六十六名，遭風壞船，漂到台灣登岸。是處屬牡丹社，竟被蠻人劫殺，五十四名死之，十二名逃生，經蒙貴國救護，送回本土。又于明治六年二月，我備中州人佐藤利八等四名漂到台灣卑南蠻地，亦被劫掠，僅脫生命。幸蒙貴國恤典，送交領事，旋已回國。凡我人民疊受恩德，啣感無限。茲我政府獨怪土蕃幸人之災，肆其劫殺，若置不問，安所底止？是以遣使往攻其心，庶使感發天良，知有人道而已。故本中將雖云率兵而往，惟備土蕃一味悍暴，或敢抵抗來使，從而加害，不得已則稍示膺懲之勢耳。但所慮者，有貴國及外國商民在台灣所開口岸運貨出入者，或見我國此間行事，伊等便思從中竊與生蕃互通交易，資助敵人軍需，則我國不得不備兵捕之。務望貴大臣遍行曉諭台灣府縣沿邊口岸各地所有中外商民，勿得毫犯。又所懇者，倘有生蕃偶被我民追趕，走入台灣府縣境內潛匿者，煩該地方隨即捕交我兵屯營，是望。特此附片以陳，惟請貴大臣煩為查照施行（本電報內文錄自《大日本外交文書》第七卷）。

從道的電報若只看照會部分，措辭還算懇切，所提要求也還在合理之中。但是附片的措辭明顯有以討伐殺害琉球島民的生蕃為名，實際上則是藉在台用兵之機以擴大討伐生蕃之成果。

15日抵達長崎的從道在當夜前往佐賀拜訪大久保。大久保剛在兩日前將有意挑戰其地位的江藤新平斬首而心情特好，徹夜聆聽從道講述八瑤灣事件的始末以及東京的情況。

不過，大久保萬萬沒想到17日離開佐賀、24日回到東京不過五日，他又踏上前往九州的路途上。這一次的目的竟然是要勸阻可說由他一手促成的征台行動，因為大久保剛在品川上岸便遇上迎接歸來的伊藤、黑田清隆兩人，轉達英、美兩國公使巴夏禮與賓漢(John Armor Bingham，其中文譯名亦寫成平安)對出兵台灣一事的反感。

巴夏禮與賓漢為何要反對日本出兵台灣呢？

巴夏禮可說是在維新回天大業的過程中出力最大的外國人之一，如果沒有他授意哥拉巴出售武器給與龍馬前來的伊藤、井上二人，或許不會促成薩長同盟的締結。因此巴夏禮認為日本的建立是出於自己的貢獻，即使自己無權過問日本內政，至少日本應就出兵台灣一事事先知會。當巴夏禮從清國總理衙門得知此事大感震怒，他震怒的原因固然包含日本未事先知會。不過，未事先知會不至於成為巴夏禮震怒的主因，最主要的原因在於出兵台灣有可能會損及英國在華的既得利益。為維持英國的既得利益，巴夏禮可以強令西鄉不得進攻江戶城、饒恕德川慶喜一命，同樣也可以在橫濱的英文報紙《*Japan Herald*》（日本先驅報，最初由 Albert W. Hansard 於1861年在長崎創刊，最初是一周發行兩次，之後遷移至橫濱改為周報，1863年起又改為日報）揭發日本政府的出兵台灣計畫：

日本政府正祕密準備征討台灣，既不曾告知國民，也不事先知會相關諸國，更不曾得到領有台灣的清國的允諾。

巴夏禮在《*Japan Herald*》揭發日本出兵台灣的計畫是在4月9日，正好是西鄉從道從品川啟程之日，巴夏禮無法詰問採取軍事行動的從道，遂把怒氣出在外務省上。先是發一封口氣極差的信函給外務卿寺島宗則，翌日更是直接到外務省叫囂：

你們未照會各國便逕自出兵台灣，意欲何為？

巴夏禮此舉等同向日本宣告：英國不支持日本出兵台灣的計畫，如果日本出兵台灣招致清國的抗議，英國立場會傾向清國。既然英國已經表態，曾經向日本引薦李仙得的美國也趕緊改變立場。引薦李仙得的美國公使迪龍已在去年去職，新任美國駐日公使賓漢調整迪龍協助日本的立場，與巴夏禮一同攻訐日本政府，賓漢甚至還模仿巴夏禮也致函譴責寺島。更致命的是賓漢還取消原本允諾提供軍事教官以及搭載日軍前往台灣的輪船，使得已經啟程的從道以及其率領的三千名兵員只能在長崎枯等。

回到東京的大久保得知英、美公使內心並不贊成日本出兵台灣，既然已失去列強支持，出兵台灣想必會引來其積極干預，在返回東京後五日(29日)又前往九州阻止從道出兵台灣。

話說從道從品川出發在抵達長崎前，先折往鹿兒島灣拜訪已經下野的哥哥，向他報告自己即將率軍征台之事。自己提議征韓遭到否決，然而，現在卻要大動干戈征台，西鄉想必會認為既然如此當初為何要否決征韓？不過，西鄉還是口頭上嘉許從道。從道特地前來鹿兒島是希望徵得哥哥的同意，派出鹿兒島士族共襄征台，使其因征韓遭到否決而對太政官的恨意能因征台得到滿足。不過西鄉並未讓跟隨他辭職腳步返鄉的近衛軍將官跟隨從道出征，而是讓從警視廳辭職的警官組隊跟隨從道。

這兩者有何區別呢？

前者是幕府時代的上士、藩士，西鄉在廢藩前率領他們前往東京加入御親兵；後者是幕府時代的下士、鄉士，西鄉讓他們加入警視廳成為警察。西鄉為了不讓跟隨他辭職的近衛軍官因為賦閒在野而士氣消沉，有意成立一個可以教育士族並維持士族精神不墜的機構（此即私學校），因此西鄉不願讓近衛軍官征台，而不在私學校編制內的警視廳辭職警官遂跟隨從道征台。

得到兄長允諾的從道前往長崎，只要等美國輪船一來便能分批前往台灣。然而，4月15日抵達長崎的從道左等右等就是等不到美國輪船到來，25日太政官才派來一個名為金井之恭的使者，其正式官職為書記官權少內史。由於三條太政大臣和岩倉右大臣一直等不到大久保內務卿返回，對於英、美公使的抗議，日本無法置之不理，因此三條太政大臣一生中難得作主派出金井為使者，寫下要台灣蕃地事務局長官大隈及都督從道中止台灣出兵的計畫前來九州。大隈看完三條太政大臣的信件並聽完金井的論述後，點頭同意中止出兵台灣，大隈對出兵台灣本來就不抱持興趣，只是礙於大久保的推舉才勉強就任台灣蕃地事務局長官。

大隈與金井來到大浦岸邊找到從道，金井照樣拿出三條太政大臣的信件給從道過目，大隈看到從道看完信件及聽完金井的論述後的表情，直覺認為他不會打消征台行動，因為大隈在太政官已見慣薩摩人的思考模式。

果如大隈的預料，從道決定無視三條太政大臣的命令，堅決執行出兵台灣的任務。為避免太政官再派人來勸阻，從道當日下令征台軍從長崎啟航，一旦踏上征途便可以「將在外，君命有所不受」為由拒絕任何要他取消征台的命令。雖然美國輪船臨時取消運輸日軍的任務，從道手上依舊有孟春、日進、明光(伊呂波丸事件紀伊藩的藩船，明治三年起為九十九商會收購，即三菱蒸汽船會社的前身，所有人為岩崎彌太郎)、三邦(幕末薩摩藩的海軍蒸汽船，戊辰戰爭期間薩摩藩以此艦向京都運載藩兵，明治五年以極低廉的價格售給大藏省)四艘可供運輸的船艦，分批運載日軍前往廈門集結。

從道雖下令船艦出發，他本人卻仍滯留長崎，應該與聽到太政官下一個派來的人是大久保不無關係。5月4日從道在長崎等待大久保的到來，這是繼上個月15日在佐賀後兩人的再次會面。從道對大久保分析道：

如果此時中止征台，士兵一定會暴動，最後勢必會演變成大規模的士族反亂而波及至全國，脆弱的太政官恐怕撐不住。

大久保反覆思考後認為從道所言不無道理，便不再提中止征台，而且還向從道保證回到東京後由他向太政官交代。不過，礙於美國公使的抗議，大久保要從道不得攜前美國駐廈門領事李仙得前往台灣。

前文提及從道前往鹿兒島徵得西鄉同意派出以鄉士為主的警視廳辭職警官跟隨從道前往征台，但警視廳辭職的警官對於征台似乎不是很踴躍，倒是出現一支令從道感到意外的隊伍：白川縣士族宮崎八郎率領數十名同志前來響應。宮崎八郎生於嘉永四（一八五一）年玉名郡荒尾村（熊本縣荒尾市），明治三年上京，因醉心於盧梭（Jean Jacques Rousseau）的學說而投入曾留學法國的中江兆民成立的法學塾。中江本人是日本研究盧梭的權威，盧梭的經典著作《社會契約論》（也稱為《民約論》）雖在幕末已有日文譯本，但是影響力遠不如中江的譯本《民約譯解》，中江因《民約譯解》的翻譯而得到「東洋的盧梭」（東洋のルソー）的稱號。

宮崎八郎在中江的學塾裡不僅學習盧梭的著作，也跟中江一樣投身自由民權運動，成為民權人士，幾年後響應薩摩士族的反亂（西南戰爭）而在熊本境內戰死。八郎雖然早死，追求民權的精神由他的幾個弟弟繼承下來，有關心土地問題的宮崎民藏，以及支持孫中山辛亥革命的宮崎彌藏．寅藏（號滔天）兄弟。

5月18日，從道坐上運輸船高砂號朝廈門而去，這是此次征台的最後一批，據說船上擠了約六百人，包括從道率領的一步兵中隊和一砲兵小隊、宮崎八郎率領的數十名白川縣士族以及會計、醫師與雜工。此外還有明治中期以降政府的御用商人、隨著日本的對外戰爭大發戰爭財的大倉喜八郎，從道搭乘的高砂號是由他出資購買的，船上的雜工也是由他雇來的。

22日從道抵達社寮（屏東縣車城鄉），在廈門等候的先遣部隊紛紛過來集結，從道隨即下令總攻擊。雖說總攻擊，但戰爭規模並沒有想像得大，日軍主要征討對象為牡丹社、高士佛社及女仍社（皆屬排灣族），與這三社的作戰基本上到6月5日便已結束，剩下的進入零星的掃蕩，大倉喜八郎形容這零星的掃蕩好比是在「打野豬」。

不過，零星的掃蕩對日軍而言才是災難的開始。

日本來到地處熱帶的台灣南部，濕熱的氣候讓日軍難以適應，沒有經過處理的生水飲下肚後在全軍引起身體的不適，更為可怕的是熱帶特有的傳染病（瘧疾，當時征台日軍稱為「台灣病」）為日軍帶來致命的後果。

日軍從軍記者，同時也是《東京日日新聞》主筆岸田吟香曾寫下如下的報導：

……瘴癘之氣侵襲，士兵死亡過半。……

實際上士兵死亡並未到過半的程度，不過對於處在死亡威脅下（而且還不是敵軍帶來的死亡威脅）的吟香，會寫下略帶誇張的新聞報導也是可以理解的。

對征台日軍而言，戰場上的勝利已經到手，全軍所想的是如何離開這一充滿瘴癘之氣的**無間地獄**（《長阿含經》、《俱舍論》、《大智度論》、《大般涅槃經》、《順正理論》、《瑜伽師地論》等佛教經典提及地下有所謂的八大地獄：等活、黑繩、眾合、叫喚、大叫喚、焦熱、大焦熱、無間。最下層的無間也稱為阿鼻地獄，在此地獄者所受諸刑，一刻不停，無有間隙，故稱無間）。

只是，征台日軍真能來時容易去也容易嗎？

六、前往清國談判

由於從道在4月9日前往長崎前夕曾向清國閩浙總督李鶴年致電，李鶴年將該電報轉呈總理衙門。5月4日，兩江總督協辦南洋大臣（南京條約簽訂後，清國在該約開放的廣州、福州、廈門、寧波、上海五口設置欽差大臣，辦理外交及五口通商事務，最初名為五口通商大臣。之後該大臣的兼職及衙門屢有變遷，在日本出兵台灣期間由兩江總督兼任，其衙門也定在南京）事務李宗羲也在致電總理衙門時，提到三月十五日（此日期為當時清國曆法，折算成格列高里曆為4月30日）有一艘日本船艦停泊在廈門港，當地官員曾帶兵官詰問，艦上日本軍官無法向當地官員交代清楚，另外據推測該艦似有百餘名兵員。

可惜的是，總理衙門並不把這兩通示警電報當一回事。除閩浙總督、南洋大臣示警的電報外，英國駐清公使威妥瑪（Sir Thomas Francis Wade）在5月11日將日本征台計畫告知總理衙門。總理衙門此時才相信前兩通電報內容不假，雖是如此，仍拖到四月十四日（格列高里曆5月29日）任命福建船政大臣沈葆楨為「欽差辦理台灣等處海防兼理各國事務大臣」，與福建布政使潘霨幫辦台灣事宜。

在任命沈、潘兩人的前一（28）日，日本駐清公使柳原前光在上海與潘霨會面，柳原公使說明其來意，主旨為強調日本出兵台灣有以下三個目的：

（一）捕前殺害日人者誅之。

（二）抵抗日兵為敵者殺之。

（三）番俗反覆難治，須立嚴約，定誓永不剽殺難民。

從明治四年起柳原年年前往清國，但是每年的頭銜都不一樣，明治四年是全權副使，明治五年為外務大丞，明治六年為特命全權大使隨行，明治七年成為首任赴任的駐清公使。從筆者在前幾節的敘述來看，柳原前光的表現實在很難稱得上稱職的外交官，與副島（與其說他是外交官，不如說是漢學家）的表現更是天差地遠。

由於明治初年太政官各個領域都缺乏專業人才，於是柳原這種不專業的外交官不僅得以棲身外交圈，甚至還能屢屢升官，在駐清公使後還於明治十三年繼榎本武揚成為駐俄公使。不過，柳原能立足外交圈或許與小他九歲的妹妹愛子在這幾年成為天皇的典侍不無關係，更重要的是，愛子此時已懷有身孕（明治八年1月生下一名內親王，一歲多夭折。雖是如此，柳原愛子的地位還是很穩固，她唯一倖存的皇子即是之後的大正天皇）。

既然柳原是以駐清公使身分前來，照理與福建布政使潘霨強調日本出兵台灣的目的後，便應北上與總理衙門商談停戰事項才是。然而，柳原真正來到天津與李鴻章坐下商談已是7月24日，或許與李看輕這位年僅廿五歲的駐清公使（在李的心目中各國駐清公使應該都是該國最有經驗、最老成的外交幹才，但顯然柳原是例外）而刻意拖延不無關係。李鴻章與柳原會面時劈頭就問道：

副島怎麼告退了？

李會這麼問，可見對於日本政情並非全然無知。柳原答道：

與岩倉大臣議事不合。

李又問道：

先是伊達（宗城），繼而是副島（種臣），回去均即退休，是貴國用人行政無常，抑來華欽差不利？

酸味十足的提問讓柳原難以回覆。接著李又問了一個讓柳原更難招架的問題：

你也是一樣，同治十年、十一年、十二年（明治四到六年）陸續來過，每來一次的官銜都不同，哎唷這實在太奇怪了。

李鴻章的言下之意不言而喻。

由於台灣惡劣的氣候對征台日軍的威脅更甚於來自戰場，談判準備時間及過程拖得愈久，死於惡劣氣候的日軍便會愈多。在柳原與李會面的二十天前（7月9日），太政官召開閣議決定增援對台戰事，參加的對象皆為參議，但因此時參議多兼任省，因此視為省卿也參與閣議亦未嘗不可。

不過，諷刺的是，征台的主力陸軍省之長陸軍卿山縣有朋卻被排除在閣議之外。並非太政官有意要疏離山縣，也不是因為山縣才剛復職之故（因反對征台而象徵性辭職），而是山縣陸軍卿不具參議身分才被排除在閣議之外。當時各省省卿中，除因反對征台而下野的木戶文部卿外，只有陸軍卿和宮內卿（德大寺實則）沒有身兼參議。據信夫清三郎的《日本外交史》所載，山縣出於對此狀況的不滿，成為之後他堅決推動統帥權獨立的主因，這點筆者在結束語還會再次提及。

雖說閣議決定增援對台戰事，但大久保真正用意是要以談判方式結束日軍明明已經獲勝卻無法結束的征台之役。之所以出現這種情形，大久保認為是駐清公使遭到看輕的緣故，因此他決定自己親自前往清國談判。才剛於4月中平定佐賀之亂的大久保，回到東京不過五天又前往九州勸阻西鄉從道取消征台不成。返回後才兩個多月，大久保又要遠行，所去之處是比前兩次還要遙遠的北京，沒有幾個月的時間是回不來的。

三條太政大臣、岩倉右大臣當然不希望大久保再次遠行，但他們也都知道沒有人可以改變大久保的決定，最終還是向大久保妥協。8月1日，大久保取得前往清國的敕命，並被任命為特命全權大使，擁有在清國之地便能決定和戰與否的權力。大久保2日向太政官引薦伊地知正治、黑田清隆、山縣有朋三人為參議（當日生效），之後向寺島外務卿請益若干外交的規則，6日正式出發。

大久保在橫濱搭乘美國蒸汽船，到長崎改乘日本軍艦東、龍驤到上海，在上海遊歷參觀租界後再搭日本軍艦北上天津，一番折騰下來抵達天津已是9月1日。既已來到天津，理應到總理衙門拜會李鴻章才是，大久保在聽取智囊團田邊太一、井上毅等人的建議後，決定跳過李鴻章直接與總理衙門大臣恭親王奕訢談判。10日來到北京的前一站通州（北京市通州區），若有所感的大久保寫下一首漢詩：

下通州偶成

奉敕單航向北京，

黑烟堆裏蹴波行。
和成忽下通州水，
閑臥蓬牕夢自平。

9月14日，大久保利通帶著翻譯鄭永寧等人來到總理衙門，會見恭親王、文祥、寶鋆、毛昶熙、崇厚、崇綸、董恂、沈桂芬、成林等九位大臣。大久保只針對台灣是否為清國的屬地抑或是無主的未開發之地與總理衙門各大臣論辯，總理衙門堅持台灣為清國屬地，不過，卻無法舉出具體證據。大久保事先與司法省聘用的法國法學者古斯塔夫・艾彌勒・博索納德・德・封達哈比(Gustave Emile Boissonade de Fontarabie)反覆討論過，總理衙門大臣若堅持台灣為清國屬地，則可就琉球島民被殺害的事實索討賠償，若因不想賠償而承認台灣是無主的未開發之地，則正中大久保下懷，日軍可堂而皇之的占有這無主的未開發之地。

這一天之後大久保每次來到總理衙門都只提出這一點詰問，期間對於總理衙門的宴請一概拒絕，因為一旦受邀便會陷入「拿人手短，吃人嘴軟」的窘境。總理衙門眼見無法以宴請方式懷柔大久保，對於台灣的歸屬又給不出明確的回答，只想盡快結束與大久保這一難纏對手的商談。清國另一方面也動員超過一萬兵力登陸台灣與日軍對峙，一旦談判破局，一萬清軍立即攻打只有三千六百多名且飽受瘧疾肆虐的日軍。

最終清日間並沒有開戰，總理衙門各大臣只是色厲內荏、裝腔作勢一番，對於已經上太空的日本代表，還處處存在殺豬公的思維（指日本已懂得用國際法學角度來辨別國家的屬地與無主的未開發之地的差異，而清國卻還停留在幾千年前建立的朝貢制度上），而且一萬清軍能否打得贏三千六百名日軍也還是未知數。

10月25日，大久保欲擒故縱，向總理衙門放話停止會談返國。此舉果然引起總理衙門的不安，連忙央請威妥瑪介入斡旋，31日兩國達成如下的協議：

一、日本國此次所辦原為保民義舉起見，中國不指以為不是。

二、前次所有遇害難民之家，中國定給撫卹銀兩，日本所有在該處修道建房等件，中國願留自用，先行議定籌補銀兩，另有議辦之據。

三、所有此事兩國一切來往公文，彼此撤回註銷，永為罷論。至於該處生番，中國自宜設法妥為約束，以期永保航客不能再受凶害。

此協議全名為《日清兩國間互換條款及互換憑章》，也稱為《台事專約》或《北京專約》。根據這一專約的第二條內容，日本獲得五十萬兩賠償，扣除撫卹死去的琉球島民十萬兩，還剩四十萬兩（折合約六十一萬八千六百餘圓）。然而，日軍此役光是軍費便耗去七百七十一萬餘圓，最大的一筆支出約四百一十萬圓，這是太政官購買十三艘船艦委託岩崎彌太郎的三菱蒸汽船會社（郵便汽船三菱會社的前身）用來運輸日軍。光是軍事費用的支出便足以打臉西鄉從道「軍費超過五十萬圓，願一死相抵」的說法，已故學者井上清教授甚至還如此說道：

如果軍費超過五十萬圓便須切腹，西鄉從道就算切腹十五次也不夠。

另外，三千六百五十八名日軍戰死者僅有十二人，負傷者也僅只十餘名，但死於熱病及瘧疾者卻高達五百六十一名，可見征台之難不在戰場上，而是在氣候環境。

大久保在締結《北京專約》後，此次前來清國的任務已圓滿達成，照理他應從天津搭船南下上海，再改搭前往長崎的航班便能回到日本。但是大久保卻直接前往台灣，他要帶回奉命征台的三千多名日軍，因為繞道前往台灣，大久保回到東京已是11月27日，再過一個多月明治七年便將結束。

從年初的佐賀之亂、勸阻從道出兵台灣，以及前往清國與總理衙門的大臣們進行談判，為解決這三事件，大久保在明治七年超過兩百日以上的時間人不在東京。這一年大久保幾乎是憑一己之力平定佐賀之亂，並迫使清國簽訂《北京專約》，還安全帶回三千多名陷入瘧疾威脅的日軍。筆者在第十四章提到佐賀士族飛蛾撲火般的舉兵徒然增添太政官的威望，同理，清國與之簽訂帶有賠償性質及視同日本領有琉球的《北京專約》也增添太政官的威望。增添太政官的威望亦即增添大久保的威望(此年的功績殊勳得到天皇親贈金一萬圓，這個金額略多於三條太政大臣一年薪資)，明治七年一整年下來，大久保不僅成為太政官的門面，更是太政官的靈魂人物！

明治六年起為司法省聘用的法國法學者博索納德在翌年一次私人訪談中曾說道：

去年日、清兩國締結的條約中最幸運的成果之一，即是使清國承認日本對琉球群島的權力，因為在該約字面上把遇難的琉球島民稱作「日本臣民」。

由於清國在這一專約條文的承認，日本於明治八年5月29日派遣內務大丞松田道之（鳥取藩出身）前往琉球下達廢止由清國冊封琉球王的命令，亦即此後琉球不再奉清國正朔改奉明治元號，此後又逐步剝奪琉球的司法及警察權，改隸屬內務省，筆者在第二節提及的第一次琉球處分到此才算結束。

七、簽訂樺太・千島交換條約

樺太，中文稱為庫頁島，俄語稱為薩哈林（Sakhalin）島，位於北海道北方，與北海道之間相隔一道約四十餘公里寬的宗谷海峽（也稱為拉比魯茲海峽〔La Perouse Strait〕），面積略小於北海道。

樺太這一名稱大概始於江戶時代，《日本書紀・卷二十六・齊明天皇》記載齊明六年三月曾遣阿倍臣（名字闕如，與第十二章第一節提到的阿倍引田臣比羅夫應不同人）「率船師二百艘伐肅慎國」，阿倍臣討伐的肅慎國遍及現中國東北、俄羅斯沿海地區（相當於濱海邊疆區）以及樺太島一帶，是之後挹婁、勿吉、靺鞨、女真等部族的祖先。

平安時代後期起，透過統一奧羽的奧州藤原氏，將在樺太捕捉到的鷲羽與海獸皮流通到平安京，鎌倉時代以十三湊（青森縣五所川原市）為中心，與樺太南部展開更為熱絡的貿易，當然貿易的過程中還伴隨著安東氏水軍（或海賊）的劫掠。進入江戶時代，幕府承認松前藩對蝦夷地的支配權（包括與樺太的貿易權），因此，松前藩雖是無法種植稻米而在五代將軍綱吉之前被誤視為無高大名（沒有稻米收成量可決定其石高，八代將軍吉宗起定為一萬石家格），然而，透過貿易的收入不見得低於一萬石的其他藩。

十七世紀中葉起，羅曼諾夫王朝統治下的俄國越過烏拉山脈（Ural Mountains）這一歐亞大陸交界，進入一望無際的西伯利亞（Siberia）大平原，至十八、九世紀之際擴展至太平洋岸，並沿堪察加半島（Kamchatka Peninsula）南下。感受到俄國南下威脅的幕府，除了被動把位於本州最北邊的弘前藩、盛岡藩，以負責蝦夷地警護役的名義，分別將石高增至十萬石、二十萬石外，還積極籌備樺太占領的計畫，為此派出以幕臣松田傳十郎為首的探險調查團調查樺太。松田調查團中以最上德內、間宮林藏兩人的調查成果最為豐碩，間宮深入樺太調查的結果，證實樺太並非與大陸連接的半島，而是與歐亞大陸隔著一道狹窄海峽的孤島。幕府根據松田調查團的報告開始向樺太移民墾荒，為紀念間宮的探險遂將該海峽稱為間宮海峽（中文稱為韃靼海峽，俄文則稱為涅維爾斯科依海峽）。

安政年間（一八五四～六〇），俄國與清國簽訂璦琿、北京兩條約，取得現今領土中的阿穆爾州（Amur Oblast）、猶太自治州（Jewish Autonomous Oblast）、濱海邊疆區（Primorsky Krai）等州全部，以及哈巴羅夫斯克邊疆區（Khabarovsk Krai）的南部等，超過一百萬平方公里的土地。不過，並不包含樺太在內，於是樺太成為俄（北樺太）日（南樺太）雜居之地。幕末，俄國曾三次提出與幕府劃清國界，但都未被內外情勢交迫的幕府受理。戊辰戰爭期間，俄國想趁日本內亂自顧無暇，複製安政年間在清國藉口調停與英法的矛盾便攫取超過一百萬平方公里的成果，而對樺太虎視眈眈。不過，一年多的內戰一結束，新政府旋即把蝦夷地改名北海道，並置開拓使全力開發。

明治三年初，俄國強行逮捕阻止在樺太修築碼頭的六名日本外務省官員，太政官將兵部大丞黑田清隆改任開拓次官著手開發樺太，但是外務卿澤宣嘉卻打算請美國駐日公使迪龍斡旋，與俄國達成以北緯五十度為界將樺太一分為二。不過，迪龍公使反而勸告澤外務卿放棄整個樺太，並以此為代價與俄國斡旋，得到適當的補償才是上策。

明治四年初，任職開拓次官已有一年之久的黑田清隆認清日本沒有維護樺太的能力，向太政官提出類似迪龍的主張。六月，太政官任命參議副島種臣為全權代表，前往樺太北部俄領部分與俄國針對樺太國界的劃分進行談判，此時俄國卻派出首任駐日公使布策(Yevgeny Byutsov)來東京指定要在此談判，兩人因此錯失談判機會。明治六年兩國再次提起談判，因副島被任命為特命全權大使前往清國交涉八瑤灣事件而再次錯過。

明治六年4月，樺太發生俄國兵傷害日本兵事件，事件一傳出造成全國士族的憤怒，向來主張放棄樺太的黑田開拓次官認為應譴責俄國暴行，力主出兵樺太保護僑民。然而，從明治六年的征韓以及明治七年的征台來看，太政官顯然對征韓、征台的關心更甚於樺太問題。該年1月，開拓使四等出仕榎本武揚被任命為駐俄特命全權公使(即首任駐俄公使，原本應是澤宣嘉，但他於明治六年病逝)兼海軍中將。已於6月抵達俄國實質首都聖彼得堡的榎本，因故拖到11月才進行談判，只是談判的對象並非外務大臣哥爾查科夫

(Alexander Mikhailovich Gorchakov)，而是外務省亞洲局局長斯特列莫烏霍夫(Peter Stremoukhov)。

明治八年5月7日，榎本與哥爾查科夫外務大臣簽訂《樺太．千島交換條約》，該約以法文為底本，內容為：

一、日本放棄在樺太擁有的權利，以宗谷海峽為兩國國界。

二、日本取得堪察加半島以南到得撫島之間的千島群島(由北到南為占守島、阿賴度島、幌筵島、志林規島、磨勘留島、溫禰古丹島、春牟古丹島、知林古丹島、越渴磨島、捨子古丹島、牟知列岩、雷公計島、松輪島、羅處和島、摺手岩、宇志知島、計吐夷島、新知島)共計十八個島嶼。

三、俄國給予日本在俄國領土沿海州、顎霍茨克海、堪察加半島諸港通商航海貿易及近海漁業的漁民最惠國待遇。條約生效後十年內開進樺太的日本船隻免徵港務稅和海關稅，此外，為了補償日本在樺太投資的損失，俄國支付日本九萬三千圓。

《樺太・千島交換條約》一舉解決幕末以來北方國境帶來的威脅，雖然部分士族對於太政官主動放棄樺太而有情緒性的指責與非難，但都不能否認該約對日本帶來國境和平的事實。

最後補充一點：今日成為日本與俄羅斯領土糾紛的北方四島（國後、擇捉、色丹、齒舞），不在堪察加半島以南到得撫島以北的千島群島範圍內，而是在北海道最東端根室半島的北方及東方外海，在地緣上與北海道的關係較為密切。二戰結束後，北方四島遭到前蘇聯軍事強占，至今不僅成為日本與周邊國家的領土紛爭之一，更是日俄之間難解的死結。

八、江華島事件與簽訂日朝修好條約

約略與明治六年10月征韓主張遭到太政官無限延期的同時，李朝也發生一場宮廷政變：盲目排外的攝政（朝鮮國王高宗生父）興宣**大院君**（李朝的爵位之一，指以旁系身分繼承君主直系的國王為其生父所封的爵位，不過除李是應外，所有大院君都是死後才得到爵位，因此一般提到大院君幾乎皆指李昰應）李昰應遭到承政院副承旨崔益鉉的彈劾，為國王下令離開漢城，結束為期十年的攝政，開啟高宗親政、王后閔茲暎（閔妃，諡號明成皇后）實質掌權的時代。

閔妃及其族人掌政後一改大院君攝政時期極端排外的政策，明治三到六年間拒絕接見外務省派來的官員，而在日本國內釀成征韓議題的東萊府，在明治七年9月，隸屬該府之下的倭學訓導玄昔運，與筆者在第十二章第二節提及的外務權少錄森山茂會面，表達與日本往來的意願。森山返回日本請示外務省得到同意後，於明治八年2月著文官大禮服前往釜山赴會。不過，大院君雖遭到驅除，他任用的人一時間難以除盡，這些人聯合非大院君人馬但同樣對外保守的人士，以森山的服飾不合規格為由破壞此次會談。

敗興而歸的森山如實向寺島外務卿回報朝鮮實況，他並向外務省建議應派遣一、兩艘軍艦開進朝鮮領海，帶給李朝威脅的同時也順便測量沿岸水深以備不時之需。當時日本正值大阪會議結束，木戶、板垣兩位前參議接受大久保的邀請重新被任命為參議（請見第十七章），太政官必須營造朝野和解的氛圍以滿足部分士族的期待，於是同意外務省的建議，先於5月25日派出雲揚艦，繼而又於6月12日派出第二丁卯艦往返於對馬島與釜山港。這兩艦都是英國製木造蒸氣船，儘管排水量分別只有二四五噸與一二五噸，不過對朝鮮人而言，這兩艘軍艦帶來的壓迫力與二十多年前培理的四艘黑船之於幕府相同。

兩艘軍艦出現在釜山港外似乎沒有引起朝鮮人的好奇或恐慌，朝鮮人對於自身以外的世界漠不關心的程度可說與清國人毫無二致。想當初美國東印度艦隊司令培理海軍准將率領四艘黑船來到江戶灣外，雖也令日本人感到恐慌，但更多的是好奇心，有不少百姓想要進入黑船一窺究竟，更不用說也有吉田松陰這樣的人想要搭乘黑船前往美國，長時間以來的閉關自守不僅讓清國、朝鮮失去競爭力，更失去對外在世界的好奇心。

眼見進出釜山港無法引起朝鮮的抗議，海軍大輔川村純義(海軍卿勝海舟已於本年4月25日轉任新設的元老院議官，川村純義形同海軍省之長)下令雲揚艦長井上良馨海軍少佐略過釜山，繞過全羅道沿朝鮮西岸北上，來到流經漢城的漢江出口處江華島(現今隸屬仁川市江華郡，該島北方不遠處便是韓戰停戰線)。9月20日井上艦長在江華島改乘小船溯江而上，很快遇上朝鮮軍在漢江設立防衛漢城的砲台砲擊，井上搭乘的小船沒有武力可以還擊，立即掉頭回到雲揚艦停錨處。回到艦上的井上下令雲揚艦反擊，前文有提過雲揚艦是英國製木造蒸汽船，配備的大砲也是英國製造，其威力遠非朝鮮砲台可比，不僅朝鮮砲台遭到擊毀，井上更下令艦上士兵登陸砲台所在的永宗鎮搗毀搶掠，帶走大量戰利品，於22日撤出江華島返回長崎，此即所謂的江華島事件（又稱為雲揚艦事件）。

江華島事件對日本、清國、朝鮮三國各有其影響，對日本的影響是破壞大阪會議後建立的體制，板垣憤而辭職，一切又恢復到大阪會議之前（即明治七年）的狀態，這點會在第十七章提及。

至於對清國、朝鮮的影響則是與琉球處分一樣切斷兩者宗主國與藩屬的關係。

外務省在雲揚艦返回後向太政官報告此行的成果，太政官再以官報的方式發布，已重返太政官任職參議的木戶表示願意擔任使節，前往朝鮮追究率先開砲的罪責。然而，木戶在出發前突然發生頭痛，左腳麻痺，派遣使節一事不得不暫時中止。12月9日，開拓長官兼參議、陸軍中將黑田清隆被任命為負責與朝鮮交涉的特命全權大使，鑒於黑田口才不佳，27日太政官又任命因促成大阪會議有功而重返政壇的元老院議官井上馨為特命全權副使。

明治九年1月6日，黑田全權大使、井上全權副使仿照二十多年前的培理海軍准將前例，率領三艘黑船與三艘運輸船從品川沖出發，美國駐日公使賓漢贈以《培理提督日本遠征記》（培理完成開國使命返回美國後，根據來日期間的日記、往來公文及其他文獻編纂而成。萬延元年遣美使節團使節之一軍艦奉行木村攝津守從美國帶回，文久二年已譯成日文，但沒有對外發行）一書給井上全權副使，其用意不言而喻。

黑田全權大使途經釜山港時要求加派陸軍兩大隊兵力（約一千人左右），太政官為防談判破裂，下令山縣陸軍卿前往下關坐鎮，隨時調動廣島、熊本二鎮台的兵力出征。

朝鮮與幕府時代的日本一樣，在黑船的威脅下不得不與日本展開談判。2月26日，黑田、井上與李朝御營大將申櫶、尹滋承簽訂《日朝修好條規》（也稱為《江華島條約》），共計十二條，全文如下：

一、朝鮮國為自主之邦，保有與日本國平等之權。嗣後兩國欲表和親之實，須彼此互以同等禮義相待，不得有侵越猜嫌之事。宜先將從前為交情阻塞之患諸例規悉數革除，務開擴寬欲弘通之法，以其永遠安寧。

二、日本國政府自今十五個月後，隨時派出使臣到朝鮮國京城，得親接禮曹判書，商議交際事務。該使臣或滯留或直接歸國，共任時宜。朝鮮國政府亦隨時派使臣到日本國東京，得親接外務卿，商議交際事務。該使臣或滯留或直接歸國，共任時宜。

三、嗣後兩國往復公文，日本用其國文，今起十年間添譯漢文，朝鮮使用真文。

四、朝鮮國釜山草梁向立有日本公館，年來為兩國人民通商之地，今起應改革從前之慣例及歲遣船等事，憑準今般新立條款，措辦貿易事務。且朝鮮國政府須別開第五款所載之二口，准聽日本國人民往來通商，於該地賃借地面營造家屋，或賃借所在朝鮮人民屋宅，各任其隨意。

五、京畿、忠清、全羅、慶尚、咸鏡五道之沿海選出兩個通商便利之港口後，指定地名。開港之期，自日本曆明治九年二月，朝鮮曆丙子年正月算起，共為二十個月。

六、嗣後日本國船隻在朝鮮沿海或遭大風，或薪糧窮竭，不能達指定港口，得在任何港灣要求寄泊船隻避風波之險，買入要用品，修繕船具，買入薪炭類，勿論，其供給費用總額由船主賠償。雖是等事，地方官人民須體察其困難，真實憐恤加以救援，無須吝惜補給。倘兩國船隻在大洋中破壞，乘組人員不管漂流至何地，該地人民即刻救助以保全各人性命，向地方官稟告，由該官護送至各本國，或由其附近駐留之本國官員引渡。

七、朝鮮國沿海島嶼岩礁，從前未經審檢，極為危險。准日本國航海者自由測量海岸，審其位置深淺，編製圖誌，俾兩國船客得避危險以安穩航通。

八、嗣後日本國政府得於朝鮮國指定各口，隨時設置管理日本商民之官，若遇兩國交涉事件，該官宜與其所之地方長官會商辦理。

九、兩國既經通好，彼此人民可依自己意見任意貿易，兩國官吏不得限制或禁阻貿易。若倘有兩國商民欺罔衒賣，或貸借不償等事時，兩國官吏得嚴拿該逋商民，令追辦債欠，但兩國政府不可代償。

十、日本國人民在朝鮮國指定各口滯留期間若犯有罪科交涉朝鮮國人民事件，皆歸日本國官員審斷。若朝鮮國人民犯有罪科交涉日本國人民事件，皆歸日本國官員審斷。雙方各依其國律裁判，毫無迴護袒庇，務須公平允當之裁判。

十一、兩國既經通好，應另設立通商章程以便利兩國商民，且現今議立各款中更應補添細目以便遵照條件。自今過六個月，兩國另命委員，會於朝鮮國京城或江華府商議定立。

十二、以上議定十一款之條約於此日起為兩國信守遵行之始，兩國政府不得復變革之，及於永遠，以固兩國之和親。為此，作約書二本，兩國委任大臣各鈐印，相互交付，以昭憑信。

雖說採取幾乎同樣的方式，但讀者一對照《日美和親條約》與《日朝修好條規》便可看出其中差異。前者的重點在於讓日本開放港口以便美國船隻補充淡水、薪炭，對於日本領土、主權及貿易不是很積極；後者不僅要朝鮮開放口岸，甚至連朝鮮的主權、貿易都表現出覬覦的心態。

當然，筆者所謂的「對於日本領土、主權及貿易不是很積極」並不是認為美國對於日本完全沒有野心，這可從《日美和親條約》暗藏一條魔鬼的細節得證。日本雖然仿效培理海軍准將迫使幕府開國的行為，但是簽訂的《日朝修好條規》卻比《日美和親條約》嚴苛許多，雖然條約文字類似於五年前的《日清修好條規》，但細探其內容要求也較《日清修好條規》來得多，可見日本對清國仍有顧忌，對朝鮮則是毫無顧忌。如果有也是因為朝鮮乃清國之屬國，因此修好條規的第一條便是要斬除這層關係，而非存心要讓朝鮮成為獨立自主之邦。

本章簡單敘述戊辰戰爭結束後到西南戰爭前一年的日本外交，下一章起筆者繼續敘述從北京返回東京後的大久保如何面對政治現狀，尤其著重在第八節兩度提及的大阪會議。

大阪會議的內容為何？木戶、板垣兩位前參議為何在該會議同意返回政壇？它對於當時日本有何重要性？對於之後的歷史又有何影響？這些都是下一章要談的內容。

第十七章
大阪會議

一、伊藤博文、井上馨的斡旋

明治七年雖如筆者在前章提到「大久保幾乎是憑一己之力平定佐賀之亂，並迫使清國簽訂《北京專約》，還安全地帶回三千多名陷入瘧疾威脅的日軍」，固然為太政官與自己增添聲望，但大久保一年下來身心俱疲。他認為不再出現自己多地奔波的方法只有強化太政官全體，強化太政官的做法有很多，最簡單最快速的方法是讓部分在野的維新元勳恢復官職，大久保屬意讓反對征台而下野的木戶重返政壇。於是大久保返國後隔日(11月28日)便寫信給伊藤表達他的想法，並央請他前往山口勸說木戶。

已成為大久保得力助手的伊藤立刻銜命飛奔至千里之外的山口，木戶對於犧牲眾多志士才建立的新日本有極其深厚的感情，認為曾經參與建立新日本過程的自己有保護並將其強化的義務。木戶這一信念可說與大久保不謀而合，因此兩人雖在政治上歧見甚多（如征台、地方自治、立憲政體等方面），還是同意大久保的提議，惟，細節還需與大久保見面後再做商議。

另一方面，明治六年5月受江藤司法卿執拗追查而被迫下野的井上大藏大輔在東京沉寂一段時間後，與同樣從大藏省下野的造幣權頭益田孝，於明治七年1月與另一出資者成立以礦山事業為主的貿易公司。不料在成立之前，該名出資者突然病逝，井上和益田討論後決定接受三井組番頭三野村利左衛門的勸說，挹注三井組的資金成立「先收會社」。先收會社本店設立於東京，另外在大阪成立支店，由於業務之故井上經常搭乘蒸汽船往來橫濱、神戶二地。

早在大久保人還在北京的明治七年11月上旬，井上從神戶返回東京的航程上邂逅小室信夫、古澤滋二人，從第十五章可知他們二人是《民選議院設立建白書》主要的起草者，井上知道透過他們可以聯繫上板垣，便請他們向板垣傳達與大久保、木戶會面的意願。按理說來此時賦閒在野的井上雖有與小室、古澤二人見面的自由，但並無要他們向板垣傳達與大久保、木戶等要人會面的權力，井上之所以如此應該與木戶對於辛苦建立的新日本有濃厚感情的心理一樣。井上的擅自作主得到從幕末以來與他焦不離孟的伊藤的認同，儘管此時伊藤應該沒有獨自下令的權限，他機警地向此時人在北京的大久保請示，大久保對於伊藤能主動為他分憂感到嘉許而同意井上的作為。

明治七年12月24日，從北京返回後不到一個月，大久保又從品川沖出發前往大阪（26日抵達），隨行在大久保身旁的有伊藤、黑田清隆與吉井友實，他們寄宿在同藩出身且已在大阪擁有一片天地的商人五代友厚的宅邸，在那裏迎接明治八年的到來。

從抵達大阪到進入明治八年，除27日大阪府參事內海忠勝（長州藩出身，歷任長崎縣、三重縣、兵庫縣、長野縣、神奈川縣、大阪府、京都府等府縣知事，並曾任第一次桂太郎內閣內務大臣）前來通知木戶已抵達的消息外，大久保幾乎終日與圍棋為伍，回顧過去一年，大久保從年初忙到年底，幾時能有這樣的閒情逸致！感觸頗多的他在明治八年第一天的日記寫道：

今日天氣溫和，新年之風光自然閑靜，令人心安。細思去年一年來，國家困難危急之際，苦於心志，於十死一生之間東西奔走，勉強得到活路，實出於意料之外，如一場夢。畢竟皇運當頭之故，斯迎新春，喜不自勝，可祝可賀，今日終日圍棋。

接下來兩日大久保也沉浸在圍棋的樂趣中，3日甚至前往堺縣與該縣知事稅所篤下圍棋，大久保之所以能被島津久光重用在於高超的棋藝，其棋藝是萬延年間向吉祥院住持乘願苦學有成，而稅所篤正是乘願的胞弟。

4日，大久保與吉井、稅所、黑田、五代等薩摩藩士前往神戶迎接從山口到來的木戶（伊藤有事先回東京），之後數日大久保一行招待木戶到神戶附近的有馬溫泉（兵庫縣神戶市北區有馬町），大久保即使人在溫泉勝地也不忘圍棋。17日返回大阪木戶、大久保二人態度才轉趨積極，進行非正式的會談，22日，根據先前數日會談，起草兩人的共識點：

一、為防政府權力集中於二、三人之手起見，設立元老院在立法上鄭重其事且為他日召開國會做準備。

二、為鞏固裁判基礎設立大審院。

三、為通上下民情召開地方官會議。

四、為鞏固聖上親裁體制，且為避免行政混淆起見，內閣應與各省分離。諸元勳輔弼內閣，並以第二流人物擔當行政諸般責任。

雖說這四點是木戶與大久保幾日來非正式會談的結果，不過實際上大多是木戶在去年12月伊藤前來山口拜會後，到1月4日抵達神戶前構思的內容，尤其是第三點地方官會議和第四點參議與省卿分離，是木戶最為在意的要點。大久保的出發點為強化太政官，因此必須讓木戶重返政壇，若為此讓太政官釋出部分權力也在可以接受的範圍內。

1月23日、2月4日，伊藤、板垣也先後來到大阪，木戶、大久保就先前兩人達成共識的論點與之討論，伊藤、板垣二人也毫無異議贊成。然而，此時大阪會議尚未召開，而討論的議題內容與結果竟然都已達成，今日看來或許覺得奇怪，但對於素有全體一致通過習慣的日本，並不足為奇。

二、大阪會議的成果之一——木戶、板垣重返政壇

2月11日，大阪會議正式在北濱（大阪市中央區北濱）的料亭「加賀伊」展開，由木戶作東宴請大久保、伊藤、板垣、井上等人。由於討論的議題內容與結果在會前已得到一致通過，因此會議一派和諧，沒有前年大久保與西鄉圍繞在征韓議題的劍拔弩張。

大阪會議與會者對於此次會議並無詳細記載，可見連參與者也不認為這是正式的會議。根據大久保的日記，13日大久保與五代、稅所等昔日薩摩藩志士（木戶、伊藤、井上、板垣等人似乎不在其中）前往**譽田八幡宮**（大阪府羽曳野市譽田三丁目，譽田是應神天皇的和風諡號，八幡宮是祭祀八幡大神的神社，而八幡大神正是應神天皇崩御後被追贈的神號，受清和源氏、桓武平氏奉戴為武神、軍神，譽田八幡宮不僅是以應神天皇為主祭神的神社，更被視為最早的八幡宮）參拜，因此大阪會議在12日便應已結束。16日，參與大阪會議全員除板垣外，其餘均與大久保一行前往神戶搭乘美國郵船返回東京。

為何板垣16日沒有與其他成員一起返回東京呢？事實上板垣來大阪最主要的目的並非參加大阪會議，而是同一時間在大阪進行的民權人士聚會。筆者在第十五章第一節提到，

明治七年1月12日晚上在京橋區銀座三丁目聚集由利公正、福岡校弟、奥宮慥齋、坂崎斌等數十人成立愛國公黨這一近似現代政黨的組織。然而，這一有四位前參議加入的類似政黨組織，因成員之一江藤新平捲入佐賀之亂，以及成員之二板垣退助、後藤象二郎返回土佐，而在成立僅只一個多月後瞬間自然消滅。

明治七年4月，板垣在土佐一隅成立救濟士族的立志社，由於成效超出預期而為其他縣士族仿效，如小室信夫在德島縣成立自助社、內藤魯一在愛知縣成立愛國交親社、平岡浩太郎在福岡縣成立向陽社。隱然為各地政治結社之首的立志社決定趁大阪會議召開之機，也在大阪匯集各地社團代表，於是由立志社向各地廣發邀請函。2月22日（板垣沒有隨大阪會議成員返回東京的原因）當日到來四十餘人，較有名的有：石川縣的島田一郎、福岡縣的越智彥四郎・武部小四郎、大分縣的增田宗（宋）太郎、熊本縣的宮崎八郎、德島縣的小室信夫，土佐則派出板垣・福岡孝弟・岡本健三郎・片岡健吉・林有造・西山志澄（坂本龍馬初戀情人平井加尾的夫婿，第一次大隈重信內閣任警視總監）等人。

《自由黨史》說這四十餘人「絕無富豪縉紳之徒，僅為一劍單身、赤誠許國士族之徒」，這四十餘人決定成立一全國性政社，命名為愛國社。愛國社與愛國公黨的差異在於：愛國社並沒有選出類似首領、黨魁或總裁的人選。

雖然沒有選出領袖人選，不過在這一日仍制定出《愛國社合議書》，其內容如下：

我輩結此社之旨意，實出於愛國之至情不能自止而致之。夫愛國者，須先愛其身，若推及人人各愛其身之通義，則不可不互相交際親睦。其欲相交際親睦，則必先集合同志，召開會議不可。今召開此會議，互相研究協議，以伸張其各自主權利，盡人間本分之義務，小則保全一身一家，大則維持天下國家之道。終以增進天皇陛下之尊榮福祉，欲使我帝國得能與歐美諸國對峙屹立，為此訂立以下諸條款：

一、本社名稱曰愛國社，會場設於東京。

二、愛國社規定每月數次期日由各縣各社派出社員兩三名前往東京，協議討論大政之所由出，審查天下形勢時情，謀求一般人民之利益，可不拘任何方式向各社報知。

三、前條之外，每年二月、八月的十日於東京會面，議定大小事務。但遇上非常大事件，由在京社員通報各社，召開臨時大會。

四、上述大會各縣社長必親自出席，其餘各社可適當派出兩、三名社員出席。但若各社長因事故無法出席，須派出代理人。

五、若有至急應決議事件，或應建白之事件，無法等到兩季之大會且又無暇召開臨時大會時，得由在京社員協議處分之，並速向各社報告。

六、各縣結社的體裁規則、會議的方法．措施等，宜從其民心風土處之，並於兩季的大會相互照會。但各縣須製作其社員名簿，在大會時提出追認。

七、為敦厚交際親睦，各縣社員應互相來往通信，各縣各社決議之事件亦應互相報告。

八、我輩出餘至誠自信締結此社，欲保護伸張其通義權利，故宜常勉強忍耐，縱遇艱難憂戚、百挫千折亦不屈不撓，終始一致，永不倦怠。

仔細讀完《愛國社合議書》，相信讀者應該會有這樣的疑問：既然與會者有部分是之前愛國公黨的民權人士，但合議書卻無一語提及民選議院。這是為什麼呢？信夫清三郎教授在《日本近代政治史》指出「板垣、小室、古澤和岡本在大阪會議上，已把設立議院的主動權讓給了木戶孝允，所以愛國社便從一個抱有具體目標的運動團體變成了『協議討論』的團體」。

雖然訂立八條《愛國社合議書》，不過卻從來沒有實現的機會，因為隨著板垣返回東京，愛國社失去領導者（儘管板垣並非實際領導者），加上嚴重欠缺資金，到4月陷入難以為繼的情況不得不宣告解散，存在時間大概只有兩個月，比愛國公黨還短暫。

升味準之輔教授在《日本政黨史論》認為「愛國社是以高知出身者為中心，向中央政府的求職團體」，因此當板垣回到東京並重新被任命為參議後，愛國社也就自然而然消滅。

且容筆者提個後話，明治十一年9月12日，在各地士族及豪農豪商集結下，愛國社重新成立，儘管越智彥四郎、武部小四郎、增田宋太郎、宮崎八郎已在前一年的西南戰爭中捐軀，島田一郎也因該年5月14日某個事件的首謀遭到斬首，不過，與會人數不僅不減，甚至還超過愛國公黨．愛國社時期。

復興後的愛國社以開設國會、成立民選議院為訴求，每半年在大阪舉行一次各縣（其實僅限於大阪以西）政社代表大會，每舉行一次與會的各地政社代表均有所增加，使愛國社羽翼漸豐。明治十三年3月15日起的第四次大會，在廿二縣、廿七社、一百一十四名代表的同意下，愛國社改名國會期成同盟。明治十四年10月19日舉行的第三次國會期成同盟大會，更將其改組為日本史上第一個正式政黨——立憲自由黨。

從愛國公黨、愛國社(明治八年及明治十一年)、國會期成同盟到立憲自由黨,土佐人不僅投入其中,而且是大量投入,雖然板垣、後藤等首腦自始至終未必都能堅守節操,不過土佐人在自由民權運動中的貢獻不應因板垣、後藤的若干變節行為而予以抹煞。

坐落在高知市棧橋通四丁目的自由民權紀念館,記錄著土佐追求自由民權的每一個片刻,入口處左邊矗立一顆大石,上面寫著「自由は土佐の山間より」(自由是出自土佐的山間)即是對土佐在自由民權運動期間的最大肯定。

再回到正題上。3月8日,木戶繼明治七年5月13日後再次出任參議。獨自返回東京的板垣在7日接到天皇派來的敕使傳達口諭召見入宮,無法拒絕的板垣於次日進宮感激聖恩優渥,12日板垣亦重新出任參議。

截至此時的參議有如下數人:

大久保利通(兼內務卿)

大隈重信(兼大藏卿)

大木喬任（兼司法卿）
伊藤博文（兼工部卿）
山縣有朋（兼陸軍卿）
勝海舟（兼海軍卿）
寺島宗則（兼外務卿）
黑田清隆（兼開拓長官）
伊地知正治
木戶孝允
板垣退助

以上共計十一人，其中薩摩四人、長州三人、土佐一人、佐賀兩人、幕臣一人。

從木戶、板垣重新出任參議一事可看出大久保向漸進派的木戶及激進派的板垣採取妥協，既然大久保願意妥協，為何不願對幼年即已認識的西鄉妥協呢？大久保、木戶、板垣三人都認識到民選議院在西方國家扮演的角色，他們的爭執點在於以漸進或急進的步調成立議會，應採取法國的一院制議會或英國的兩院制議會，以及貴族是否應在議會成為皇室的後盾。大久保認為既然成立民選議院是共識，即使存在若干細節的差異也不會影響民選議院的成立。

但是西鄉則不然，大久保認為西鄉對歐美國家的制度不僅沒有了解的意願，反而還抱持嗤之以鼻的態度。不僅西鄉如此，鹿兒島那群人如此，連目前位居左大臣的二位大人（島津久光）也是如此。對議會制度沒有興趣，自然不會了解其重要性，儘管自幼便已熟識，大久保認為西鄉重返政壇只會成為太政官的爭端，因此不曾考慮延請西鄉。

雖然西鄉被排除在外，不過，木戶、板垣兩位維新元勳願意重回政壇擔任參議，大阪會議依舊有其成功之處。

三、大阪會議的成果之二——頒布《漸次樹立國家立憲政體》詔敕

前節已提到木戶、板垣分別於3月8日、12日重新出任參議，兩人於17日與大久保、

伊藤一同出任「政體取調掛」，這一職務的任務是根據大阪會議雙方的共識制定未來國家的政體。28日，四人完成《四參議政體取調案之略》，內容如下：

方今各國政體，乃君主政治、君民同治、民主政治之折衷，但以不適合我國時勢，至今仍未採用。譬如之於人身，手足各欲其所，然氣脈不相通，肢體難以隨意伸張。若欲對此情形而改變，宜在太政官置正院、左右院。天皇親御正院，以總萬機，三大臣輔弼之；右院以太政大臣為長，左右大臣、參議、諸省長官議判庶政；左院從左右大臣、參議擇一為長，選任議員議立法上之事，判決權之有無。又訟獄之大事，若裁判失其當，可向司法省具申其情由，經右院會審上奏取決。夫立法、行政、司法三權並立而無偏重，此為歐洲各國之良制，我政體亦當以此為標準。然而，迄今雖想全部仿效，卻不知是否可行。宜權設上下議院，以貴族及勳功學德充當上院議院，以立法院比擬，下院為地方官會議所，以開民選議院之端。

這一份政體取調案之略已預告太政官將會有若干程度的改組。不過，天皇親御正院涉及到天皇親政問題，嘉永五（一八五二）年誕生的天皇已屆廿四歲，缺乏親政經驗的他是否真能在三大臣的輔弼下親御正院呢（三大臣中具備輔弼功能恐怕只有岩倉右大臣）？同樣地，若以三條太政大臣執掌右院，由島津左大臣、岩倉右大臣及參議、諸省長官議判庶政也難以樂觀期待，因為以條公的才能，恐怕最後真正主導右院的會是二位大人（島津久光）。

正因大久保等提出的政體取調案之略有實行上的困難，天皇的侍補們及宮內省對該取調案作出修改，並於4月14日以天皇名義頒布如下的詔敕：

朕即位之初，首會群臣，以五事誓神明，定國是，求萬民保全之道。幸賴祖宗之靈，群臣之力，以得今日之小康。顧中興日淺，內治之事當振作更張者不在少數。朕今擴充誓文之意，茲設元老院以廣立法之源，置大審院以鞏審判之權，又召集地方官以通民情，圖公益，漸次樹立國家立憲政體，欲與汝眾庶俱賴其慶。汝眾庶莫泥於故舊之慣，莫急於輕進，能體朕旨，翼贊斯舉。

詔敕絕口不提政體取調案之略的內容，而是直接回應大阪會議召開前木戶與大久保達成四項共識中的前三項：設立元老院視為未來的上議院、設立大審院執掌司法權、召開地方官會議視為未來的下議院。不過，無一語提及參議與省卿分離，可見這一議題的複雜度超出木戶和大久保的預期之外。

詔敕最大的亮點便是預告今後日本將漸次走上立憲政體，既是漸次走上立憲政體，也等於一定會成立民選議院。換言之，即是對去年《民選議院設立建白書》訴求的肯定。

此後，《漸次樹立國家立憲政體》詔敕與《五條御誓文》成為復興後的愛國社在表達理念時援引的依據，如復興後的愛國社前三次大會以及國會期成同盟前兩次大會。明治十四年10月12日，即明治十四年政變翌日，為安撫不滿的民心起見，太政官以天皇名義頒布《國會開設》詔敕，確定會在明治廿三年成立民選議會，第三次國會期成同盟大會起，又再加上《國會開設》詔敕，成為自由民權運動最常提及的三段詔敕。

根據《自由黨史》記載，大約與板垣擔任參議的同時，土佐士族林有造來到鹿兒島拜會西鄉，他是板垣派來就重返政壇一事徵求西鄉的諒解與同意。不過，素有打獵習慣的西鄉到深山打獵去了，西鄉一進山打獵往往會耗去十數日，林只得在大山綱良縣令的款待下在鹿兒島縣廳百無聊賴的打發時間。打獵中的西鄉接到大山縣令派來的使者通知，但似乎沒有趕回鹿兒島城下的念頭，只是喃喃說道：

板垣回歸政府嗎？板垣就算回歸也毫無作為。

結束打獵的西鄉回到鹿兒島城下也不打算與林會面，甚至還吩咐謝絕訪客上門，林有造終究沒能見到西鄉，只得敗興離去。

四、大阪會議的成果之三——成立元老院、大審院以及召開地方官會議

頒布《漸次樹立國家立憲政體》詔敕的同一日，太政官廢除明治四年七月廿九日太政官改正同時增設的左院和右院。不過，岩倉右大臣對《漸次樹立國家立憲政體》詔敕的頒布感到不滿，於21日提出辭呈，他認為日本若進入立憲政體會導致國體不變而力主不可實行。岩倉右大臣在使節團出訪時，尚且對歐美國家的政體、制度、器物難以接受，這樣的人又

怎可能會接受國體的改變？只不過岩倉對於辭職倒也沒有表現出堅決的態度。

25日，太政官頒布制定的十二條元老院章程，同時任命十三人為元老院議官，成員據春畝公追頌會編纂的《伊藤博文傳》記載如下（括弧內為其現職，若無現職則為前職）：

勝海舟（參議兼海軍卿）
吉井友實（前宮內少輔）
鳥尾小彌太（前大阪鎮台司令長官）
三浦梧樓（陸軍省第三局局長）
後藤象二郎（前參議）
福岡孝弟（前司法大輔）
河野敏鎌（司法省權大判事）
松岡時敏（前左院二等議官）
山口尚芳（外務少輔）
由利公正（前東京府知事）

陸奥宗光（前大藏省租稅頭）

津田出（前陸軍大輔）

加藤弘之（三等侍講）

太政官原先的構想為由島津左大臣兼任元老院議長、岩倉右大臣兼任大審院議長，與三條太政大臣一同輔弼天皇。不過，島津左大臣對於出任元老院議長一事抱持堅決反對的態度，太政官不得已只得在28日先任命十三位議官互選勝出的後藤為元老院副議長。由於後藤被選為副議長而辭去議官，福岡孝弟於5月19日辭職，元老院議官頓時剩下十一人，太政官認為議官人數太少而於7月2日進行補任，任命以下九人為議官：

有栖川宮熾仁親王（明治九年5月18日轉任該院議長）

柳原前光（特命全權公使）

佐野常民（辨理公使）

黑田清綱（教部少輔）

大給恒（式部寮五等出仕）
壬生基修（前山形縣權令）
秋月種樹（前左院少議官）
佐佐木高行（前左院副議長）
齋藤利行（前參議）

7月5日，天皇親臨元老院主持開院式，8日、22日又分別補上前京都府知事長谷信篤及前教部大輔福羽美靜兩人，元老院議官總人數來到廿二人。

依《漸次樹立國家立憲政體》詔敕設立大審院，5月24日公布大審院底下的上等裁判所、府縣裁判所等職制及章程、判事職制通則。大審院位於司法省明法寮，上等裁判所置於東京、大阪、福島（10月8日起移置宮城）、長崎，府縣裁判所則置於各府縣。上等裁判所是之後的控訴院、府縣裁判所是地方裁判所的前身。

原本太政官計畫由島津左大臣兼任元老院議長、岩倉右大臣兼任大審院院長，不過，岩倉右大臣對於大阪會議全面且急進改革太政官制度相當不滿。前文提過他在4月21日提出辭呈，雖然最後打消辭意，但以稱病方式拒絕出任大審院院長。太政官以島津左大臣兼任元老院議長、岩倉右大臣兼任大審院院長的構想，在一開始便沒能實現。依照大審院職制，院長可由一等判事充任，但是剛成立的大審院沒有適任者可任一等判事，最終在二等判事中選擇曾任司法權大判事的玉乃世履暫時代理院長。

5月5日，太政官發出告示，宣布將於6月20日起在東京展開為期廿日的地方官會議。關於地方官議長的人選，眾參議雖有默契推舉木戶，但木戶的健康狀態令人擔憂而遲遲未能向三條太政大臣舉薦。平時對立憲政體抱持深度關心的木戶不願失去這一機會，主動要求承擔地方官議長職務，遂由三條太政大臣向天皇舉薦得到認可。地方官會議預定討論道路堤防橋樑、地方警察、地方民會、貧民救助方法四項，後來又臨時追加小學校設立及保護方法共五個議題。在會議前各府縣地方官推選兵庫縣令神田孝平、神奈川縣令中島信行、千葉縣令柴原和為幹事，職責為輔助木戶議長。

6月20日，地方官會議正式在淺草東本願寺（東京都台東區西淺草一丁目）別院召開，天皇親自到來主持開會式令木戶議長感動至極，他於翌日親自參內答謝皇恩。因為木戶議長參內答謝一事，使得會議正式的召開延至22日，雖然與會者限定為地方官，但為顯示與地方息息相關起見，開放地方官轄區內三名戶長出席旁聽，部分民權人士如河野廣中、植木枝盛、宮崎八郎都到場旁聽。地方官會議也因為這些旁聽者參與而意見分歧、爭執不休，到距離預定閉幕前的7月7日都還未能進入議題討論。經木戶議長請示後延長三日，仍未能充分討論會前的五大議題而再度延長。

17日，地方官會議在還未完全觸及各議題的情形下，由天皇親自主持閉會式，形同強制結束。這一次地方官會議談論最多的是地方民會，亦是此次地方官會議最主要的收穫，於明治十一年催生出《**地方三新法**》（指郡區町村編制法、府縣會規則以及地方稅規則三法，均於明治十一年頒布，是今日日本二級行政區、府縣議會的運作以及地方稅的種類及規定的法源依據），小學校設立也多少觸及，至於其他三項議題還未來得及提出會議已經結束。

明治八年4月以降，大阪會議的成果開始綻放，增設元老院、大審院等機構和召開地方官會議，而舊有的機構左院則遭裁撤，木戶漸進且有限度的民主看來似乎逐步實現，《大久保利通傳》的作者勝田孫彌把明治八年政壇上的變動稱為「明治八年政變」。

筆者在前作《幕末》曾提到「文久三年八．一八政變」及「王政復古大號令」兩次政變，本書第十三章也曾提到明治六年政變，綜觀這三次政變，不難得到如下的共通點：

一、在政治上因政見不同而對立的個人或集團（通常以後者居多）。

二、採取軍事或政治的手段造成權力的轉移，或奪取政權。

三、事後對於敵對的政敵採取誅殺或放逐的方式，使其離開政治核心。

以上述三點檢驗大阪會議後政治的變化都無法與政變連結，稱為政變似乎過於勉強。

五、元老院及元老的權限

7月5日元老院在天皇親臨的加持下浩浩蕩蕩開始運作，既然在《漸次樹立國家立憲政體》詔敕中將元老院視為上議院，任誰都會認為元老院想必會有可觀的權力。然而，元老院一開議後才知該院幾乎不具實權，與大阪會議開會時及《漸次樹立國家立憲政體》詔敕中的理想有極大差距，僅有的彈劾權還是板垣擔任參議後在閣議與其他參議力爭而來。廿二名元老院議官在大部分的時候無事可做，與其說是打造朝野名士的陣容，不如說是用來對外宣揚太政官的容人之量。

民權人士大失所望之餘，對元老院做出如此的諷刺：

元老院去掉十便是元左院。

「老」字去掉十成為「左」，「元左院」的「元」是「前」或「前任」之意。此句意為把元老院的老字去掉十，便成為前左院，意即元老院在權力上和已經廢除的左院並無兩樣。

對羅馬共和時代（約西元前五〇九年～西元前二七年）略有概念的讀者應該聽過元老院（Roman Senate）一詞，在共和時代元老院雖說與執政官（consul）、人民大會（Roman assemblies，也譯為公民大會）鼎足而三，然而，實際上元老院掌握國家實權。為何這麼說呢？因為羅馬共和時代重要的官職如執政官（全國最高行政首長，相當於王政時代的國王，任期一年）、財務官（quaestor）、監察官（censor）、市政官（aedile）、政務官（magistrate）、裁判官（praetor）都從元老院中選出。至於非常時期的獨裁官（dictator，類似於江戶時代的大老，最初任期只有半年，著名的蓋烏斯．尤利烏斯．凱撒先是把獨裁官任期延長為十年，繼而改為終身職，但此舉也為自己惹來殺身之禍）是從兩名執政官中選出，等於也是從元老院成員選出，只有護民官（tribune）才從人民大會中選出，不難看出元老院才是共和時代最重要的機構。

元老院成員皆為貴族，最初人數只有一百人，到共和初期因職務繁重增至三百人。不管是否有當上執政官或其他官吏皆統稱元老（並非正式名稱），與羅馬人民合稱為「Senatus Populus Que Romanus」（元老院與羅馬市民），簡稱「S．P．Q．R」，在共和時代是羅馬軍團軍旗的紋飾，今日則為羅馬市徽。

無獨有偶，日本在明治時代也有元老院與元老。經筆者在前文的敘述可知日本元老院的權力與羅馬天差地遠，而且日本的元老院在帝國議會正式運作前，於明治廿三年10月20日便以完成使命為由遭到廢止。不像羅馬元老院從王政時代歷經共和時代到帝國時代，甚至在公元四七六年羅馬帝國滅亡後，以君士坦丁堡（Constantinople）為都城的東羅馬帝國亦設置類似元老院的組織，幾乎持續到東羅馬帝國滅亡（人數比起凱撒的時代多出數倍），存在人類歷史的時間超過一千年以上。

羅馬元老院與元老同時並存，而且還是一體之兩面，提到元老院一定會想到元老，反之亦然。但在日本並非如此，元老院與元老不僅不曾同時存在，掌控的權力更有雲泥之別。

根據專攻近現代日本政治外交史的京都大學名譽教授伊藤之雄的著作《元老——近代日本の真の指導者たち》一書提到，伊藤博文、山縣有朋、黑田清隆、井上馨、松方正義等人在明治廿五年8月被稱為元勳，當時的新聞媒體則稱他們為黑幕。由於西鄉隆盛、大久保利通、木戶孝允、岩倉具視素有維新元勳之稱，為了與西鄉等人有所區隔，在日清戰爭後的明治廿九年8月底起自稱元老。

元勳也好，元老也好，他們起初是天皇諮詢的對象，明治廿九年起還可以決定繼任的首相人選。從第三次伊藤博文內閣起到大正時代第一次加藤高明內閣（一八九八年1月～一九二四年6月）為止，幾乎都是透過天皇向元老徵求人選、元老之間取得一致同意後向天皇推薦的模式產生。

那麼，元老有多少人呢？依據角川書店編纂的《日本史大辭典》有以下九人（括弧內起始年月日表示下達元勳禮遇的敕諚或大政匡輔的詔勅，結束年月日為其去世的時間）：

黑田清隆（明治廿二年11月1日～明治三十三年8月25日）

伊藤博文（明治廿二年11月1日～明治四十二年10月26日）
山縣有朋（明治廿四年5月6日～大正十一年2月1日）
松方正義（明治三十一年1月12日～大正十三年7月2日）
井上馨（明治三十四年2月18日～大正四年9月1日）
西鄉從道（欠缺勅諚或詔勅～明治三十五年7月18日）
大山巖（大正元年8月13日～大正五年12月10日）
桂太郎（明治四十四年8月30日～大正二年10月10日）
西園寺公望（大正元年12月21日～昭和十五年11月24日）

從道雖然欠缺元老應有的勅諚或詔勅，但以他在海軍省（第一個海軍大將及海軍元帥）及整個軍部的地位（僅次於山縣和在陸軍及海軍都有中將以上的軍階，是皇軍創立以來的唯一）將其視為元老似乎也未嘗不可。

不過，伊藤之雄教授的著作提到1898年6月第三次伊藤博文內閣總辭，為了繼任首相的人選，天皇召集伊藤、山縣、黑田、井上、從道、大山六人參加元老會議。天皇雖然也邀請松方正義，但他因故困在關西，最終未能出席，上述六人加上松方共七人在1898年6月成為最初的元老，元老的權力也在此次元老會議表現無遺：向天皇薦舉首相。由於出席元老會議的六位元老皆無組閣意願，最後除山縣外的多數元老同意伊藤的主張，推薦政黨領袖大隈、板垣二人組閣（為對抗明治政府，大隈的進步黨與板垣的自由黨在這一年合併成憲政黨，囊括眾議院三百席席次中的三分之二以上），此即日本第一個政黨內閣——隈板內閣。

在伊藤教授的著作裡，元老除上述七人外，再加上大正年間的西園寺公望共八人，與《日本史大辭典》對照缺了桂太郎。上述八人（或九人）除從道、大山外都有出任首相的經歷（井上曾代理過第二次伊藤博文內閣首相），兩人拒絕組閣的主因在於其親人西鄉隆盛的叛逆之舉。

相較於元老院的無所事事，元老不僅職責重大，還受到天皇的倚重。

透過筆者本節的敘述，希望能助讀者辨別日本與羅馬共和時代元老及元老院的差異。

六、大阪會議的最後

透過前節的說明，再把焦點回到大阪會議上。

從3月木戶．板垣重返政壇擔任參議，經4月成立元老院．大審院，到6月召開地方官會議，期間還多出頒布《漸次樹立國家立憲政體》詔敕這一額外驚喜，木戶．板垣當初的構想正在逐步實現中。

不過，板垣最為在意的參議與省卿分離遲遲未能實現，5、6月間甚至還派出軍艦前往朝鮮尋釁，認定能在短時間內威逼鎖國的朝鮮就範。結果如前章第八節所述，只是搗毀江華島上游的砲台作為戰利品後便匆忙撤退，板垣對此甚為不滿，10月12日上書天皇。由於全文過於冗長，筆者僅挑選參議與省卿分離的部分介紹如下：

……非分離內閣與各院省使，則政府之事非復臣所能堪是。先前仰陛下神斷，雖法立憲之政體，設立法之官，然若不先從行政整頓著手，則不易遽舉其實。故誠欲更張政府之事，必先分離內閣始之可也。夫參議乃次於大臣之參贊萬機之官，實天下之重任。各院省使之長官亦天下之重任，夫一人身負兩重任，非尋常才智之能所能堪任。……且參議乃數人分任之官，各院省使之長官乃一人專任之官，人各專其所任則精，各分其任則疏。……苟內閣不分離，所謂文書繁冗、金穀雜沓的情形依舊充斥於政府，在無事之日尚且如此，若一旦有事將會如何。……

對於太政官現狀亦感不滿的島津左大臣也在19日上書天皇，島津左大臣不提參議與省卿的分離，而是將砲口對準正院諸政要，說三條太政大臣「乏百官統轄之術，執行事務流於怱卒遲緩，黜陟之典出於愛憎，……苛令重斂，人心疑懼怨懟，已升瓦解之形」。接著批評對象轉至諸參議，說他們「不厭於無用之冗費，起不急之土木，不顧國家之衰頹，無保護人民之實，外交亦失其宜，金貨濫出，遂致輕侮之勢，皇國已陷於不測之禍」。批評完參議後，島津左大臣繼續抨擊三條太政大臣：

然實美不顧念一毫，因循姑息，愈益仰外國鼻息……夫朝鮮之事，廟議不和舉措必失當。今之政府大臣無責任，只依賴參議，參議黨援相結，紛紜錯雜，遑論何以外征？宜早罷其兼任，減其人員，則廟議一致，政體粲然，而後自能議外征之事。夫實美忘己之責任，何得以掌萬機？不只實美，各省院使寮府縣之長官皆不負責任。若遇事故無所歸罪，而歸罪至天皇陛下，可謂不臣至矣！夫如斯，何以安堵蒼生？何以鞏固國基？

相較於板垣的委婉含蓄，久光不因自己是太政官第二把交椅而在批評上有所保留，在給天皇的上書內容中對太政官之首直呼其名，不難想見久光的憤怒。也因憤怒使得他火力全開，猶如幕末時與將軍後見職一橋刑部卿慶喜在參預會議、四侯會議大動干戈的薩摩藩國父。

明治八年，年僅廿四歲的天皇尚無獨自處理政務的能力，無法對板垣、島津的上奏有所回應。參議兼任省卿使權力集中在薩長少數人身上，這些人一旦嘗到權力的滋味便深陷其中，板垣提出參議與省卿分離是要切斷他們已到手的權力，遭到漠視並不意外。板垣眼見上奏既得不到回應，參議與省卿分離的要求也不可能被採納，看清太政官本質的板垣遂與要求罷免三條太政大臣未果的島津左大臣一同在10月27日辭職下野。明治九年3月28日，木戶因病情辭去參議一職，轉任內閣顧問，不僅是他在太政官的最後一個職務，也開啟權力的世代交替。

大阪會議過後一年多，人事布局上又回到會議召開前的局勢。大阪會議的四項議題除沒能落實的參議與省卿分離外，其他三項的後續又是如何呢？元老院、大審院、地方官會議三者中以大審院的壽命最長，隨著日本的戰敗與大日本帝國一起走入歷史。元老院在明治廿三年因帝國議會（包括貴族院與眾議院）成立而被取代，至於地方官會議更只舉辦三屆便在明治十三年2月畫下句點。

大阪會議的召開及其後續議題雖使太政官為此而忙碌，不過，太政官並未因此而疏於對有重新再起之勢的民權運動展開打壓。第一回地方官會議舉行期間，太政官悄悄頒布《新聞紙條例》及《讒謗律》，以杜絕民權人士在報紙方面及私下的批評。一面施行開明政策，私下卻悄悄頒布惡法，在明治中期以後幾乎已成慣例，下一章將簡單介紹明治初期的惡法及其內容。

第十八章

惡法的頒布

之前幾章雖有提及御一新的光明面，不過，亦不乏其陰暗面，本章專從令當時民眾詬病的惡法入手。明治時代的惡法相當多，前十年較為重要且影響深遠的有《出版條例》、《新聞紙條例》及《讒謗律》，筆者追加明治十三年的《集會條例》，因為該條例與《出版條例》、《新聞紙條例》並稱「明治三大惡法」。這三大惡法在明治時代中、晚期廢止，廢止的原因並非不需要惡法，而是惡法也要與時俱進才能跟上時代轉變的腳步。

以下簡單介紹明治初期的惡法。

一、明治二年《出版條例》

明治二年一月廿七日，戊辰戰爭雖還在進行中，但新政府軍已贏得會津戰爭，整個日本除蝦夷地外盡皆落入新政府之手，當時只開發十分之一的蝦夷地地狹人疏，難以防守，蝦夷政權覆亡任誰來看都只是時間的問題。

然而，新政府卻在占盡天時、地利、人和的情形下，由最初太政官底下的行政官發布《出版條例》，可見新政府考量的並非行將就木的蝦夷政權，而是包含已經降伏新政府的幕臣與佐幕諸藩在內的全體民眾，因此有必要控制言論，不讓對新政府抱持恨意的幕臣與佐幕諸藩藩士出版批評新政府施政的書籍。

《出版條例》內容共十四條，內容如下：

一、出版之書籍必須記載著述者、出版人、販售所的姓名住址方可，犯此法者可裁罰罰金。

二、妄說教法誣告人罪、洩政務機密或及誹謗、報導淫蕩之記載者，視輕重科罪。

三、圖書出版者在官的保護之下可收專賣之利，保護的年限僅限於著述者生涯。
四、圖書出版須具備書名著述者、出版人的姓名住址以及全書大意，然後向學校提出，必須附有學校的檢查印，此即免許狀，此免許須附日期並印在書內。
五、書籍待出版者必須在書中記載幾月後出版，記載後延期出版也必須另外註明。
六、出版後必須繳納五部給學校以分配至各處書庫。
七、沒有向官通報而出版書籍並私賣者，可沒收其版木及製本，而且其售出所得之資金亦得納入官庫。
八、未得官府許可而假造或冒官府之名得處以罰金，雖未正式發行者亦然。
九、翻印的圖書其版木及製本盡皆沒官並課以罰金，罰金的多寡視著述者及出版人的損失而定，罰金即對著述者及出版人的償金。
十、凡翻刻新進舶來圖書者亦徵收專賣之利，舊版絕版之書籍可視其磨損度而再版。
十一、凡著述及翻印圖書雙方出於意願可讓渡出版。
十二、翻譯練兵書籍，因其專門新式且有時效性，在不傷害本人利益下可臨時將大圖縮小或小圖放大，或加上舊本評註等意見。

十三、凡活字出版品亦適用本條例。

十四、凡圖書、肖像、戲作之類亦以此為準。

雖說《出版條例》被認為是惡法之一，以其頒布時間而言說是惡法之祖也不為過。不過，從該條例的內容來看與想像中的惡法有所出入，尤其是與本章第二節以後的諸惡法相較。《出版條例》扣除第一條必須記載著述者、出版人、販售者的住所及第七條全文外，其他條文看不出具備惡法的性質，反而類似現代的著作權法。

《出版條例》另一特點為雖然規定犯行要接受懲處，卻未訂出確切的罰則，例如第一條雖說可裁罰罰金，卻沒有確切的金額，第二條只說會視輕重科罪，也未交代會是怎樣的罪名。諸如此類的疏失應與《出版條例》乃太政官首次明文制訂的條例，經驗上難免不足有關。

較諸於之後條例的內容目標明確，針對在士族、豪商、豪農階層間蓬勃發展的自由民權運動。至於《出版條例》雖是以對抗降伏新政府的幕臣與佐幕諸藩藩士為主，但是內文的不明確以致沒有真正達到控制的目的，如筆者在第八章提及的明六社，該社社員在《明六雜誌》發表的論文或專書，有不少並未完全遵守《出版條例》的規定，卻也未受到條例內文中的懲處（不管是罰金或科罪），甚至連明六社的解散也與《出版條例》沾不上邊，站在新政府（或之後改組的太政官）的立場上，《出版條例》實與雞肋無異。

《出版條例》在明治五年一月、明治八年9月以及明治廿年12月三度進行改正，改正後的條文分別為十四條、廿八條、三十四條。改正後的《出版條例》較改正前嚴格、完備，然而，改正後的《出版條例》始終未符合政府對於出版物控制、審查的要求標準，最終在明治廿六年4月14日為容許出版審查行為的《出版法》所取代。

二、明治六年《新聞紙條目》

明治六年當征韓派與反征韓派還在為征韓議題而在閣議爭執不休，太政官悄悄在10月19日制定《新聞紙條目》，其內容如下：

一、各新聞紙應各有其題號。
二、新聞紙之附錄必須印上本紙之題號。
三、新聞紙不能只出附錄而不出本紙。
四、得到官方書面許可准許印刷，每出一號均須接受檢查，此乃依據書籍出版條例之雛形。
五、每號須印上年月日及印行之地名編輯者及印刷者之苗字和發行號數。
六、印出後須納若干分給文部省及管轄廳。
七、允許刊登天變地異、火災、軍事、物價、物產貿易、生死嫁娶、官報、文學、工藝、遊宴、衣食、田宅、洋書、譯文、海外雜話、其他世上瑣事等無害者。
八、四方寄來之書類並贈答之書牘文章雜話等可知其苗字姓名者皆可刊登。
九、未得官方准許者之新聞紙禁止發行。
十、禁止刊登誹謗國體、議論國律及主張宣揚外法以妨害國法等內容。
十一、禁止刊登妄加批評政事法律之內容。
十二、禁止刊登荒誕、狂妄之教法以妨害政法。

十三、禁止擾亂眾心導致淫風。
十四、禁止刊登毫無根據的言論以誣人入罪。
十五、為官者官中事務或與外國交際之相關事務及瑣碎事項皆禁止刊登。不過，已經公布之文書類或插圖不在此限。
十六、凡刊登之內容有所錯誤務必更改。
十七、凡對於刊登之內容有所疑問時，編輯者須負辯解之責任。
十八、違反禁令條例時按律法處斷。

如果說前節的《出版條例》只有恫嚇而未實際付諸行動的話，那本節的《新聞紙條目》亦屬類似性質。《新聞紙條目》前八條內容類似規則，後十條雖規範出禁止的內容、事項，但也與《出版條例》一樣沒有訂出確切的罰則。

此外，想必讀者會提出這樣的疑問：為何前節介紹的是條例，而本節介紹的卻是條目？在現代的日文辭典查閱「條例」，其解釋大致如下：

地方公共團體（或自治團體）制定的法規。

至於「條目」，其意如下：

逐條寫下的法令、規則，或也可以專指法令、規則。

從日文辭典的解釋來看，「條目」大致等同於現代的法令、規則，把《新聞紙條目》說成《新聞紙法令》或《新聞紙規則》似乎也說得通。不過，「條例」的解釋無法用在《出版條例》上，因為明治二年尚未廢藩置縣，地方官會議也還未召開，自不會有地方公共團體或自治團體，更遑論地方公共團體或自治團體制定的法規。

因此，「條例」如下的解釋才符合《出版條例》的時代背景：

明治以來中央制定並頒布的法令習慣上以條例命名。

經筆者對「條例」與「條目」的解釋，相信讀者應也能看出《出版條例》與《新聞紙條目》兩者的差異：前者是太政官制定並頒布的法令；而後者只是逐條寫下而未正式對外頒布，因此未成為對民眾科罪的法源。

事實上，《新聞紙條目》並未經由太政官正式對外頒布，因此不算正式法令。雖是如此，之後的《新聞紙條例》以及《新聞紙條例》改正的制定從《新聞紙條目》上得到不少的啟發，對太政官而言並非一無是處。

三、明治八年《新聞紙條例》

明治八年6月28日，地方官會議還在如火如荼的進行當中，太政官（明治八年太政官布告第一一一號）突如其來的頒布《新聞紙條例》，其內容如下：

一、凡發行新聞紙或雜誌雜報，其持主或社主須經由府縣廳呈報內務省得到准許才能發行，未得允許自行發行者交付司法論罪。發行遭到禁止之持主或社主及編輯人、印刷人個別科罰罰金百圓，若有冒名欺詐者則科罰百圓以上二百圓以下之罰金並沒收印刷機器。

二、申請書應有如下條目。

（一）新聞紙或書籍的題號。

（二）發行的固定時間（每日每周每月或無定期之類）。

（三）持主的姓名住所，若是會社在出資者之外須有社主及其他若干人的姓名住所。

（四）編輯人的姓名住所，若編輯有數人則以編輯人長的姓名住所。

（五）印刷人的姓名住所，編輯人若兼印刷人須註明。

上述五項若有不實處禁止或停止發行外，且對申請人科處十圓以上百圓以下之罰金。

三、編輯人或編輯人長退任或逝世時得臨時選定編輯人或編輯人長以發行。但至遲應於十五日內（退任、逝世之翌日算起）新選定之編輯人或編輯人長由持主或社主向所在地之府縣廳提出，若未在期限內提出則停止發行並向持主或社主科處百圓罰金。

第二條所列之項目若有一項變更，至遲亦應於十五日內由持主或社主及編輯人或編輯人長聯名提出，若未在期限內提出則持主或社主及編輯人或編輯人長各科處罰金百圓。

四、持主或社主及編輯人或臨時編輯人應限於本國人。

五、持主或社主得自任編輯人或編輯人長。

六、編輯人在二人以上應選一人為編輯人長。

每紙每卷末尾應署名編輯人、印刷人，編輯人數名則署編輯人長之名，編輯人或編輯人長遇有疾病或事故時指定代理人簽署其名。若未署名則編輯人或編輯人長或代理人科處百圓以上五百圓以下之罰金，印刷人亦科處百元罰金。紙中或卷中記載之事項由紙尾署名之編輯人或編輯人長負一切責任。

七、紙中或卷中所載之內容若有觸犯第十二條以下禁止之事項或《讒謗律》時，以編輯人為主、執筆者為從論處，持主或社主知情者與編輯署名者同罪論處。

八、新聞紙及雜誌雜報的執筆者（以投書者即執筆者為例）除尋常之瑣事外，凡論及內外國事、理財、人情、時態、學術、法教議論及與官民權利相關事項皆須附上姓名住所。執筆者使用變名時科處拘役三十日並十圓罰金，冒用他人之名科處七十日之拘役並二十圓之罰金（可二罰併科或偏科一罰）。

九、翻譯外國新聞紙及雜誌雜報除尋常瑣事外，須署翻譯者之姓名，若有觸犯第十二條以下禁止之事項或《讒謗律》時翻譯者應負其責，並比照第七條執筆者為從論處。

十、除編輯人因犯行遭拘役被停止發行外，持主或社主若指定臨時編輯人或選定新的編輯人仍可繼續發行，若未選定編輯人則應停止發行。

十一、新聞紙或雜誌雜報應將指名的官署會社或人民辯白書或改正予以刊登，違者科處編輯人十圓以上百圓以下之罰金。

十二、新聞紙或雜誌雜報若有教唆人民犯罪則與犯者同罪。其教唆者科處五日以上三年以下之拘役、十圓以上五百圓以下之罰金。

其教唆煽起兇眾或強逼官者視同犯者論處，其教唆者也與前同罪。

十三、凡刊登變壞政府顛覆國家或有煽起騷亂之文章，科處一年以上最多三年之拘役，實犯視同主犯。

十四、曲庇誹謗國民法及牴觸刑律罪犯之文章者，科處一個月以上一年以下之拘役及五圓以上百圓以下之罰金。

十五、不得刊登尚未公審的裁判所的訴訟，以及裁判官的審判議事，犯者科處一個月以上一年以下之拘役及百圓以上五百圓以下之罰金。

十六、未經院省使廳之許可不得刊登上書之建白，犯者處以與前條相同之罰則。

有別於《出版條例》、《新聞紙條目》的不成熟，《新聞紙條例》的成熟度相當高，鉅細靡遺的交代哪些行為會遭受怎樣（包括拘役和罰金）的懲處，懲處的對象不僅是新聞紙的持有人或社長，連編輯或編輯長、印刷者、執筆者、翻譯者都因應不同的條文內容而負有部分或全部的責任。

《新聞紙條例》頒布的目的是要杜絕民眾藉由傳媒（新聞紙或雜誌雜報）的力量無遠弗屆

的傳播批評太政官的言論，此舉不僅有損太政官威信，更可能危及到太政官的統治。為因應此種情況的發生，太政官刻意提高新聞紙發行的難度，必須透過地方府縣呈報並得到內務省同意，等於無形中將內務省及地方府縣提升至報社的上級機關。另外，報社的題號、發行時間、持有人或社長、編輯及印刷者的姓名住所都必須呈報內務省，以利隨時掌控，只要一出現批評太政官的言論便會以違反條例內文將其處分。

為管理方便，規定新聞紙從持有人或社長到編輯都必須是本國人，這是顧及到外國人享有領事裁判權，即使批評太政官也無法依《新聞紙條例》予以懲戒。報社便會根據這點以外國人的名義大肆批評太政官，第十五章提及的《民選議院設立建白書》便是看準這點選擇在《日新真事誌》刊登。

《新聞紙條例》頒布後很快便出現受害者，**《東京曙新聞》**（明治四年創刊，最初為月刊雜誌。明治八年1月改名《あけぼの》，6月改成《東京曙新聞》。因末廣、古澤滋、大井憲太郎等人主張民權，該報批評太政官不遺餘力，在末廣之後屢屢觸犯《新聞紙條例》而經營困難，於明治十二年9月停刊。之後雖有復刊，但聲勢不如以往，最終在明治十五年永久停刊）編輯長末廣鐵腸（名重恭，出身宇和島藩，明治八年4月為曙新聞編輯長，之後加入民權氣息濃厚的朝野新聞正式投入自由民權運動，著有政治小說《雪中梅》）於8月因批評《讒謗律》而觸犯《新聞紙條例》，被科處在自家拘役兩個月並二十圓罰金之處分（除去罰金這部分，自家拘役與幕府時代的謹慎並無兩樣），成為《新聞紙條例》首名受害者。

進入明治九年，這一年光是觸犯《新聞紙條例》而遭處刑（包括拘役、罰金）的報社和雜誌社編輯、編輯長、記者便有成島柳北、澤田直溫、加藤九郎、木本貞雄、天野駿男、中島泰雄、杉田定一、岡敬孝、植木枝盛、橫瀨文彥、山協巍、小松原英太郎、東清七、中島勝義、岡本請一郎、滿木清繁、柴田勝文、田中直哉等四十九人。刑期最長的是《采風新聞》編輯長加藤九郎，他連續幾篇社論被認為有暗諷、詆毀太政官之實而被處以三年牢獄之刑，更有《評論新聞》、《湖海新報》、《草莽雜誌》等報紙雜誌遭到停刊處分，《新聞紙條例》的威力由此可見。

明治十六年4月、明治二十年12月、明治三十年3月，《新聞紙條例》三次進行改正，不僅加強對報紙、雜誌等傳媒的打壓，還把禁止報紙、雜誌發刊的權利下放地方府縣，只要府縣知事認為報紙、雜誌有妨礙治安、擾亂風俗之虞，可下令沒收、禁止販售、停刊等處分（印刷機器的沒收不包含在內，此為內務卿的權限）。此外，明治三十三年已成為日本殖民地的台灣也在《新聞紙條例》的適用範圍內，不過，《新聞紙條例》並非是箝制殖民地台灣言論自由的主要幫凶，而是之後的《新聞紙法》。

明治四十二年5月6日，《新聞紙條例》為《新聞紙法》取代，這不代表政府對言論自由的放寬，而是政府對於言論自由的打壓必須隨著時代與時俱進，才不至於被時代淘汰。日本民眾真正享有完全的言論自由，不用擔心隨時被停刊，報社持有人、社長、編輯長鋃鐺入獄或半夜遭到**特高**（全名為特別高等警察，成立於大逆事件同年的明治四十三年，最初隸屬於內務省警保局保安課，隔年升格為特別高等課，昭和初期再升格為特別高等部。與納粹德國的蓋世太保皆屬祕密警察，主要取締對象為社會主義者、共產主義者及無政府主義者等左派思想份子，對於被捕的左派成員皆採取慘無人道的刑求。戰前著名左派思想指導者野呂榮太郎及無產階級文學作家小林多喜二皆被特高刑求致死，戰後在聯合國軍最高司令官總司令部（GHQ）的指示下廢除）突襲的恐懼，必須要等到戰後新憲法（也稱為日本國憲法）正式生效的昭和廿二年5月3日之後。

四、明治八年《讒謗律》

與《新聞紙條例》頒布的同一日，太政官同時頒布《讒謗律》（明治八年太政官布告第一一〇號），其內容如下：

一、不論事實之有無，凡危害人之榮譽並將其形式摘發公布者皆謂讒毀。舉人行事之非加以惡名並公布之事為誹謗。著作文書或是使用圖畫肖像或是販售或是展示於人，或是讒毀或是誹謗者，可由以下條文科罪。

二、第一條的所為若涉及冒犯聖上，可科處三個月以上三年以下之拘役，五十圓以上千圓以下之罰金（可二罰併科或偏科一罰）。

三、若涉及冒犯皇族可科處十五日以上至二年半之拘役，十五圓以上七百圓以下之罰金。

四、讒毀相關官員之職務者科處十日以上二年以下之拘役，十圓以上五百圓以下之罰金。誹謗者科處五日以上一年以下之拘役，五圓以上三百圓以下之罰金。

五、對於華士族平民談論讒毀者科處七日以上一年半以下之拘役，五圓以上三百圓以下之罰金。誹謗者科處三圓以上百圓以下之罰金。

六、檢官或法官依法向罪犯告發而未能舉出第一條之例，是為故造誣告，依誣告律處之。

七、若受讒毀之事觸及刑法者檢官依其事糾治，若讒毀者在檢官或法官告發時中止讒毀之罪以俟事案之判決，其被告人在審理時不以讒毀之罪論處。若已觸及刑法，已讒毀危害個人之名譽雖在事後自首亦以讒毀罪處之。

八、凡與讒毀誹謗第四條、第五條相關者，被害的官民親自告發者仍不論處。

《讒謗律》的條文只有八條，第一條便是該條例核心，其餘七條內容都是從第一條衍生而出。在報紙上撰文批評時政的記者，不僅會觸犯《新聞紙條例》，多半也會連帶觸犯《讒謗律》，導致一罪兩罰。這兩條例會選在同一日頒布不只針對的目標明確（參與自由民權運動的士族）外，更在於兩條例皆由井上毅、尾崎三良兩人制訂。

井上毅與筆者在第九章第四節提及的井上勝並非同一人（這兩人再加上井上馨彼此間毫

無血緣關係），井上勝出身長州，是長州五傑之一。井上毅則出身熊本藩，曾師事橫井小楠，明治四年進入司法省成為法制官僚，明治十年代以後成為伊藤的智囊，與元田永孚共同起草《教育敕語》，並與金子堅太郎、伊東巳代治起草《大日本帝國憲法》、《皇室典範》等法典。

對自由民權運動者而言，《讒謗律》的戕害更甚於《新聞紙條例》。《新聞紙條例》的限制範圍僅限於在報章雜誌刊登文章，會受到懲處的人不出與報章雜誌相關的持有人或社長、編輯或編輯長、印刷者、執筆者、翻譯者。《讒謗律》則不然，第一條已清楚交代「不論事實之有無，凡危害人之榮譽並將其形式摘發公布者皆謂讒毀。舉人行事之非加以惡名並公布知識為誹謗」，亦即只要張嘴批評，即使有所根據也逃不掉讒毀的罪名及至少三圓的罰金，這可是戶長半個月的薪資。比起《新聞紙條例》，更多平民百姓因《讒謗律》遭到判罪，而他們多半與自由民權運動無關，成為惡法中的惡法。

《讒謗律》的威力在明治時代大概只有明治二十年12月25日頒布的《保安條例》可相提並論。

井上外務卿（內閣制實施後成為第一任外務大臣）長年在鹿鳴館推動媚外外交政策，結果卻換來各級裁判所（法院）需聘用外國人為法官（包括法官、檢察官、判事、檢事）的對待，儘管井上外務大臣已在該年9月提出辭呈仍無法止住朝野間難以平抑的怒氣。已消聲匿跡數年的民權運動在板垣伯爵、後藤伯爵（明治二十年5月9日板垣、後藤二人與大隈重信、勝海舟依《華族令》受封伯爵）的號召下聚集東京，向政府提出「減輕租稅、言論集會自由以及挽回外交失策」的《三大事件建白》，當中的挽回外交失策即是指取消各級裁判所聘用外國人為法官一事以確保日本的司法獨立。

《三大事件建白》普遍引起日本民眾的共鳴，各地響應板垣、後藤的政治團體及民眾不斷湧入東京，山縣內務大臣委託警保局長清浦奎吾（山縣系官僚，大正年間奉命組閣，卻組了一個除陸海軍大臣外全由貴族院議員組成的內閣，引起立憲政友會、憲政會、革新俱樂部等所謂護憲三派發起第二次護憲運動，開啟大正民主的序幕）制定《保安條例》。12月25日正式頒布《保安條例》，全文共七條，重點在於第四條：「居住或寄宿在距離皇居或行在所三里內者，認為有內亂之陰謀或妨害治安之虞者，警視總監或地方長官經內務大臣之認可，可命其在限期時間退去，得禁止三年在同一距離內出入寄宿或居住。在退去命令期限內不退去者，或退去後犯禁者可處一年以上三年以下之禁錮，並附加五年之監視，監視在其本籍地執行。」更致命的是，《保安條例》在頒布當日立即生效，於是中江兆民、星亨、片岡健吉、尾崎行雄等五百七十名民權人士，當日被警視廳的警察強行但合法的逐出皇居十二公里以外，直到憲法頒布的明治廿二年2月11日才為天皇大赦。

再把話題回到《讒謗律》上。原本用來對付自由民權運動的《讒謗律》結果卻導致多數與該運動無關的人獲罪，失去制定該法的用意。太政官認為若是再任由《讒謗律》繼續逮捕平民百姓，等於無形中將他們推向自由民權運動，權衡得失輕重後於明治十三年7月廢除。《讒謗律》雖然廢除，但是保留該條例中關於名譽毀損的概念，繼而登場的刑法、民法均可見到關於名譽毀損的懲處條文。

五、明治十三年《集會條例》

本節在年代上已超出本書敘述範圍，不過，為一併交代「明治三大惡法」的內容，筆者必須超出本書敘述範圍額外介紹《集會條例》的內容，同時也簡單敘述明治十三年的時代背景。

前章第二節提到，明治十一年9月在各地士族及豪農豪商集結下，愛國社重新成立，重新成立的愛國社每半年召開一次大會，每開一次大會便增加與會的各地政社代表，重新成立的愛國社之訴求為太政官應盡快落實《漸次樹立國家立憲政體》詔敕，從第四次大會起改名「國會期成同盟」以符合實際行動。

太政官見狀，認為自由民權運動的集會會取代透過報章雜誌的批評，成為太政官最大的威脅（對太政官最具威脅時候應是改名「國會期成同盟」的此時，至成立政黨的明治十四年10月之間。大隈在明治十四年政變下台，帶走原本應會加入自由黨的沼間守一、河野敏鎌等人，成為兩黨無法攜手合作的導火線）。然而，警察取締自由民權運動的《新聞紙條例》及《讒謗律》的兩大法源依據，對於從明治十一年起蓬勃發展的集會活動沒能發揮太大作用。太政官針對這一疏失責成內務省連夜制定《集會條例》，4月5日頒布，其內容如下：

一、以講談議論政治相關事項之公眾集會，須於開會三日前詳記講談議論之事項、講談論議者之姓名住所會同場所年月日，由會主或會長幹事長須呈報管轄警察署並得其許可。

二、以講談議論政治相關事項之結社，須將結社前之社名、社則、會場及社員名簿呈報管轄警察署並得其許可。若有社則改正及社員增減亦比照辦理，此呈報做為警察署詢問社中事項之答辯（此項之結社及其他以講談議論政治相關事項之結社，集會時仍應遵照第一條之內容）。

三、講談議論之事項、講談議論之人員、會場及選定之開會日期於初會三日前呈報警察署得到許可時，爾後的例會雖不用再次提出，但若有變更仍應遵從第一條之程序辦理。

四、管轄警察署對於第一、二、三條之呈報認為有妨害國安時可不予許可。

五、警察署可派遣著正服之警察官至會場檢查蒐證並監視會場。

六、不向派來之警察官出示許可證明，談及講談論議之申請書未涉及之事項，或是認定有教唆誘導犯罪之意或妨害公眾安寧之虞，至集會前命令不得出席而不從者，警察官得以解散全會。

（依據本條下令解散時，在東京由警視長官，其他地方由地方長官解散其結社。又，轄區之內在一年裡曾有結社之會員於公眾講談論議政事亦得以禁止。）

七、以講談議論政治相關事項之集會，凡陸海軍人常備、預備、後備列入名籍者，警察官、官立公立私立學校之教員生徒、農業工藝之見習生不得出席並加入其社。

八、以講談議論政治相關事項為旨趣之廣告，不得散發文書誘導公眾，亦不得和他社連結及通信往返。

九、講談議論政治相關事項不得在屋外舉辦公眾之集會。

十、第一條之許可不被接受而舉辦者，會主科處二圓以上廿圓以下之罰金或十一日以上三個月以下之拘役，出借會場者並會長、幹事長及講談論議者各科處二圓以上廿圓以下之罰金，觸犯第三條規定者以本條辦理。

十一、違反第一、二條規定的社則或社員名簿或社員增減未定期向警察署申報、又或對於詢問事項未回答者，社長科處二圓以上廿圓以下之罰金。偽造社則或社員名簿或在詢問時有不實的回覆，社長除上述罰金外另科處十一日以上三個月以下之拘役。

十二、違反第五條規定不讓警察官出席者，會主會長及社長幹事各科處五圓以上五十圓以下之罰金或一個月以上一年以下之拘役。對於警察官詢問演說者之姓名拒答或報以假姓名者同罪論處，再犯者科處十圓以上百圓以下之罰金或兩個月以上兩年以下之拘役。

十三、派出之警察官下達解散命令而不退去者科處二圓以上二十圓以下之罰金或十一日以上六個月以下之拘役。

十四、觸犯第七條之限制時，會主會長及社長幹事科處二圓以上二十圓以下之罰金或十一日以上三個月以下之拘役，若有其他嚴重情狀者則解散該社。觸犯第七條限制者若入社又到現場則科處二圓以上二十圓以下之罰金。

十五、觸犯第八條之限制時會主會長及社長幹事科處五圓以上五十圓以下之罰金或一個月以上一年以下之拘役並解散其社。相關者亦處同罪，脅迫者及再犯者科處十圓以上百圓以下之罰金或兩個月以上兩年以下之拘役，其社長幹事則於一年以上五年以下期間禁止結社或入社。

十六、制定成法之集會不在此限。

警察在現代集會遊行扮演維持秩序角色，限制申請集會遊行及參與者在許可範圍內進行抗爭，並避免與會者有人做出不理性的行為或攜帶非法的器物傷害他人。亦即不管在前者或是後者，警察都是處在被動的一方，只要沒有出現非法行為，警察並不會制止集會遊行活動。

然而，明治十三年制定的《集會條例》則不然，不僅嚴禁在室外舉行，杜絕常備役．預備役．後備役的陸海軍人、警官、教師及學生參與集會，還必須有轄區警署同意，警察更會全程監控，只要出現與事先遞交的申請書內容不符便會遭到警察下令解散。在自由民權運動文獻中經常可見警察站在講台四周認真聆聽，不但會隨時打斷演講者的演說，遭到強制解散的情形也不在少數。

不過，若是進一步比對《集會條例》與《新聞紙條例》的罰則可發現前者的處分比後者輕了許多。是以儘管要面臨警官的坐鎮監控，而且集會在開始後不久便會遭到強制解散，民權人士的集會並不因太政官採取「道之以政，齊之以刑」而有所畏縮，這可從內藤正中在《自由民権運動の研究——国会開設運動を中心として——》舉出光是明治十三年民權人士向元老院呈遞四十五件建白書，全國只有京都府、三重縣等一、兩個行政區沒有自由民權運動的浪潮得到證明。

與《新聞紙條例》相比，《集會條例》的確罰則過輕，明治廿三年7月遂為《集會及政社法》取代，該法強化對政治結社及政治集會的取締。明治三十三年3月，第二次山縣有朋內閣頒布《治安警察法》，這道法律匯集《出版條例》、《新聞紙條例》、《讒謗律》、《集會條例》、《保安條例》等諸條例之內容，可說是集明治惡法的大成。《治安警察法》不僅適用於日本本土，還涵蓋沖繩、北海道，甚至及於海外殖民地朝鮮、台灣，以及之後的關東州、南樺太，一九二〇年代盛行於台灣的議會設置請願運動便屢為總督府以《治安警察法》打壓。

明治八年一方面因大阪會議召開朝野間達成部分和解表面上出現協調的狀態，另一方面太政官卻又拋出《新聞紙條例》、《讒謗律》兩道惡法取締民間對太政官有微詞的反對聲浪，明治八年便在表面上朝野和解但私下卻官民對立的情形下度過。這種表裡不一的局勢到明治九年演變成三次士族反亂，三次士族反亂集中在明治九年的下半年，而且都發生在太政官鞭長莫及的西南地區（指本州西部及九州地區）。儘管規模不大，太政官毅然下令鎮台兵平亂，除擔心各地不平士族以實際行動響應外，最為擔憂的應該還是西鄉的動態。下一章便是要介紹明治九年的三次士族反亂，探討為何明治九年一下子出現三次士族反亂、太政官如何應對以及對日本的影響。

第十九章
鎮西士族蜂起

一、頒布《廢刀令》

維新回天之所以能實現，最大功勞者莫過於實際投入武力倒幕的薩長土三藩，再加上戊辰戰爭期間防禦御所的佐賀藩，因此這四藩出身者盤據新政府或之後太政官的重要職務，在當時任誰看來都是理所當然。

當然，沒有其他藩及民眾的支持，光薩長土肥四藩不足以完成武力倒幕。為何諸藩及多數民眾願意支持武力倒幕呢？戰前的說法將功勞歸給天皇，認為憑藉天皇的**御稜威**（讀作「みいつ」，指天皇和神的威德及德光）便能使意見不一的諸藩及人民捐棄成見，攜手報效朝廷。這種說法過於強調天皇在維新回天過程中占有的地位，隨著戰後天皇地位因發布《人間宣言》從**現人神**（也寫為「荒人神」，最早見於《日本書紀．卷七．景行天皇》。日本武尊從上總經海路前往陸奧，途經葦浦、玉浦（大概位於千葉縣房總半島東岸）來到蝦夷邊境，蝦夷賊首嶋津神、國津神等屯於竹水門（宮城縣宮城郡七ヶ濱町）。賊首們遙望王船懼其威勢，心裡知其不可勝，紛紛丟下弓矢，朝他跪拜問道：「仰視君容，秀於人倫，若神之乎，欲知姓名。」日本武尊傲然回道：「吾乃現人神之子也。」指神以人的身影現身於世界，這裡的「人」多指天皇，亦成為天皇之代名詞）成為普通人，不再是主流且不容質疑，因此鮮少有人再探討這種說法。

現在普遍認為幕府失去諸藩及民眾支持的主因，為在美國及其他列強的脅迫下開國、開港，尤其是開港導致日本物價喧騰。據日本經濟．歷史學者、東京大學名譽教授武田晴人的估計，光是《日美修好通商條約》生效後半年內，日本外流的黃金便在十萬到五十萬兩之間。

除黃金、白銀嚴重外流外，開國、開港使幕府及諸藩額外增加許多開銷，據岩波書店《日本経済史3　開港と維新》（梅村又次、山本有造編纂，以下簡稱《開港と維新》）一書記載，最大一筆開銷是海防費用、建立近代新式陸海軍（包括長崎海軍傳習所和神戶海軍操練所）及添購新式武器。其次，將軍三次上洛的花費也甚為驚人，光文久三年二月第一次將軍上洛的各種開銷便已超過一百萬兩。再者，支付對外關係的費用及當時普遍存在的殺害外國人賠償金也同樣驚人。對外關係的費用包含神奈川（橫濱）・箱館・長崎三地劃地列入外國人居住區的整頓費用、與外國使節團的接待費，以及幕末多次向國外派遣使節團的所有支出；至於殺害外國人事件自開港以來便層出不窮，文久二年八月的生麥事件成為翌年七月薩英戰爭的導火線是最有名的殺害外國人事件。

除《開港と維新》提及的三筆花費外，還有兩次征長之役（儘管實際開戰只有一次）以及下關戰爭，這三次戰爭開銷不見得低於前文提及的三筆花費。

那麼，幕府對於這三筆開銷以及戰爭的花費如何因應？

幕府最主要的收入當然是諸藩的年貢，另外，因幕府給予特權而達到幾近壟斷的三都商人（江戶、京都、大坂）及諸藩特權商人，從收入中須繳納一定比例給幕府，此即獻金。不過，以農業收成為主的年貢、三都商人及諸藩特權商人的獻金在幕末時期已無法在龐大花費間取得平衡，因此幕府的因應之道只有重施田沼（意次）改革故技，從鑄造劣質的貨幣中獲利。

安政六年及萬延元年發行的**小判**（江戶時代流通的金幣之一，幣值為金一兩，外觀為橢圓形，上下方各有扇形五三桐，此乃家康恩賜為幕府鑄造小判的後藤庄三郎光次之家紋。江戶時代共發行十種小判，依序為慶長小判、元祿小判、寶永小判、正德小判、享保小判、元文小判、文政小判、天保小判、安政小判、萬延小判）雖仍是金一兩，金含量卻大幅縮水。不過，此舉倒不完全出於滿足一己私慾，而是有平衡日本與外國金銀比價的意味在內。日本在二百多年鎖國下，金銀比價為一比五，國際金銀比價則為一比十五，而萬延小判的金銀比價為一比十五・八，幾乎等同於國際金銀比價。幕府訂出新金銀比價而大量發行萬延**二分金**（也稱為二分判，為一兩的一半。江戶時代二分判只發行四種：文政元年二分判〔也稱為真文二分判〕、文政十一年二分判〔也稱為草文二分判〕、安政二分判、萬延二分判），在文久年間取代萬延小判成為發行量最多的貨幣。據《開港と維新》一書引述，文久三年，幕府光是從改變以往金銀比價而新鑄萬延二分金便獲利三百六十六萬兩之多。

對於普遍受到國學・水戶學影響的諸藩及日本民眾而言，幕府未得天皇敕許擅自開國、開港已普遍引起朝廷、諸藩及民眾的不滿。開國後與外國人的衝突以及因開港而造成的物價喧騰、通貨膨脹等現象，幕府不僅視若無睹，還趁機發行劣質貨幣大發其財，這些因素才是幕府覆亡的真正原因。

維新回天大業完成後，諸藩及民眾無不對由朝廷和武力倒幕諸藩組成的新政府（或之後由新政府改組的太政官）寄以厚望，希望能恢復到幕府時代杜絕與西方國家接觸的鎖國狀態。然而，幕府時代與諸國簽訂的修好通商條約並不允許新政府片面改變現狀，鳥羽．伏見之戰結束後發生的若干傷害外國人事件（如筆者在《戊辰戰爭》介紹過的神戶事件、堺事件、巴夏禮遇襲事件）也使日本不得不放棄攘夷主張。明治四年以後太政官種種引進西洋文明及諸多廢除士族特權之舉（詳見第九章），想必讓支持倒幕的士族認為太政官不僅悖離他們的期待，也對不起在幕末期間死去的志士們。

截至明治八年2月，士族的特權僅剩下配刀，太政官雖在明治四年八月九日頒布《散髮脫刀令》，但也如筆者在第九章所言，該法令的口氣委婉，對視刀如第二性命的士族並無強制性。山縣陸軍卿在該年12月7日針對廢刀提出個人意見書，他提到隨著世變時移，武士的文武常職遭到解除、版籍返還，在明治六年頒行未曾有的徵兵令，以此置近衛兵以衛帝都，設鎮台兵以備外寇草賊，各府縣設巡查以糾察違法。然華士族之輩仍固守舊習，在腰間配戴刀劍，蓋此輩皆頑固無識，不知時態變遷與兵制變革，自以為可憑一己之力防敵，實則配戴凶器在身，對國家無絲毫利益，無異於武門武士殺伐餘風。其禍害不僅在政治上產生妨礙，軍隊以外攜帶兵器亦會影響到陸軍的權限，希望速頒廢刀令使全國人民漸次步上開明之域。

山縣陸軍卿的意見書為太政官採納，明治九年3月28日頒布一道較《散髮脫刀令》更具強制性的法令，此即《廢刀令》（也稱為《帶刀禁止令》）。其全文如下：

大禮服並軍人警察官吏等制服著用外帶刀禁止。

譯為白話即著大禮服的官員及軍人（軍階在尉級以上）、警察官吏（位階在巡查以上）以外者不得配刀。軍人、警察官吏即現今的軍官、警官，那麼著大禮服的官員所指為何？

大禮服的開端始於《王政復古大號令》頒布後，但之後幾年著大禮服的對象始終局限於海軍人員和留學生，因此才會出現筆者在第六章提及的岩倉大使在美國鬧的大笑話。明治四年九月四日頒布改定服制的敕諭，正式以大禮服取代以往的衣冠束帶及烏帽子直垂為正服。根據明治五年十一月五日制定的大禮服制，敕任官、奏任官、判任官及非役有位者（無官職但有官位的榮譽職）須在新年朝拜（新年當日前往寺院或神社朝拜）、**元始祭**（始於明治三年，該年一月三日神祇官在八神殿〔京都市左京區吉田神社境內〕祭祀八神〔神產日神、高御產日神、玉積產日神、生產日神、足產日神、大宮賣神、御食津神、事代主神〕、天神地祇、歷代皇靈，明治六年起移至宮中三殿〔賢所、皇靈殿、神殿〕，規格提升為天皇親祭，是一年最初的大祭）、新年會、伊勢兩宮例祭（以天照大御神為主祭神的內宮及以豐受大御神為主祭神的外宮一年間的例行祭典）、**神武天皇即位日**（明治五年十一月，太政官規定神武即位為「紀元」，由於明治六年起採用格列高里曆，因此將其即位日換算成格列高里曆後定於2月11日，稱為紀元節，在戰前的昭和時代與四方拜〔1月1日〕、天長節、明治節是為四大節。戰後於GHQ統治期間廢除，1966年起恢復，改稱建國紀念日）、孝明天皇例祭（明治六年制定，將孝明天皇崩御日十二月廿五日換算成格列高里曆為1月30日，從明治七年起開始祭祀，屬於「先帝祭」，必須由天皇親自在宮中三殿祭祀。至明治四十五年為止年年祭祀，明治天皇崩御後廢止，改由明治天皇祭代替）、**天長節**（天皇生日，由來出自《老子》第七章「天長地久。天地所以能長且久者，以其不自生，故能長生。」

最早見於《續日本紀．卷三十三．光仁天皇》寶龜六年「十月十三日，是朕生日。每至此辰，感慶兼集，宜令諸寺僧尼，每年是日轉經行道。海內諸國，並宜斷屠，內外百官賜酺宴一日，仍名此日為天長節。……」之後廢絕，改元明治後再興，明治六年成為國家節日。戰後改稱天皇誕生日，仍為國定節日）、外國公使參朝等節日時穿著。

8月5日，太政官頒布討論多時的《金祿公債證書發行條例》，依第十一章的敘述，這是一紙戕害士族生計的條例。配刀這一士族最後的尊嚴遭到剝奪，加上《金祿公債證書發行條例》的頒布，士族對太政官從簞食糊漿以迎王師般的引頸期盼到期待落空的失望、進而為萬念俱灰般的絕望。不平士族決定起而抗爭，率先發難的是熊本士族，此即敬神黨之亂。

二、熊本敬神黨之亂

熊本，令制國名稱肥後，是九州唯一的大國（依男丁數、田地面積及賦稅量等國力值區分為大國、上國、中國、下國）。近世以前肥後大多處在國內各股勢力（包括肥後守護菊池氏、阿蘇大宮司阿蘇氏、戰國大名相良氏以及若干國眾和地侍）林立，雖有境外勢力的奧援（如大友氏、島津氏）卻缺乏消滅對方、統一肥後的實力。

直到秀吉於天正十五（一五八七）年完成九州征伐，將扣除天草、球磨二郡外的肥後，賜給從故主信長的黑母衣眾（母衣眾指擔任大名的傳令，信長麾下分為黑母衣眾與赤母衣眾）起不斷立下戰功的佐佐成政。然而，入主肥後的佐佐成政急於推動太閤檢地而引起國人眾的反抗（史稱肥後國人一揆），擁有一身戰功的他卻在平定過程中陷入不利局面，佐佐成政不得不向秀吉告急求援。沒想到肥後國人一揆負隅頑抗，秀吉前後增援三次，共動員四國、九州的大名才在該年年底鎮壓住一揆。

翌年秀吉向佐佐成政究責，令其切腹並改易，收回的肥後領地以宇土（熊本縣宇土市）為界，以北賜給加藤清正，以南賜給小西行長。關原之戰因小西加入西軍之故，戰後遭到改易的處分，其領地八代、宇土、益城、天草四郡納入清正的領地，石高從戰前的二十五萬石增至五十二萬石，肥後除南邊內陸的球磨郡（相良氏安堵，幕府時代稱為人吉藩，石高二萬二千石）外盡為清正領有。

肥後向有「難國」之稱，「難國」可解釋成難以統一或難以統治。不管是難以統一或難以統治，在清正入主後皆不復存在。清正的體魄相貌、豐富的農業土木知識及行事魄力，深深折服難國肥後的武士及人民。儘管清正治理肥後只持續到其子忠廣便為幕府改易，不過，絲毫不減肥後人對清正的景仰和崇拜，在幕府時代肥後人猶仍尊稱清正為「清正公大人」（清正公さん）。

寬永九（一六三二）年，豐前小倉藩第二代藩主細川忠利（忠興三男）取代加藤忠廣，成為除球磨郡（人吉藩）、天草郡（幕府天領）外肥後國五十四萬石的主人。忠利在襲封熊本前已作足功課知道清正在肥後武士間崇高的地位，他決心充分利用清正公來達到政治上的宣傳，從小倉出發便將清正公的牌位帶在身上，進入熊本藩境時刻意讓清正公的牌位在行列的最前頭。

忠利一踏進熊本城朝清正公的菩提寺下跪，高聲說道：

此後就由在下為您看管了。

為了能順利治理難國肥後，細川忠利不得不演出作秀，使細川家統治肥後二百三十餘年沒有出現太大的紕漏。江戶時代肥後人給人的印象是好辯，好辯的人與其他人經常會因細微末節的分歧而逞口舌之爭，並視駁倒他人為勝利。殊不知這樣的爭辯在遇上難決之事時多半毫無助益，熊本藩便因沉迷於與他人的辯論而失去在幕末的先機。

筆者在第四章第一節提到熊本藩在幕末陷入實學黨、學校黨、勤皇黨三黨互相批評、攻訐的情況，遲遲無法以倒幕作為藩論，以致錯過與薩長攜手維新回天大業的機會。進入明治時代，勤皇黨式微，為敬神黨所取代。在自由民權運動蓬勃發展後，民權黨（如第十六章提及的宮崎八郎）也在熊本扎根。大致說來，學校黨相當於幕末的佐幕派，實學黨相當於開國派，勤皇黨＝敬神黨相當於攘夷派，民權黨則相當於民權派，在明治初年大概只有熊本能有如此多元的聲音。

敬神黨，也稱為神風連，多數黨徒與勤皇黨員在幕末師事藩內有名的國學者林櫻園，受其影響皆以尊王攘夷為共同信念。完成維新回天大業後，表面上建立由天皇親政的政權，勤皇黨在幕末的訴求得到實現，或許正因訴求實現以致失去追求目標而使勤皇黨無以為繼。敬神黨的成員以神社的神官為主，明治三年林櫻園病逝後，擁戴新開大神宮宮司太田黑伴雄為領袖，繼承林櫻園的攘夷和反西化政策。

三島由紀夫在執筆《豐饒之海》（由《春雪》、《奔馬》、《曉寺》、《天人五衰》四部書構成，以佛教的輪迴轉世為主軸，每一部的主人公均在二十歲左右英年早逝，以右脇下三顆黑痣為輪迴轉世的標誌，一般評論家均視《豐饒之海》為三島對死亡的認知與其文學體系的集大成）第二部《奔馬》之前，曾造訪熊本城西南方約八公里的新開大神宮，在這裡撰寫引導《奔馬》一書主人公飯沼勳走上昭和維新之路的啟蒙之作《神風連史話》。

以下筆者以《奔馬》裡的《神風連史話》為主，夾以史實的解說向讀者簡單介紹敬神黨之亂的始末。

從伊勢神宮**勸請**（原為佛教用語，指將佛的分身移往他處祭祀，神佛習合後擴及至神道，迎神佛之靈至新寺社奉安祭祀）創建的新開大神宮成立於室町中期，幕末時新開大神宮宮司太田黑伊勢守就學於林櫻園門下，受其影響成為勤皇黨信徒。

林櫻園著有《宇氣比考》一書，他認為諸神有著各式各樣的神通，此即「宇氣比」，只要不斷向神祈求，「宇氣比」便會附身在祈求者的身上。《宇氣比考》一書開頭提到：

宇氣比乃神道最靈奇之神事，始源於可敬可畏之天照大御神與須佐之男命（天照大神之弟，在《古事記》又稱為「建速須佐之男命」或「速須佐之男命」，《日本書紀》則稱為「素戔嗚尊」，與祇園精舍的守護神牛頭天王神佛習合，因而成為八坂神社的主祭神）在高天原宇氣比後傳於顯國（指日本）。

依據記紀神話的記載，為父親伊邪那岐命（《日本書紀》稱為伊弉諾尊）放逐的須佐之男命來到高天原找鎮守該地的姊姊天照大御神。天照大御神聽聞此事，背上裝有千支箭矢的箭袋，側腹也背了可裝五百支箭矢的箭袋，左手臂配上亮麗的皮套，以全副武裝之姿態來見須佐之男命。向他問道：

為何而來？

須佐之男命說道：

父親問我為何哭泣，我說是因為想到死去的母親（《古事記》稱為伊邪那美命，《日本書紀》稱為伊弉冉尊)那裏,結果父親為此發怒,將我逐出。我來此只是要跟你說一聲我要前往母親的國度(根之國)而已,並無異心。

天照大御神並未放下已搭上的弓,繼續問道:

你要如何證明你內心清澈,並無異心?

須佐之男命說道:

那就各自以誓約生子來證明。

須佐之男命口中的誓約即林櫻園《宇氣比考》的宇氣比。一番比試後,天照大御神接過須佐之男命的十佩劍,將其折成三段,咬碎後吐出的霧氣生成多紀理毘賣命(《日本書紀》稱為田心姬)、市寸島比賣命(《日本書紀》稱為市寸島姬)、多岐都比賣命(《日本書紀》稱為湍津姬）三尊女神（雖說是天照大御神所生，實則視為須佐之男命之女，之後的須佐之男命亦是如此），此即宗像三女神（福岡縣宗像市宗像大社的主祭神，已在二〇一七年被列入世界文化遺產）。

須佐之男命則接過天照大御神髮角上的長玉繩，咬碎後吐出的霧氣生成正勝吾勝勝速日天之忍穗耳命（《日本書紀》稱為正哉吾勝勝速日天忍穗耳尊）等五尊男神，其子是「天孫降臨」的主角天邇岐志國邇岐志天津日高日子番能邇邇藝命（《日本書紀》稱為天津彥彥火瓊瓊杵尊）。附帶一提，火瓊瓊杵尊的三世孫為神倭伊波禮毘古命（《日本書紀》稱為神日本磐余彥尊），他即是日本史上的為首位天皇——神武天皇。

誓約生子的結果，須佐之男命認為正是由於自己內心清澈才會生下三尊女神，所以當然是自己獲勝。

以上便是林櫻園《宇氣比考》提到日本最初的宇氣比之經過，可是，之後宇氣比便在日本失傳，直到幕末林櫻園遍覽群書，從各種書籍中的記載還原最初的宇氣比，並撰寫《宇氣比考》一書。

明治九年3月28日《廢刀令》頒布的消息傳到熊本，敬神黨員加屋霽堅立即寫了一篇長達數千言的《佩刀奏議書》給縣令安岡良亮（土佐藩出身），希望他能代呈太政官，收回《廢刀令》。安岡是大久保內務卿舉薦的，當然不會做出將《佩刀奏議書》上呈太政官的舉動，遭到安岡縣令退件的敬神黨，打算派人上京親自遞交元老院。敬神黨員可能沒想到，把一篇數千字的奏議書遞交到改名後的元老院同樣也不會有任何改變。

部分血氣方剛的年輕黨員認為與其接受廢刀的事實毋寧捨身就義，因此來到新開大神宮要求宮司太田黑伴雄率領他們起事。太田黑召集幾位敬神黨重要幹部，決定透過宇氣比問問神明的旨意。歷經數日的服氣辟穀（道家的養生修煉法，據說起源於《莊子．逍遙遊》：「藐姑射之山，有神人居焉。肌膚若冰雪，淖約若處子，不食五穀，吸風引露。……」），太田黑於明治九年5月在新開大神宮進行宇氣比。

透過宇氣比得知諸神指示起事日期為陰曆九月初八，換算成格列高里曆為10月24日。太田黑在之後數日又透過宇氣比決定起事的人數、人選及負責進攻的目標，其具體計畫如下：

第一大隊——負責進攻熊本縣廳周邊

第一小隊由高津運記指揮，負責襲擊熊本鎮台司令長官種田政明陸軍少將的宅邸。
第二小隊由石原運四郎指揮，負責襲擊熊本鎮台參謀長高島茂德陸軍中佐的宅邸。
第三小隊由中垣景澄指揮，負責襲擊步兵第十三聯隊隊長與倉知實陸軍中佐的宅邸。
第四小隊由吉村義節指揮，負責襲擊熊本縣令安岡良亮的宅邸。
第五小隊由浦楯記指揮，負責襲擊熊本縣議長太田黑惟信的宅邸。
以上共三十餘人。
第二大隊由太田黑伴雄、加屋霽堅指揮，進攻目標為駐守熊本鎮台的砲兵第六大隊，共計七十六人。
第三大隊由富永守國、福岡應彥等參謀指揮，進攻目標為駐守熊本鎮台的步兵第十三聯隊，共計七十餘人。
以上三大隊合計約一百七十餘人。

第一大隊進攻的對象多為非武裝的個人，三十餘人已綽綽有餘。不過，第三大隊的目標步兵第十三聯隊約有兩千人，而敬神黨全部只有一百餘人。而且，為了反對廢刀，起事的敬神黨徒一律佩刀，並穿上幕府時代武士的和服或鎧甲，在腰間纏上白布、額頭綁上必勝的白布條。太田黑伴雄還背上藤崎八幡宮（熊本市中央區川淵町）主祭神的**御靈代**（代替神靈的祭祀之物，也稱為御神體）以求得八幡大神的庇佑，這在現代人看來與標榜神功護體的義和拳似乎沒什麼兩樣。

為克服人數上及武器上的差距，敬神黨選擇在10月24日晚上採取夜襲。由於第一大隊的任務相對簡單，在短時間內即可完成，第一大隊在當晚十一點開始行動，取得令人難以置信的成果：

熊本縣令安岡良亮——重傷，27日死去。
熊本鎮台司令長官種田政明陸軍少將——當場死去。
熊本鎮台參謀長高島茂德陸軍中佐——當場死去。
步兵第十三聯隊隊長與倉知實陸軍中佐——脫逃。
熊本縣議長太田黑惟信——脫逃。

可能會有讀者以之與六十年後的二二六事件相比：

首相岡田啟介——脫逃。
大藏大臣高橋是清——當場死去。
內大臣齋藤實——當場死去。
教育總監渡邊錠太郎——當場死去。
侍從長鈴木貫太郎——負傷（終戰時的日本首相）。

或許三島由紀夫也發現這一巧合，才在《奔馬》安排主人公飯沼勳拜讀《神風連史話》大受感動並起而效之（該書的年代背景介於五・一五事件到二・二六事件之間）。

與第一大隊襲擊縣令、鎮台司令長官等要人的同時，第二大隊也執行襲擊砲兵第六大隊的任務。第二大隊拔出白刃進入砲兵營見人就砍，酣睡中的砲兵被敬神黨人的嘶吼聲吵醒，一睜開眼便看到敬神黨人白刃相向（部分砲兵甚至被開膛破肚）無不為之破膽。砲兵們想要拿武器自衛，然而，砲兵營裡平時並無存放步槍，只得從兵營奪門而出逃命。

看到砲兵狼狽逃命的窘境，趕來支援第二大隊的吉村義節及其他敬神黨人無不哈哈大笑：

這就是鎮台兵的實力！

砲兵營裡的砲兵正是明治六年徵兵令徵召而來的農民兵。

第一、第二大隊趕緊去支援第三大隊，因為第三大隊襲擊的目標是有兩千兵力的步兵第十三聯隊。

步兵第十三聯隊一位軍官發現敬神黨人的襲擊，雖然下令士兵應戰，卻不是舉槍射擊，而是以步槍上的刺刀與敬神黨人作近身戰。說到白刃交戰，以農民為主的第十三聯隊兵絕非士族出身的敬神黨人的對手。

雖然聯隊兵在白刃戰處於下風，畢竟人多勢眾，加上軍官適時的安撫，士氣並未跌到谷底。從自宅脫逃的與倉知實聯隊長變裝成平民趕赴聯隊坐鎮，他的到來大大提昇聯隊士氣，熊本鎮台准官參謀兒玉源太郎陸軍少佐等人及時打開彈藥庫，將彈藥分發至各隊士兵，要他們開槍射擊敬神黨人。深夜裡，腰間纏上白布的敬神黨人成為明顯的狙擊目標，敬神黨優勢盡失，不少黨人紛紛中槍倒下，戰局呈現一面倒逆轉，天亮前敬神黨人便敗退撤出熊本城。

25日清晨，熊本鎮台遇襲事件傳到東京太政官，陸軍省立刻發電報到熊本鎮台，電報內容如下：

兒玉少佐有無出事？

兒玉少佐即熊本鎮台准官參謀兒玉源太郎，陸軍省不問熊本鎮台的死傷，只關心兒玉源太郎的安危，可見年僅廿四歲的兒玉傑出軍事能力早為陸軍省關注。不過，這封電報的發文者是誰眾說紛紜，一說是陸軍卿山縣有朋，一說是薩摩出身的陸軍少將野津鎮雄，一說是山縣的副官福原和勝陸軍大佐，這三人對兒玉的軍事能力都知之甚詳。

《神風連史話》結尾的標題為「昇天」，敘述傷重的敬神黨人自裁過程，這部分筆者予以省略。一百七十餘名敬神黨人，包括太田黑伴雄、加屋霽堅、富永守國、福岡應彥等人在內，當場戰死、傷重切腹、死刑及在獄中病死的共有一百廿三人，僅有五十人左右被處數年徒刑、拘役或無罪釋放。

敬神黨之亂暴露出熊本鎮台的缺失，這個缺失在谷干城繼任為鎮台司令長官、樺山資紀為參謀長、兒玉源太郎．川上操六（薩摩藩出身，曾任參謀總長，最終軍階為陸軍大將）為高級參謀後在最短時間內填補，讓三個月後薩摩軍在西南戰爭無隙可趁。下一節及下下節的內容為秋月、萩二地的士族反亂，在某種程度上可視為敬神黨的餘波盪漾。

三、秋月之亂

自5月透過宇氣比決定起事日期到實際起事的10月這段期間，太田黑有意派出黨人前往九州各地遊說。然而，敬神黨平時與九州各地不平士族並無來往，太田黑一時之間也不知派往何處，就在此時，秋月藩士宮崎車之助主動上門解決這一疑難。

說到秋月，讀者對其印象可能來自《信長之野望》系列。在北九州強權大內氏、大友氏之間有一股特立獨行的勢力秋月氏，遊戲裡秋月氏的家臣多為一門眾（全部不超過十人），如此的弱小導致遊戲開始後幾年內不是被大內氏，便是被大友氏消滅。

史實裡的秋月氏與遊戲裡一樣命途多舛，居城古處山城（福岡縣朝倉市）遭到大友氏攻陷而一時滅亡。隨著島津氏的北上與大友氏出現衝突，秋月氏與島津氏聯手對抗大友氏，天正六（一五七八）年耳川之戰，大友氏大敗，秋月氏趁機侵吞大友領地，建立起涵蓋筑前、筑後、豐前三國十一郡三十六萬石最大領地。

好景不常，天正十五（一五八七）年，秀吉應大友氏的求援出兵九州，已臣屬島津氏的秋月氏為秀吉所敗，當主秋月種實與嫡男削髮降伏秀吉，並獻上有「天下三肩衝」之稱的名茶器「楢柴肩衝」才得到秀吉的諒解，移封至日向高鍋，石高僅存二萬七千石。關原之戰秋月氏因地緣關係加入西軍，分配到戍守關原附近的大垣城（岐阜縣大垣市郭町二丁目）三之丸，當決定天下的關原之戰分出勝負後，秋月氏主動獻出戍守的大垣城三之丸，因此功保全日向高鍋二萬七千石的領地。

附帶一提，第六代高鍋藩藩主秋月種美將次男過繼給米澤藩上杉重定（第八代）為婿養子，改名上杉治憲，此即米澤藩唯一可與上杉謙信相提並論的藩主上杉鷹山。

由以上的說明可知，江戶時代的秋月與戰國時代並不完全相同，戰國時代的秋月氏在江戶時代移封至日向高鍋藩（約宮崎縣兒湯郡到東諸縣郡一帶），戰國時代秋月氏的居城古處山城到江戶時代因《一國一城令》而銷毀，另建秋月陣屋，是秋月藩的藩廳，秋月藩本身為福岡藩的支藩（石高五萬石）。

在秋月藩士宮崎車之助的邀約下，太田黑伴雄派出富永守國、阿部景器兩人跟隨宮崎前往秋月。雖然宮崎熱情招待富永、阿部二人，不過，秋月藩地狹人疏，即使起事也難期有所作為，於是宮崎派人前往長州的城下町萩拜訪賦閒在家的前參議、前兵部大輔前原一誠，希望長州能與敬神黨、秋月締盟。

應該會有讀者問道：既然是要聯繫各地不平士族，首站不是應該前往薩摩嗎？只要能說動西鄉，何愁各地士族不起而響應呢？

想必讀者也從佐賀之亂看到西鄉是如何拒絕他昔日的同僚，對待同僚且是前參議尚且如此，位處熊本的敬神黨想必更得不到西鄉的同意。不過，這並非太田黑伴雄不派出使者前往薩摩的主因，早在文久二年四月，發生在京都伏見的寺田屋騷動已讓熊本藩士宮部鼎藏看清薩摩藩的本質，當時他曾向老師林櫻園說道薩摩藩不可信任。元治元年六月五日宮部命喪池田屋證實他所言不假，太田黑也是受到文久二年宮部這席話的影響，始終不願聯繫薩摩。

10月27日，宮崎車之助在秋月山區起事，約有二百多名士族響應。雖然人數多於敬神黨，聲勢卻遠遠不如，因為秋月地區並沒有熊本鎮台那樣明確的襲擊目標，因此宮崎及其黨徒在殺害秋月地區的政府官員後便因沒有襲擊目標而不知所措。福岡警察隊及位在小倉的步兵第十四聯隊在31日到來，一輪進攻後秋月士族戰死十七人，基本上便已完成鎮壓。秋月士族領袖宮崎車之助當日自殺，益田靜方下令解散，竄逃的士族在之後數日陸續遭到逮捕。12月3日在福岡展開審判，益田靜方被處以斬首罪，其餘則處以拘役、開除士籍的處分。

值得一提的是指揮步兵第十四聯隊的是日後的第三任台灣總督乃木希典，他此時的軍階為陸軍少佐，職稱是代理聯隊長，秋月之亂的平定可說是乃木軍人生涯的初始（他是當時長州中少數沒有經歷戊辰戰爭洗禮的陸軍軍官）。

四、萩之亂

前原一誠在維新前的名字為佐世八十郎，與木戶、高杉、久坂、井上，伊藤、山縣同樣曾受教於松下村塾，然而，前原在明治時代的仕途明顯不如木戶、井上，伊藤、山縣等人，甚至也不如山田顯義、野村靖、品川彌二郎等松下村塾的後起之輩。

受教於吉田松陰時，松陰便曾如此形容前原：

才不及久坂，議不及高杉。

亦即論才能，前原不如久坂玄瑞；論辯才，前原也不如高杉晉作。讀者若抱持「不如久坂和高杉的前原豈不是個差勁的人」這樣的想法可就錯了，松下村塾的弟子中，松陰視久坂為才子、視高杉為天才，是松陰所有弟子中評價最高的兩人（因此才有「松陰門下的雙璧」之稱），其他弟子與這兩位高徒站在一起也都顯得黯然失色。

戊辰戰爭中論慘烈狀況足以媲美會津戰爭的北越戰爭結束後，前原被派到該地擔任府判事，在短短的時間裡留下不錯的政績，前原因此認為比起在中央，自己更適合在地方當官。

不過，新政府豈能容長州藩出身且又受教於松下村塾的前原埋沒在地方，明治二年七月八日，太政官改組的同時，前原與佐賀藩的副島成為最早的參議（此時的參議與明治四年七月廿九日以後的參議在權力上並不相同）。同年十二月二日，前原接替傷重死去的大村益次郎成為兵部大輔，這是因為呼聲最高的山縣有朋在同年六月與西鄉從道赴歐考察，前原只是山縣結束考察前的代替者而已。

明治三年八月，在歐洲考察一年的山縣、從道二人返國，山縣立即被任命為兵部少輔。雖同樣出身松下村塾卻沒有深厚交情的前原在五日後辭職，為了不讓外界認為是自己逼走前原的山縣，到明治四年七月廢藩置縣前皆以兵部少輔的職位統轄兵部省。

雖然外界解讀未到過外國留學的前原堵住有在歐洲留學經歷的山縣晉升之路，才是前原辭職的主因。不過，前原對於辭職並未有太多怨言，這是他與普遍熱中功名的長州人最大的不同處。

明治三年十月，前原返回家鄉長州，年僅三十七歲的他似乎已無意仕途，在長州（廢藩置縣後改名山口縣）過了幾年猶如隱居般的生活。明治六年征韓論成為太政官的議題，各地不平士族無不為之沸騰，只要朝議通過便準備向太政官請纓一舉渡韓。然而，最終征韓遭到否決，西鄉等五名參議辭職下野，各地不平士族多為五位參議的下野感到不平，只要西鄉此時一聲令下，各地士族多會群起響應，太政官也就岌岌可危了。

然而，這一最壞情況始終沒有發生，西鄉、板垣的自我克制功不可沒。不過，也不應該忽略前原的功勞，擁有前參議、前兵部大輔頭銜的他，在本州西部擁有不可小覷的聲望，這可從明治七年佐賀之亂發生同時，首任山口縣令中野梧一（幕府代官出身）第一時間以略帶要脅的語氣委託前原寫下要縣內士族不得響應的檄文，可知其在山口縣士族的重要性。

明治八年3月，重返政壇的木戶參議不斷建議前原前往東京，不要待在山口縣，木戶認為前原遲早會被不平士族擁戴成為打倒太政官的領袖。山口縣士族得知後強烈反對前原前往東京，他們認為前原一旦上京便會為太政官軟禁，對時局缺乏認識的前原，在木戶和山口縣士族之間無所適從。

7月，在木戶與伊藤一再催促下，前原終於下定決心前往東京。來到東京的前原，出於禮貌拜會木戶數次，但始終未出口向木戶索討一官半職，出於厭惡太政官的心理（厭惡太政官，而非厭惡任職太政官的人)，也不借住在太政官任官的同藩宅邸，甚至在滯留東京期間一次也不曾造訪其私宅。

前參議、前兵部大輔前原一誠滯留東京！

這樣的消息在東京不平士族之間不脛而走，不到幾天便有一位名為永岡久茂的會津士族登門造訪。自文久三年八．一八政變以來，長州便與會津結下極深的樑子，然而，這兩個有不共戴天之仇的藩，其藩士卻於明治八年在太政官所在的東京私下會面。會面的這一刻也被隸屬內務省的警視廳所捕捉，此後前原便為警視廳盯上，周遭盡是警視廳派出的特務。

透過永岡的人脈(在東京成立評論新聞社)，前原得以廣泛接觸東京對太政官不滿的不平士族，只不過這些不平士族不盡然在幕末都屬佐幕派，武力討幕派也不乏其人。前原透過永岡結識薩摩出身的海江田信義，透過海江田的引見得以會晤島津左大臣。前原和久光的生長環境不同，所受的教育也不盡然相同，格局和見識自然有所差異，不過，同屬保守派的他們在厭惡太政官的作為上倒是意見一致。一般認為，前原此次的東京之行應已萌生一定程度的反意。

8月14日，前原未向木戶告辭便踏上歸途。木戶得知後怒不可遏，木戶怒不可遏的原因並非前原不告而別，而是前原無視木戶的再三告誡，執意返回山口。木戶認為前原一回到山口定會步上江藤的後塵——被不平士族擁戴為領袖，然後起事反亂。基於共學於松下村塾的情誼，木戶透過伊藤發電報給人在大阪的山口縣令中野梧一，要他在大阪堵住前原，然後帶回東京。可惜的是，中野縣令與前原錯身而過，讓他安然返回山口。

前原搭乘的船隻在三田尻上岸後，雇了人力車直奔數十公里外位於日本海側的舊藩廳萩。萩在幕府時代大多數時間是長州藩的藩廳，文久年間長州將藩廳南移至山口，廢藩置縣後山口順理成章成為山口縣縣廳所在地，萩則因為地理位置上的限制加上失去政治中心的機能，連二線城市也不排不上。也因為萩的重要性移轉到山口，因此前原一回到萩立刻在這座持續沒落中的舊日藩廳造成轟動，不平士族接連造訪前原宅邸推戴他為首領，這一次前原不再推託，接受眾人的擁戴。

然而，直到明治八年結束前原絲毫未有起事之意。

明治九年3月《廢刀令》頒布後局勢有所轉變。5月，敬神黨領袖太田黑伴雄透過宇氣比決定在10月起事，之後便派出黨徒廣邀薩摩以外各地不平士族一同起事推翻太政官。前節介紹宮崎車之助與敬神黨人約定起事後，即刻派人前往萩聯繫前原，前原認為起事時機已經成熟，約定10月27日在熊本、秋月、萩三地一同起事（敬神黨其實是在24日起事，之所以變成27日應該是宮崎車之助記錯日期）。

支持前原的長州士族還包含玉木文之進。筆者在《幕末》一書第三部曾介紹過此人，他是吉田松陰的叔父，也是松下村塾的創辦人。松下村塾在松陰死後門生紛紛離去不得不暫時關閉，到明治初年才重新執教松下村塾。玉木曾有一子，可惜在高杉晉作於功山寺舉兵與藩內恭順派作戰時死去，重新執教後收養塾中最聰穎的學生乃木正誼為養子，並讓他娶兄長杉民治的女兒。乃木正誼即乃木希典胞弟，得知養父支持前原一誠的起事後，玉木（乃木）正誼動身前往小倉勸說擔任代理聯隊長的胞兄乃木希典背叛太政官。

儘管時間不長，乃木也曾在松下村塾短暫受教，更得到玉木文之進贈以松陰的著作《士規七則》。昔日對自己有教導之恩的老師如今卻派人勸說自己響應地方起事，而且派來的使者還是自己的手足，真叫乃木情何以堪！最終乃木決定大義滅親。

玉木正誼在小倉期間聽聞熊本敬神黨已起事，連忙趕回萩向前原通報，他語氣強烈的建議前原最遲應在26日起事才能造成燎原之勢。在最多只有一日左右的情形下，照理前原應該親自去說服對於起事還抱持猶豫的士族才是，但他卻把時間花在與同藩士族奧平謙輔起草檄文上，寄望於檄文以打動人心。費時一晚起草的檄文於26日貼在藩校明倫館，為吸引更多士族加入，檄文內容略帶誇大語氣，例如對於敬神黨的起事，檄文寫道「殺盡鎮台兵，餘威所及，遍布九州」。前原等人不知道的事實是：敬神黨起事在25日便已平定。27日聚集在明倫館的士族只有百餘名而已（命名為殉國軍），前原沮喪的心情溢於言表。

儘管只有百餘名士族，殉國軍仍在28日進攻萩城，當日便將其攻下。山口縣令關口隆吉（第二任，幕臣出身）急電太政官請求增援，由於敬神黨、秋月、萩幾乎在同時間發生士族反亂，太政官早先已派出三浦梧樓前往小倉，接到關口縣令的急電後發出一封緊急人事任命令：

任命三浦梧樓為廣島鎮台司令長官。

三浦才甫於明治八年從陸軍省第三局局長轉任元老院議官，等於從武官轉任文官，另外保有陸軍少將軍階，此次任命只是再從文官轉回武官，對三浦而言並無適應上的困難。三浦立即調動廣島鎮台步兵第十一聯隊的兵力前往萩阻止殉國軍東進，同時也向大阪鎮台求援，大阪鎮台司令長官是同為長州出身的三好重臣，立即同意調撥步兵第八聯隊搭乘軍艦前往山口接受三浦的指揮。

31日，大阪鎮台第八聯隊進入萩境時與殉國軍發生激戰，玉木正誼戰死（廿四歲）。殉國軍在起事後人數增進至近四百人，硬要與步兵第八聯隊作戰倒也不是毫無勝算，只是前原猶如江藤在佐賀之亂的翻版，戰敗一次便垂頭喪氣，翌日晚上更與數名幹部雇漁船從海上逃走，行徑也與江藤如出一轍。遭到主帥拋棄的殉國軍士氣依舊昂揚，然而，在步兵第十一聯隊與第八聯隊會合後局勢對殉國軍更為不利。11月5日，鎮台兵發動總攻擊，殉國軍激戰一日潰敗，往四處逃竄，鼓動門生加入殉國軍的玉木文之進一肩扛起責任，毅然切腹（享壽六十七歲）。

萩之亂作戰部分已經結束，三浦因主謀尚未落網而未敢鬆懈。由於前原搭乘的是一般捕漁船，在冬季的日本海能夠移動的距離有限，三浦致函給島根縣令（明治九年8月21日到明治十四年9月11日，當時島根縣包含今日鳥取縣）佐藤信寬（長州藩出身，其曾孫即日本史上的名首相岸信介、佐藤榮作），請他下令務必嚴格查訪縣境內各港口並注意來歷不明的漁船。

11月3日，日御碕（島根縣出雲市大社町日御碕，位於出雲大社以西約六、七公里）外海發現一艘可疑的漁船，船艙內藏有前原，前原於是被捕。佐藤縣令基於同鄉情誼對前原禮遇有加，因而讓前原產生可以前往東京審判的錯覺。太政官得知前原已落網的消息便想依循江藤前例，直接在山口審判並處決。由於前原出身長州，大久保認為他不便表示意見，將處置前原的權利交由木戶。木戶雖給人較為開明的形象，但是必須說的是木戶的開明較為接近開明專制（enlightened despotism），為維護太政官體制，下令佐藤縣令將前原押解至萩審判，12月3日在該地與奧平謙輔共八人處斬、六十四人處終身監禁、無罪釋放達三百八十八人，這當中包括日後以「田中奏摺」聞名的田中義一首相。

五、思案橋事件

前原滯留東京期間似乎曾與會津士族永岡久茂有過約定：

機運降臨時，再與君東西呼應起事。

這一約定是真是假已難以證實。

10月23日，永岡接到前原在數日內即將起事的電報，接著在數日內陸續傳出敬神黨之亂、秋月之亂、萩之亂的消息，永岡認為是該履行與前原約定的時候了。然則永岡所處的東京乃警視廳的大本營，綿密的監視網自非鎮西之地可比，上述三地的反亂事件少說也有百餘人響應，永岡身邊只有數名**書生**（明治五年頒布《學制》後，有意前往東京就讀高等學校或大學的貧困出身者，由地方上的名門寫推薦信，介紹到東京的官員或富豪家裡幫忙家事以抵租賃房屋的支出，若其寄宿之家裡有小孩還順便兼任家教。坪內逍遙撰述的《當世書生氣質》有詳盡描述書生的日常生活）與若干名會津士族，以這樣的人力妄圖起事，可說是再草率荒唐不過。

永岡選定襲擊的目標為千葉縣境內的佐倉（千葉縣佐倉市），那裡是步兵第二聯隊所在地，永岡與身邊的書生約定10月29日藉由前往新富町（東京都中央區築地二丁目一帶）的戲院茶屋看戲會合，天黑後再前往約兩公里外的思案橋（東京都中央區日本橋小網町）搭船前往佐倉。

警視廳早在永岡成立的評論新聞社附近安插密探，永岡和前原的電報往來都在川路大警視的監視下，甚至連永岡前往新富町也能事先得知，僅在新富町後迂迴前往思案橋這段路程不在掌控中。永岡一行來到思案橋下欲搭船出海，受理船家對於出海人數之多感到懷疑，遂以帶船夫為由離開現場向思案橋附近的巡查通報。

思案橋的巡查雖僅三名，但誰也不願錯過這一立功機會，點亮燈籠朝思案橋而去，接著在思案橋上展開士族間的白刃戰。期間警視廳不斷湧入生力軍，人單勢孤的永岡終於敗下陣來，永岡自己也受了刀傷，與同夥的井口慎三郎、大八木訪、能見鐵次郎、中原重義、山本保之遭到逮捕。

永岡等人立刻遭到禁錮，隨之而來的是冗長的審判，在思案橋決鬥負傷的永岡未能得到適當的醫療，在審判期間的明治十年1月12日死於獄中，井口等人最終難逃斬首的判決。

自明治六年實施徵兵制以來，士族與鎮台兵共遭遇四次（佐賀之亂、熊本敬神黨之亂、秋月之亂、萩之亂），嚴重遭到蔑視的鎮台兵在四次交手中全數獲勝，太政官面對這四次士族反亂臨危不亂、不動如山，不僅提升自身威望，穩固統治的基礎，也讓徵募的鎮台兵面對士族反亂愈益充滿自信。

雖然前後四次士族反亂遭到鎮壓，不平士族仍未放棄以武力推翻太政官的企圖，他們將最後希望寄託在西鄉身上，希望他能挺身而出領導薩摩士族發出打倒太政官的宣言。另一方面，自西鄉辭職下野後，舉起反旗、捲土重來的謠言始終不斷，但太政官可沒有人將之視為戲言。儘管西鄉一次又一次的缺席士族反亂，卻不代表對西鄉恐懼的夢魘會因而消除。

下一章筆者將進入明治十年，明治十年日本最重要的大事即是爆發西南戰爭，這場戰爭為何會發生？前四次士族反亂都拒絕參與的西鄉為何在這一次沒能阻止薩摩士族？促成西南戰爭爆發的遠因及導火線為何？西鄉、久光、大久保等薩摩要人在這場戰爭又將扮演何種角色以及有什麼樣的影響？這場戰爭擴及的範圍及參與的勢力有哪些？西南戰爭如何平定？平定該役對於之後的日本歷史又有怎樣的影響？這些連串的問題不僅在下一章，甚至到本書的結束語為止都是筆者要探討及敘述的內容。

第二十章
西南戰爭

一、成立私學校

西鄉在明治六年10月24日向太政官辭去參議兼近衛都督，並於28日搭船離開東京，不過，西鄉並未直接返回鹿兒島，而是前往大阪探視薩摩出身的堺縣（廢藩置縣後設置的縣，大致位於大阪市南邊的堺，明治九年一度擁有奈良，明治十四年2月併入大阪府）縣令稅所篤，在那裡逗留數日，11月10日才回到鹿兒島。

回到鹿兒島的西鄉並未待在加治屋町（鹿兒島市加治屋町，位於甲突川、高見橋、甲突橋及鹿兒島市電之間的區域，大抵上呈現一個扇形，是西鄉、大久保的出生地）的生家，而是住在鹿兒島城下西北方約一公里半一個名為「武」的村落，在那裡陪伴西鄉的有熊吉等四名僕役以及十三隻獵犬，西鄉帶著僕役及獵犬在山林間度日。

西鄉辭官返回鹿兒島的消息很快傳到九州，從此鹿兒島不時可見操著不同口音的不平士族，他們雖來自不同地方，有九州其他地方、四國，甚至連山陰．山陽都有，其目的大致上只有一個：擁戴西鄉為領袖，只要他登高一呼，各地不平士族便會群起響應，如此一來便會能匯聚不平士族的力量推翻太政官。

西鄉知道自己的一舉一動左右著成千上萬士族的生死，因此他才刻意遠離加治屋町的家庭，不斷在薩摩、大隅的山野裡狩獵，不讓僕役以外的人知道自己的行蹤。既是寄情於狩獵，同時也藉此向太政官及不平士族傳達他的政治生涯已經結束，不會東山再起的訊息。若以這點來看，西鄉的手腕顯然略高於江藤新平和前原一誠。

明治七年先後發生佐賀之亂和出兵台灣兩件大事，每一件大事都讓鹿兒島士族蠢蠢欲動。不過，西鄉只讓幕府時代的鄉士階級（警視廳警官）跟隨三弟從道從長崎出發前往台灣。這兩次事件讓西鄉意識到，若不能轉移跟隨西鄉下野返鄉的六百多名前近衛兵將領的目光，那麼隨著士族反亂的發生，這些將領終究會如脫韁的野馬，連西鄉自己也無法控制。

西鄉把他的憂慮告訴兩位既是他的心腹也是下屬——前陸軍少將桐野利秋和篠原國幹，幾日後（明治七年4月）便有三名近衛兵辭職士官來找西鄉，說是想成立一個可以切磋砥礪的組織以備他日之需（防範俄國南下），以免因日子過於散漫而喪失士族精神。

西鄉選定舊藩廳的馬廄（鹿兒島市城山町，現為鹿兒島醫療中心）設立新組織，名為「私學校」。為成立私學校，西鄉主動求見鹿兒島縣令大山綱良。廢藩置縣後縣最高首長名稱從參事（大參事）演變到權令、縣令（之後再改為知事），其人事任命權掌控在太政官手裡（明治七年起轉移到內務省）。太政官（或內務省）在選擇地方縣令時牢記一個原則：不任命當地人為該地縣令。其實這一點與清國相同，清國亦不任用當地人為總督（總督與縣令是清、日兩國最高地方官）。

不過，鹿兒島縣卻是例外，該縣縣令大山綱良在筆者前作《幕末》、《戊辰戰爭》曾提及過。文久二年寺田屋騷動，由他與奈良原喜八郎（維新後改名為繁）清除有馬新七等藩內的攘夷派，戊辰戰爭期間他與遭到仙台藩士殺害的世良修藏同為奧羽鎮撫總督府的下參謀，在與庄內藩的戰爭中立下戰功，在戰後得到八百石永世賞典祿的封賞（在薩摩，僅次於西鄉、大久保、小松帶刀、吉井友實、伊地知正治、岩下方平等人）。

嚴格說來，戊辰戰爭期間大山只參與庄內戰爭，之所以能在戰後的論功行賞中得到與其他精忠組成員(小松除外)幾乎不相上下的賞賜在於大山是久光派的人。也因為大山是久光派的人，因此當一批又一批薩摩武士在西鄉和大久保的介紹下前往東京任官，未得久光允許的大山只好待在鹿兒島。隨著廢藩置縣的實施，在久光的授意下大山獲得形同於縣令的權限，太政官對這樣的現狀也予以默認，於是大山便成為鹿兒島首任縣令。

西鄉要在鹿兒島縣內成立私學校，沒有徵得大山縣令的同意，必然會引起久光派的反對。大山縣令比西鄉年長兩歲，卻不以長者自居，他認同西鄉成立私學校的構想，並與西鄉及桐野利秋一同捐出戊辰戰爭封賞的賞典祿(西鄉二千石、大山八百石、桐野二百石)共三千石，作為私學校的創立經費。大久保後來得知西鄉成立私學校的目的後，在明治九年3月之前也捐出其一千八百石賞典祿。

私學校包含銃隊學校、砲隊學校，另外還成立士官養成學校，稱為賞典學校。銃隊學校由篠原國幹主持(同時還監管賞典學校)，約有五、六百名學生，多為與西鄉共進退的近衛兵幹部。砲隊學校由村田新八主持，以幕府時期薩摩藩的砲隊為主，約有二百名學生。私學校教授的內容不完全等同於當時《學制》頒布後的學校，除專業學科外，尤其強調漢學的重要，授以《孫子兵法》、《吳子》、《三略》（全名為《黃石公三略》）、《六韜》（全名為《姜太公六韜》）、《尉繚子》、《司馬法》、《李衛公問對》等武經七書以及《論語》、《春秋左氏傳》等儒家典籍，排除國學、古學及偏向政論的漢學。

除舊藩廳的馬廄外，私學校另在鹿兒島城下設立十二所分校，在整個鹿兒島縣則成立一百二十四所分校。西鄉、大山、大久保、桐野四人的賞典祿已無法負擔，在徵得久光同意後挪用幕府時代藩的財產九十六萬餘圓中的一部分，在廢藩置縣時，各藩都將藩內的財產上繳大藏省，唯有薩摩直接轉交縣令。

西鄉雖然主導私學校的成立，但他並不過問且介入其中，而是全權交由篠原與村田兩位負責人，只在每月15日與兩人見面了解狀況。雖然不過問私學校的校務，西鄉還是為私學校起草兩條綱領：

（一）以道同義協，暗聚合。故益研究此理，於道義不顧一身，必踏行之。

（二）尊王憫民乃學問之本旨，窮極此天理，臨人民之義務，一意當難，方可成立一統之義。

西鄉還為私學校規劃特別的精神教育，每年從學員中選出數人，派他們前往東北、北陸等地祭拜戊辰戰爭期間戰死的薩摩藩士之墓。另外，還不定期從鹿兒島城下跑步前往平松神社（鹿兒島縣鹿兒島市吉野町）、德重神社（鹿兒島縣日置市伊集院町德重）參拜島津歲久（號晴蓑）、島津義弘（號惟新齋），有時甚至還會跑步到三十公里外的鹿兒島神宮（鹿兒島縣霧島市隼人町，大隅國一宮，以彥火火出見尊（《古事記》稱為火遠理命，也稱為山幸彥，是神武天皇的祖父）為主祭神，據說也是薩摩隼人的始祖）參拜。

根據以上的介紹，《鹿兒島縣史》認為與其將私學校視為尋常的私立學校，不如說是軍事教育乃至精神修養的團體較為恰當。

留下兩條綱領的西鄉前往城下東北方約十二公里的吉野鄉，在那裏一處名為寺山的地方進行墾荒，不過西鄉大部分的時間仍耗在打獵上。西鄉頗受在寺山墾荒約一百五十名士族的愛戴，為他們揮毫如下的句子：

推倒一世之智勇，開拓萬古之心胸。

這兩句出自《宋史・卷四三六・儒林列傳六・陳亮》：

（亮）嘗曰：「研窮義理之精微，辨析古今之同異，原心於秒忽，較禮於分寸，以積累為工，以涵養為正，睟面盎背，則於諸儒誠有愧焉。至於堂堂之陳，正正之旗，風雨雲雷交發而並至，龍蛇虎豹變現而出沒，推倒一世之智勇，開拓萬古之心胸，自謂差有一日之長。」

除西鄉外，私學校的成立就屬大山縣令出力最多，為更有效率的推行縣政起見，大山縣令於明治八年末與西鄉商談，希望能推薦私學校裡名望、能力出眾者，由大山縣令將他們派到地方擔任區長、副區長。

西鄉派出如下的人選：

地區	職務名	人名	之前官職
加治木	區長	別府晉介	少佐

	副區長	越山休藏	少尉
	副區長	兒玉強之助	中尉
宮之城	區長	邊見十郎太	大尉
	副區長	松永高美	海軍大尉
	副區長	長崎通直	中尉
菱刈	區長	村田三介	少佐
	副區長	木原胤澄	軍曹
出水	區長	山口孝右衛門	島根縣參事
	副區長	桂正介	
谷山	區長	伊東直二	大尉
伊集院	區長	仁禮景通	
	副區長	森岡昌武	大尉
加世田	區長	廣瀨景明	海軍大尉
	區長	(後任)餅原正之進	
	副區長	八木彥八	中尉

	副區長	（後任）西鄉小兵衛	
	副區長	（後任）高城七之丞	東京府出仕
高山	區長	重久敦周	大尉
	副區長	坂本清緝	中尉
	副區長	國分壽介	中尉
種子島	區長	小倉知周	海軍大尉
	副區長	堀為寶	大尉
	副區長	伊地知彌兵衛	軍曹
高江	副區長	山下喜衛	中尉

資料來源：《鹿兒島縣史》第三卷

除各地區長、副區長外，鹿兒島縣警察署之警部及巡察亦多由私學校擔任，因此在外人眼中，鹿兒島縣已成為「西鄉王國」（「西鄉王國」或許言過其實，但至少可視為「西鄉．大山王國」），對此憤憤不已的木戶針對此現象在日記不斷的抨擊：

大久保採取急進的集權化政策，卻對鹿兒島採取例外的處置。

大久保對鹿兒島的例外處置（以現在的術語可稱為雙標）是木戶辭去參議、轉任內閣顧問的原因之一（最主要的原因還是身體不適）。據說此後長達幾個月的時間裡，木戶每次見到大久保便劈頭問道：

為何唯獨鹿兒島縣可以獨立於太政官之外、不受太政官的指揮？

由於木戶每次都是一臉猶如深宮怨婦般的表情質問，久而久之連大久保也難以應對。但大久保也只能忍受下來，深恐自己的回答若不合木戶之意，木戶索性辭去內閣顧問，恐怕又會引起其他士族的反亂。

從私學校任命的各地區長、副區長以及警察署警部、巡查，在之後的西南戰爭不僅與西鄉同一陣營，還成為薩軍的基本幹部與官軍作戰，導致不少官軍傷亡，因此在西南戰爭結束後太政官對於私人辦學均抱持警戒的態度。

且容筆者打個岔，明治十四年政變遭薩長藩閥逐出太政官的大隈重信繼成立立憲改進黨後，亦興起創辦學校的念頭。大隈先是取得彥根藩井伊家的下屋敷，之後陸續得到小野梓、高田早苗、天野為之、山田喜之助等師資，成立東京專門學校。東京專門學校於明治十五年10月21日正式運作，計有政治經濟學科、法律學科及理學科。儘管標榜「學問的獨立」，但因有私學校的前車之鑑以及大隈先行成立政黨的事實，東京專門學校很難不被太政官視為「壯士養成的組織」。

日後大隈在《大隈侯昔日譚》回憶創校過程曾如此說道：

> ……政府部內都當我是謀叛人，我所創辦的學校猶如西鄉的私學校般培植亂黨，……官方加以壓迫，脅迫父兄拒絕使其入學，或是妨礙教員，其情景在今日幾是無法想像。

東京專門學校以「學問的獨立」及「在野的精神」獲得日本國人的認同，與福澤創辦的慶應義塾大學被譽為「私立大學的雙璧」。進入明治三十五年，東京專門學校改稱早稻田大學，早大最初的校地也另闢大隈庭園以紀念大隈。

二、暗殺西鄉的真偽

明治九年10月，本州最西端的山口縣以及九州接連發生三起士族反亂，雖然到該月底前便已一舉平定，不過也損失熊本縣令及熊本鎮台司令長官。由於熊本鎮台與幕府時代熊本城同樣身負制止薩摩勢力北上的重責，太政官不能無視熊本的軍政領袖出現空缺，在11月初任命谷干城為熊本鎮台司令長官，谷干城在明治六年便曾任過此職，此次回鍋並無適應上的困難，接著又任命樺山資紀為參謀長、兒玉源太郎．川上操六為高級參謀，谷出身土佐藩，樺山、川上兩人出身薩摩藩，兒玉出身長州藩支藩德山藩，出現同一鎮台高級將領中薩、長、土俱備的難得景象。11月20日，任命佐賀藩支藩小城藩出身的富岡敬明為熊本權令(明治十一年改稱縣令)。

先前的佐賀之亂以及這三次士族反亂倖存的士族多來到鹿兒島，他們依然存有強烈的起事念頭，將最後的希望寄託在西鄉身上，視跟隨西鄉起事、轉戰各地為自己的埋骨之所。

但由於西鄉流連穿梭於鹿兒島的山林間（此乃西鄉聰明之處），見不到西鄉的士族便改以勸諫西鄉身邊的桐野利秋、篠原國幹、村田新八、永山彌一郎、別府晉介、池上四郎等人。儘管西鄉也不滿太政官的「膽小」（這裡的「膽小」指的是外交上的膽怯）作為，但此時他應該還沒有想要起事的念頭。

只要一藏還在太政官，總不至於無所作為。

這是西鄉下野後經常掛在嘴上的話，言下之意再明白不過了：太政官其他成員加起來抵不過一藏一人，沒有一藏，太政官什麼事也不會做、什麼事也做不成。證諸明治七年大久保的種種作為，西鄉此言並非毫無根據。

這些亡命士族眼見無法說動桐野等人起事，便改換另一種迥異於說服的方式，這種方式不需要口才，但其成效因人而異，此即藉由抹黑大久保以激怒鹿兒島士族。大多數鹿兒島士族、民眾認為因為大久保使詐才使得西鄉在征韓議題中敗退，進而辭職返鄉。薩摩武士雖然認可在戰術上施詐，但堅決反對為保住自己官位而施展詐術陷害對手，大久保為保住參議以掌控太政官實權而以詐術讓西鄉下野，對鹿兒島士族而言是難以接受的行為。

因上述因素使大久保在鹿兒島相當不受歡迎，這樣一位不受歡迎的人物即使遭到抹黑，出於鄙視的心理眾人也都寧可信其有。正是看準這種心態，亡命士族便向桐野等人詆毀大久保在東京的奢侈行為，然而，真正說得出口的也只有大久保在東京建了一棟洋式建築的新宅邸。大久保興建洋式建築不假，但他並非出於個人享樂，身為內務卿的他有更多機會和雇用外國人長時間商談各種國家建設的藍圖（像是殖產興業），建築一棟洋式建築招待雇用外國人或其他各領域的專家實有其必要。興建這棟洋式建築耗費三千圓，對一般民眾而言或許屬於天文數字，但對參議兼內務卿大久保而言不算太大的負擔（第五章有提及左右大臣、參議、議長、各省省卿為一等官，月薪為六百圓，而且明治七年大久保還因種種傑出表現得到天皇下賜一萬圓報酬），但即使如此，大久保仍無法支付，在明治八年3月向同鄉的堺縣縣令稅所篤商借三千圓。明治十一年大久保死後，負責處理其遺產的官員表示，大久保不僅沒有留下任何財產給他眾多的兒子們，留下的反而是三千圓債務，這三千圓債務應該是此時向稅所篤借來建屋的款項。

當桐野等西鄉的心腹從亡命士族口中聽到大久保如此的豪奢後無不動怒，就連與大久保一起長大的西鄉，也相信大久保出於享樂而蓋豪宅，儘管如此，西鄉到明治九年結束依舊沒有起事的計畫。

明治九年7月，大久保以內務卿的身分下令要大山縣令上京。各縣縣令定期到東京述職乃例行之事，大山沒有推辭的理由，即使鹿兒島縣在當時地位特殊亦不能例外。大山縣令在東京與大久保會面時，大久保曾提出要大山汰除縣內擔任官員的私學校生。這句話引來大山的反感，據說大山當場痛斥大久保：

一藏！若你想淘汰縣官，那你辭了內務卿來當鹿兒島縣令，由我代替你當內務卿。

大山縣令在12月20日左右離開東京，25日搭船抵達長崎，接著在27日循陸路返回鹿兒島。太政官在大山縣令離去後，先是派出出身長州的內務少輔林友幸（在大久保主政內務省期間，內務大輔空缺，內務少輔遂等同內務省次官）前往鹿兒島，繼而又於明治九年到十年之間，再派出兩批人馬前往鹿兒島縣偵查，從頻繁派出使者也可看出太政官對鹿兒島局勢不穩的擔心程度，然而，正是後兩批人馬導致西南戰爭的爆發。

川路利良大警視從警視廳中選出二十餘名薩摩出身的警察，要他們返回鹿兒島打探消息。若只是打探消息的話，二十餘名似乎多了點，是否還有其他任務以及為何盡選薩摩出身，這兩點不得而知。

根據《鹿兒島縣史》第三卷的記載，川路大警視一共派出廿一名警察，其成員如下：

官職	**姓名**	**出身**
權中警部	園田長輝	牛山
	菅井誠美	谷山
	末弘直方	平佐
	野間口兼一	出水
	松山信吾	根占
少警部	中原尚雄	伊集院
	安樂兼道	喜入

	土持高	加世田
權少警部	山崎基明	高岡
	高崎親章	市來
一等巡查	樋脇盛苗	西田町
二等巡查	伊丹親恒	加治木
	西彥四郎	加世田
四等巡查	前田素志	加治木
	高橋為清	帖佐
	松下兼清	蒲生
書生	平田宗質	谷山
	柏田盛文	平佐
	猪鹿倉兼文	加世田
	大山綱助	加世田
	田中直哉	平佐

這廿一名警察被稱為「東京獅子」。明治九年12月26日東京獅子在川路大警視的東京宅邸集合後分批返鄉，在明治十年1月6日到15日之間陸續經陸路與海路進入鹿兒島縣境內。原本應是機密的行動不曉得何故遭到洩密，東京獅子一進入鹿兒島縣便被私學校盯上，出於對東京獅子不尋常的行動感到懷疑，私學校派人與東京獅子廝混，想將他們一舉成擒。

經過多日的廝混，私學校確切掌控東京獅子是「身負一大重命返鄉」，惟，還不清楚這一大重命為何，但已沒有時間再進行打聽。1月29日夜又發生一重大事件，太政官向郵便汽船三菱會社承租的赤龍丸開進鹿兒島灣，從赤龍丸上下來數名陸軍省官員及數十名工人，原來他們要趁夜搬走鹿兒島縣火藥庫存放的火藥及兵器。

在當時搬運火藥這種危險物品會選在白天，搬運前也會通知縣廳搬運的時間與路線，再由縣廳派人先行通知沿途的民家，搬運過程中搬運火藥的馬車會在馬背插上紅旗以示危險物。此次赤龍丸卻未先照會縣廳便在夜間逕行，當陸軍省官員指揮工人來到位在草牟田村(鹿兒島市草牟田町)的火藥庫時，正好與該地私學校分校幾名喝醉的學生發生爭執。一番爭執後，私學校生擊退陸軍省官員，襲擊當地火藥庫，取得六萬發步槍子彈的成果。

私學校生襲擊草牟田火藥庫的消息翌日傳到鹿兒島境內的海軍造船所，造船所次長菅野覺兵衛立即前往縣廳告知大山縣令，並要求大山派出警力保護其他火藥庫不受襲擊。然而，大山縣令深知縣內警力幹部大多是私學校生，對於菅野的要求他無能為力。

如果讀者還有印象，或許會對菅野覺兵衛這個名字感到熟悉，他與陸奧陽之助(宗光)、中島作太郎(信行)在幕末同為坂本龍馬海援隊的成員，並娶龍馬之妻阿龍的妹妹而與龍馬成為連襟。進入明治時代，菅野與另一海援隊成員白峰駿馬前往美國學習海軍。明治五年返國的菅野發現海軍已被薩摩壟斷，只要薩摩出身就算對海軍一無所知也能占據高位尸位素餐，而真正對海軍有所認識的菅野卻與軍艦艦長無緣，只能當個海軍造船所次長。明治十年，三十六歲的菅野軍階為海軍少佐，年紀小他三歲的的井上良馨不僅已是海軍中佐，還歷任春日、雲揚、清輝等艦艦長，令菅野羨煞不已。

30日晚上私學校生故技重施得逞，31日晚上來到菅野所在的海軍造船所，機敏的菅野命人沾濕造船所存放的火藥，私學校生見火藥已濕而襲擊他處。私學校襲擊火藥庫的行動持續至2月2日，約在同時東京獅子亦陸續為私學校捕獲，雖然還未正式審訊，但私學校生已私下認定他們所謂的身負一大重命即為暗殺西鄉。

太政官派人返鄉暗殺西鄉先生！

這個消息迅速在私學校本校及各地分校傳開。東京獅子回鹿兒島的目的是探查鹿兒島這點已無疑義，但是否涉及暗殺西鄉則頗有疑問，從大久保內務卿、川路大警視到二十餘名東京獅子之間的往返電報，內容並未出現暗殺字眼。不過，私學校既已認定其目的是暗殺西鄉，自然會朝這一方向審訊。

在今日看來，說東京獅子暗殺西鄉著實過於武斷，但在當時私學校是嚴肅且認真的看待這一問題。他們立即動了起來，1月31日晚上，桐野利秋、篠原國幹、別府晉介等幾名私學校幹部聚集在篠原的住處，鹿兒島縣三等警部野村忍介（東京獅子的捕獲便是由他指揮）向桐野等人說明襲擊火藥庫的行動經過。

桐野等人聽完野村的說明後覺得上天似乎正引導他們往戰爭的方向而去。桐野想起台灣出兵前夕自己曾說道「天下形勢三年一變，故除等待時機外別無他法」。如今，當初所說的時機已經降臨，雖然對於即將開戰難免不安，同時卻也顯得躍躍欲試。不過，不管是否真的會開戰，當務之急是先找回當下正在打獵的西鄉先生，由他來決定私學校的命運，如果先生也認為開戰是唯一之路，那麼薩摩隼人定當義無反顧的成為西鄉先生的馬前卒。

誠如前文所提，「西鄉知道自己的一舉一動左右著成千上萬士族的生死，因此他才刻意遠離加治屋町的家庭，不斷在薩摩、大隅的山野裡狩獵」，一時之間要找到西鄉並不容易。話雖如此，桐野還是派人去找西鄉，因為只有西鄉能決定成千上萬鹿兒島士族的生死。

知道西鄉行蹤的末弟小兵衛搶在桐野派人之前去通知西鄉，他搭船沿鹿兒島灣南下，快到出海口時停靠在鹿兒島灣東側一處名叫小根占（鹿兒島縣肝屬郡南大隅町）的地方。2月1日前往西鄉住處，向他報告私學校生襲擊各地火藥庫及東京獅子返鄉行刺二事。根據服侍西鄉起居的僕役日後的證詞，平常一臉和善且容易親近的西鄉，聽完小兵衛傳達的內容臉色大變，表情猙獰，過了好一會兒才又恢復原來和善可親的面貌。

3日返回「武」的西鄉立即被大批私學校生簇擁，聽到比小兵衛轉述更為詳盡的內容，據成書於大正、昭和之交的《大西鄉全集》，收錄西鄉長男菊次郎的回憶，說那天西鄉聽到私學校生口述的襲擊火藥庫經過後，大聲叱責他們：「你們幹了什麼事！」菊次郎說他自從有印象以來，從未聽過父親如此生氣的叱責別人，雖然身處鄰室仍不免感到害怕，但也因為菊次郎身處鄰室所以不清楚西鄉這番話是對誰而說。數日後，私學校生取得東京獅子的口供，證實他們返鄉的目的為暗殺西鄉，把東京獅子的口供、自白呈給西鄉。西鄉看完後只說一句：

那就把我的身體交出去吧！

言下之意為西鄉放棄勸阻私學校生，任憑他們的行動，西南戰役至此已如箭在弦上，不得不發。

另一方面，2月3日東京獅子全數捕獲，當日開始進行審訊，所謂的審訊亦即刑求。當日便陸續有人招供，少警部中原尚雄最是硬氣，面對毫無人性的刑求竟然撐到8日早上，據事後為他治療的醫生的診斷書，中原「手指五根，皮肉全毀，唯殘露白骨，無法起臥，奄奄一息」。附帶一提，中原此時的犧牲讓他日後得以高昇高知縣、山梨縣、福岡縣警部長等職務。

廿一人的口供內容幾乎完全一致，結論也都是返鄉的目的是暗殺西鄉。如此一致的口供如果不是事先串供，就只有預設立場並予以刑求才會有的結果，暗殺西鄉到底是不是東京獅子返鄉的目的，今日幾已無法證實。

三、「昔之陸軍大將，今之亂臣賊子」

2月6日早上，私學校本校所在地舊藩廳馬廏聚集私學校大幹部、各區區長、一百多所分校校長以及跟隨西鄉辭職的前近衛兵將校共約二百多人，大幹部們有要發布重要的聲明，再由各區區長、分校校長回到各自轄區轉達。

坐在大幹部正中央的西鄉不發一語，由位置緊鄰西鄉的桐野代為發言，將赤龍丸與暗殺西鄉未遂兩事件的始末簡單交代。桐野語畢現場陷入一陣靜寂，眾人都在等待西鄉發言，等待他一聲令下，鹿兒島士族便在最短時間內聚集鹿兒島城下，簇擁西鄉前往東京打倒太政官，生擒大久保內務卿及川路大警視。

然而，西鄉並沒有回應眾人的期待。

此時，別府晉介打破沉默，他是桐野的表弟，小桐野八歲，曾是近衛兵陸軍少佐，現為加治木區長。他說以往只要九州有士族起事，太政官便會派出密探來查探，現在進而派出密探來行刺先生，我們再不主動出擊，難道要眼睜睜看著密探行刺先生嗎？

永山彌一郎、村田三介兩人表示反對，他們提出西鄉當初成立私學校的目的在於維持士族的精神，未來若俄國南下時可以貢獻一己之力，而不是要將這股能量消耗在無謂的內戰中，他們認為最好的方法是由西鄉帶領數人單獨上東京向大久保、川路就暗殺一事質問清楚。永山、村田的言論不無道理，讓不少抱定主戰的幹部為之猶豫。

篠原國幹突然出聲：

你們是怕死才這樣說嗎？

以勇猛自詡的薩摩隼人最不能忍受被說成「怕死」，篠原這麼說等於要永山、村田二人不得反對，兩人只能噤口。眼見不再有人出言反對，此時西鄉才挺身而出，說道：

幾日前我已說過把我的身軀交出去，以後就請大家好好幹一場！

言下之意為西鄉也同意桐野、別府、篠原等人的主張，只要西鄉同意，私學校生便不會出現反對的意見，永山、村田二人只好同意為出陣做準備，在場響起震天價響的掌聲和歡呼聲。

7日，西鄉拜會大山縣令，告知昨日私學校全體的決定。大山縣令雖讓私學校生擔任轄下的區長、副區長，自己本身卻甚少與私學校有所往來。不僅如此，大山本身也非西鄉的崇拜者，正是因為如此，大山才能冷靜的看待西鄉等人此次的行動。他向西鄉說出自己的見解：

擁兵東上只會讓事態愈益複雜，以你的威望與少數隨從隨行沿途即能無虞。

大山的見解與永山、村田二人的看法幾乎一致，沒想到西鄉卻說道：

我任大將，縱令率全國之兵，亦陛下特許之權，率鎮台之兵亦不為過。

從這句話可看出西鄉將陸軍大將等同於封建時代的征夷大將軍，可見西鄉對於近代國家的認識明顯不足。事實上，不只西鄉，整個私學校裡只有村田新八曾以宮內大丞的身分成為岩倉使節團成員之一，隨行到歐美各國考察，其他私學校成員對於歐美列強的認識還停留在幕末的階段。村田新八還曾被勝海舟評為僅次於大久保的宰相人選，可惜他與永山彌一郎、村田三介兩人一樣並不受到私學校大幹部們的重視。

無謀至極！

大山聽完西鄉一席話後所浮現的感想。

當日下午私學校大幹部舉行作戰會議，雖說是作戰會議並沒有制定出詳盡的戰略，他們的目標只有進攻熊本城，但就算是進攻熊本城也應該分配各隊之間的作戰計畫。西鄉在鳥羽．伏見之戰前夕多次與幕僚從道、大山巖、黑田清隆反覆討論，得到擔任後援補給的大久保源源供應，與身為友軍的長州、土佐二藩多次協調進攻路線才有該役的勝利。如今西鄉身邊的幕僚改為桐野、篠原，這兩人作為領軍的將領衝鋒陷陣游刃有餘，但是作為擘劃全軍戰略的幕僚可就顯得過於悲哀。

整個作戰會議只有西鄉末弟小兵衛及野村忍介提出類似戰略的作戰計畫，小兵衛主張從海路前往長崎奪取軍艦，然後搭乘軍艦直取東京。野村忍介的戰略較小兵衛來得縝密，第一路與小兵衛的觀點相同；第二路從日向北上豐後，然後進入四國，與土佐士族會合進攻大阪；第三路從薩摩經陸路北上攻擊熊本城，以此爭取佐賀、福岡等北九州士族的加盟。

野村的作戰計畫可能還有點軍評的感覺，小兵衛的計畫與紙上談兵沒有兩樣，可是作戰會議連這樣程度的討論都沒有便直接否決。桐野本身曾是首任熊本鎮台司令長官，自認對熊本城的熟悉度無人可及，守衛熊本的鎮台兵又是從農民徵募而來，幕末令幕府撼動的薩摩兵要攻下這樣一座城是再簡單不過了。因此，經海路直取長崎或是什麼兵分三路等戰略，桐野都認為是多餘的，不僅桐野有這樣的想法，篠原甚至西鄉，也都樂觀看待。

最晚在二月底到三月初便能推進至大阪。

作戰會議結束後，西鄉對大山縣令如此說道。

東京方面最早得知鹿兒島生變是在2月3日下午，前節提及的菅野覺兵衛將私學校生襲擊火藥庫的消息透過電報傳至東京。1月30日是先帝孝明天皇十周年忌，在這一日之前約半個太政官成員跟隨天皇前往京都泉涌寺（皇室的菩提寺）祭祀。不過，大久保內務卿並未前往京都，留守在東京的他第一時間透過電報內容得知鹿兒島出現變故，他迅速指示人在京都的海軍大輔川村純義（勝海舟於明治八年4月25日辭職，海軍大輔川村便成為海軍省實際的負責人），從神戶搭高雄丸（船長為伊東祐亨）前往鹿兒島聯繫西鄉，基於與西鄉的友誼，大久保選擇相信鹿兒島的變故是桐野等人所為，堅信西鄉與此無關。

大久保會指定川村前往鹿兒島是經過算計的，他深知西鄉有濃厚的鄉土意識，把同鄉、同村、同血緣的情誼擺在第一位。從板垣在征韓議題遭到否決後對他說的話可看出，如果沒有同鄉、同村、同血緣的關係，即使建立起友誼也不會受到西鄉的重視，因此大久保派出符合同鄉、同村、同血緣等條件的川村純義（出身薩摩的加治屋町，與西鄉一起長大且又娶西鄉的表妹為妻）。高雄丸在9日清晨抵達鹿兒島，當川村正要從高雄丸下船著陸，忽然岸邊來了二、三十名私學校生，原來他們也已注意到有不速之客到來。

私學校派出野村忍介為代表上船質問川村的來意，得知其來意後，野村接受川村的委託返回縣廳帶大山縣令上船。大山縣令與川村的交談澄清不少存在彼此間的誤解，川村進一步要求大山縣令代為斡旋與西鄉見面，當大山如實向西鄉轉達川村的要求時，西鄉身邊的桐野、篠原二人出面制止，使得兩人最終未能會晤。

如果此時西鄉與川村能夠將這段時間的誤會解釋清楚，也許西鄉會放棄前往東京向大久保質問的行動，而這並不是桐野、篠原二人所樂見。最終川村在當日下午四點下令高雄丸開錨離去，切斷東京與鹿兒島之間的聯繫，西南戰爭的開戰也終成定局。

此時在鹿兒島拜訪同胞威廉．威利斯醫師的英國駐日公使館書記官薩道義，也與川村有類似的遭遇，讀過《幕末》、《戊辰戰爭》二書的讀者，對年輕的英國駐日公使館通譯生（之後為通譯官）薩道義一定不陌生。親臨幕末動亂的他直到明治二年才首度休假返國，明治八年再次休假，十年1月休假期滿返回日本途中，接到巴夏禮的電報要他特地前往鹿兒島，以探視威廉．威利斯醫師的名義視察當地。薩道義雖較川村幸運得以與西鄉見面，但在眾私學校生的監督下無法攀談，可見桐野、篠原二人是如何嚴防西鄉與外人的接觸。

薩道義在鹿兒島待到18日才離去，這段期間私學校整個動了起來，大幹部們忙於將約一萬二、三千名學生編制（若再加上後備軍及運送輜重的非戰鬥人員則有近一萬六千名），這一工作持續到12日完成。編制完成後的私學校生(以下稱為薩軍)如下(第一到第五大隊以下分成十小隊，第六大隊有八小隊，第七大隊有十一小隊，每小隊各有小隊長及半隊長，筆者予以省略)：

薩軍總指揮官：西鄉隆盛
參謀格：淵邊高照(群平)
副官：仁禮景通

一番大隊大隊長：篠原國幹
二番大隊大隊長：村田新八
三番大隊大隊長：永山彌一郎
四番大隊大隊長：桐野利秋
五番大隊大隊長：池上四郎
六．七番聯合大隊長：別府晉介

六番大隊大隊長：越山休藏
七番大隊大隊長：兒玉強之助

此外，還有兩個砲隊共約四百人，以及四斤山砲二十八門、十二斤野砲（四斤、十二斤的稱呼是根據砲彈的重量命名，山砲講究能拆卸、輕巧搬運，野砲則以支援野戰為主）兩門和臼砲三十門，另外彈藥估計約為一百五十萬發（沒有後援補給）。

14日上午九時，薩軍在正式起事前舉行閱兵，領頭的西鄉罕見騎在馬上，連跟隨西鄉甚久的桐野、村田等人都未曾見過西鄉騎馬。西鄉的前半生雖蒙島津齊彬破格提拔，但家格僅只御小姓與（請參照第五章第二節）的他並無騎馬的資格。從沖永良部島獲赦返回掌控藩兵的西鄉，地位與流放前已不可同日而語，不過，正如筆者在《幕末》所提，西鄉在沖永良部島因當地衛生條件不佳染上淋巴絲蟲病，導致陰囊腫大而無法騎馬（並非肥胖之故）。之後的禁門之變、鳥羽．伏見之戰西鄉都以徒步姿態指揮戰局，甚至連明治六年4月15日，天皇首次在鎌倉舉行閱兵，西鄉以陸軍大將的身分依舊以徒步方式跟隨在騎馬的天皇之後。

這一日除閱兵外，西鄉事先派人傳遞類似招降信給沿途經過的鎮台（主要是熊本鎮台），要他們整頓部隊，接受西鄉大將的指揮。

15日早上六時，位在九州南端的鹿兒島罕見下起大雪，第一、第二大隊的旗手冒雪高舉「新政厚德」的旗幟，正式踏上前往東京的征途。考量到道路狹窄以及不便在沿途村落投宿，一萬多名薩軍分批啟程，16日第三、第四大隊啟程，17日為第五、第六、第七及其他部隊，身著陸軍大將軍服的西鄉也在這一日騎馬北上，經過仙巖園久光的住處時，西鄉叫住參謀格淵邊群平，要他傳令下去，在仙巖園前行禮後再通過。

日本史上最後的內戰——西南戰爭於焉展開。

另一方面，川村在12日已先行致電給山縣陸軍卿與伊藤工部卿，惟，在電報中川村並未交代西鄉是否有參與其中。山縣將電報轉發各鎮台司令長官，要他們嚴加警戒，伊藤則轉發給在京都的太政官。大久保在指派川村前往鹿兒島後陸續經由其他管道接收到類似的消息，於是大久保也離開東京前往京都與其他太政官成員會合。

2月16日夜，在京都的三條太政大臣宅邸裡舉行太政官閣議，大久保內務卿提出他要隻身前往鹿兒島說服西鄉。升味準之輔教授在《日本政黨史論》引用伊藤晚年的回憶，說當時大久保在閣議提出這一決定時，大臣和眾參議彼此對望，誰也無法發言。當時太政官的局勢無法允許大久保離開，伊藤率先發言，明確表示反對。有了伊藤的打破僵局，大臣及眾參議紛紛出言附和。伊藤說如果當時支持大久保的意見，也許西鄉會念及大久保不遠千里而來而張開雙手歡迎，如果兩人能坐下來交談應該可以達成和解，也許不會有西南之亂的發生。

筆者並不這麼樂觀看待，伊藤對鹿兒島士族的了解不夠，才會有大久保前去和西鄉坐下來交談可以達成和解的錯覺。從川村海軍大輔與薩道義的不得其門而入可知，要與西鄉會面必須先得到桐野、篠原二人的認可，他們會自行過濾不願意讓西鄉會面的人，連川村和薩道義兩人都會被桐野、篠原排除在外，大久保內務卿這一為私學校全體上下（西鄉或許可以除外）恨之欲其死的人，又怎麼可能會讓他見到西鄉？

由於伊藤的反對，大久保的意見難得在閣議裡遭到否決而未能前往鹿兒島，雖然大久保前往鹿兒島的意見遭到否決，但太政官決定改派敕使前往。不料，18日從熊本鎮台傳來大批薩軍接近的情報，太政官下令暫時中止敕使的派遣，代之發布討伐令。其內容如下：

鹿兒島縣暴徒，擅自攜帶武器亂入熊本縣，不憚國憲，叛跡昭然，今下令征討，此旨。

明治十年2月19日
太政大臣三條實美

大久保因而失去前往鹿兒島與西鄉會面的機會，只是此時太政官也還不清楚西鄉是否參與叛亂。

確認西鄉身處叛軍之中是在22日，這天長崎縣令北島秀朝（水戶藩出身）發來電報，指出桐野、篠原等人簇擁西鄉率領眾多薩軍前往東京，包括大久保在內太政官最為擔憂的事終於成真。24日，大山縣令也發出相同內容的電報，如此一來不得不令大久保相信昔日倒幕的同志，如今已成為官賊殊途的兩造。

岩倉可沒大久保來的感傷，當他得知西鄉成為薩軍之首只淡淡地說道：

昔之陸軍大將，今之亂臣賊子！

岩倉這番話若置於幕府時代，等同將西鄉宣布為「朝敵」。25日進一步宣布褫奪西鄉的陸軍大將軍階，桐野、篠原的陸軍少將也一併褫奪，此外，也停止支付西鄉在戊辰戰爭結束後賞賜的兩千石永世賞典祿。

四、熊本城包圍戰及各地士族加入

三十歲以上的讀者對於二〇〇三年華納兄弟影視上映的電影《末代武士》(The Last Samurai)或許還有印象，這部電影以明治初年為歷史背景，在電影後半成為主要場景的戰爭，相信大多數讀者都會認同即是本章的主題——西南戰爭。在電影裡，湯姆克魯斯(Tom Cruise)飾演的美國軍官納森・歐格仁上尉(虛構角色)、渡邊謙飾演的勝元盛次(其原型即西鄉)、真田廣之飾演的氏尾(原型應為桐野利秋)以及其他主要幹部從鹿兒島騎馬出發，接著鏡頭一轉來到東京郊外，與原田真人飾演的大村松江(原型為大久保)率領的政府軍在東京近郊展開激戰，最後壯烈戰死。

現實的西鄉率領薩摩軍團的確以東京為最終目的，這點與電影《末代武士》一致，不過，現實生活裡可不是鏡頭一轉便來到東京郊外這麼簡單。從鹿兒島出發前往東京中途會經過好幾站，離開鹿兒島縣遇上的第一站便是熊本鎮台所在地的熊本城，該地成為薩軍與政府軍第一個激戰之地。

敬神黨之亂結束後，成為熊本鎮台司令長官的是土佐藩上士出身的谷干城，說來谷干城是第二次擔任熊本鎮台司令長官，第一次是在明治六年4月接替桐野利秋。熊本鎮台也好，熊本鎮台所在地熊本城也好，都是以防範薩摩為目的而興建(或成立)，然而，谷之前的熊本鎮台司令長官不管是桐野利秋，或是野津鎮雄、種田政明，都是薩摩藩出身。任用薩摩藩出身的將領出任以防範薩摩為目的的熊本鎮台司令長官，駐守在為防範薩摩北上而興建的熊本城，這樣的人事任命怎麼看怎麼怪。

山縣陸軍卿也對薩摩出身者包辦熊本鎮台司令長官的現狀感到不滿，敬神黨之亂平定後，山縣認為是打破現狀的時機，極力薦舉谷為熊本鎮台司令長官的繼任人選。不過，明治初年陸軍當中土佐藩出身者人數過少，儘管司令長官能避免啟用薩摩出身者，但底下的參謀便很難做到，最後選定對台灣人而言不陌生的樺山資紀陸軍中佐為參謀長，副參謀長同樣對台灣人而言也不陌生的兒玉源太郎陸軍少佐。

台灣人熟悉的是海軍大臣、海軍大將兼台灣總督樺山資紀，但樺山在明治初年加入的可是陸軍，西南戰爭結束後才轉為海軍，與同鄉西鄉從道是皇軍中少數在陸軍與海軍都有少將以上的軍階（樺山在陸軍最高軍階為少將，從道則為中將）。至於兒玉陸軍少佐雖被歸為長州閥，實際上他出身長州藩的支藩德山藩（石高四萬石，附帶一提，乃木希典同樣出身長州藩的支藩長府藩，石高五萬石），筆者在前章有提及陸軍省在得知敬神黨襲擊熊本鎮台後，立刻發來電報問道「兒玉少佐有無出事」，顯然是把兒玉的安危看得比鎮台是否被攻陷還要重要。

谷干城為鎮台司令長官、樺山為參謀長、兒玉為副參謀長的人事任命由山縣陸軍卿敲定，薩摩的元素依舊難以盡除，軍官中仍然有著與倉知實中佐（敬神黨之亂負傷逃脫，平亂後仍任第十三聯隊長一職）、川上操六大佐、大迫尚敏大尉等人（這兩人都在明治晚期晉升至陸軍大將）。

雖然山縣肯定谷的能力，但現狀是熊本鎮台僅有三千人，以三千之力要抵抗一萬餘名薩軍的進攻任誰來看都會覺得困難，何況鎮台兵多來自農民，去年敬神黨不到兩百名士族都能嚇得鎮台兵屁滾尿流，面對實力比熊本士族更為堅強的鹿兒島士族，鎮台兵的反應當不難想像。因此谷干城在數日前便下令鎮台兵加高、加深熊本城附近的防禦工事，為了日後籠城戰的準備還大量收購當地米糧。此外，谷還電召編制在熊本鎮台下的步兵第十四聯隊派兵增援。第十四聯隊共編成三大隊，兩大隊駐守小倉，一大隊駐守福岡，代理聯隊長乃木希典陸軍少佐從小倉抽調兩中隊、福岡抽調一中隊（一聯隊包含三大隊，約三到四千人；一大隊包含三中隊，約一千到一千二百人；一中隊大約三到四百人）連夜南下於21日中午左右趕到福岡縣南端久留米，預計當晚可以抵達福岡、熊本兩縣交界的南關（熊本縣玉名郡南關町）。

19日上午十、十一時左右，熊本城內突然燃起熊熊大火，據傳火源來自於書院附近，與《戊辰戰爭》第一章提及慶應四年一月十日的大坂城一樣，此時乃木少佐的第十四聯隊還在趕往熊本的路上，當然與起火一事無關。薩軍此時也才陸續在熊本城外集結，尚未與鎮台兵交手，應該也不是熊本城著火的元凶，最有可能的是來自鎮台兵內部。

薩摩士族大軍壓境已讓熊本鎮台這些農民兵嚇出一身冷汗，而賴以防禦的熊本城又遭自家人的一把火燒起來，鎮台兵個個臉上布滿沮喪的神情。即使已經確立籠城的方針，谷干城仍認為以目前鎮台兵的士氣縱有難攻不落、金城湯池的熊本城也難以防守，何況熊本城本身已經著火。正想著該如何激勵守兵士氣時，突然看見在大火中熊本城御天守(大天守)依然屹立著，於是他對三千名鎮台兵說道：

看吶！供奉清正公靈位的御天守還在，只要繼續堅守下去，清正公一定會庇佑我們的。

熊本城是築城名人加藤清正窮極一生的心血，它有著幾乎其他城郭沒有的三座天守：大天守、小天守、宇土櫓。當地人稱為一之天守、二之天守、三之天守。這場火燒毀二之天守全部及一之天守的部分，而清正公靈位則完好無缺，這點大大提升守軍士氣。大火在風勢助長下迅速蔓延到城下，20日幾乎燒光整個城下住宅區，當日抵達的薩軍要在沒有遮蔽物的情形下進攻熊本城，對守軍而言這是另一有利之處。

20日起薩軍出現在熊本城南方數公里以外一處名為川尻(熊本市南區八幡)的地方，當天夜裡鎮台兵派出五百人進行夜襲。

鎮台兵來襲！

對薩軍而言，聽到鎮台兵夜襲的消息應該比鎮台兵夜襲造成的傷亡更令薩軍感到訝異，薩軍普遍認為光是看到士族大軍壓境，鎮台兵便會一哄而散，因此他們並沒有部署完備的攻擊計畫。當熊本城的身影出現在桐野的眼界裡時，他拿起手上的青竹，直指熊本城豪情的說道：

只要我手上的青竹一擊，熊本城便手到擒來。

這應該是徵兵制實施後農民兵首度對武士採取夜襲，結果對薩軍毫無影響。21日薩軍集結完畢，22日早上六時起，池上四郎的第五大隊、桐野的第四大隊、篠原的第一大隊、村田的第二大隊以及別府晉介指揮的加治木鄉士，從熊本城西方一處名為段山（熊本市中央區段山本町）之地朝城西射擊。鎮台兵也不甘示弱，不僅朝段山方向開槍射擊，還朝薩軍發射好幾砲，擊退要前往該地會合的永山彌一郎及其率領的第三大隊（該日日落前永山才抵達段山）。

這一日戰到日落方休，薩軍以為光今日一日猛攻便可拿下熊本城，結果大出薩軍意料之外。然而，當晚在段山附近召開的作戰會議，桐野並不認為自己在前幾天的說法有誤（青竹一擊便可攻下熊本城），篠原亦附和桐野的意見，由於西鄉始終不發一語，野村忍介（四番大隊第三小隊長）放棄熊本城迅速北上的意見便不被採納。

23日重複前一日的作戰，到日落為止，戰果僅只擊斃第十三聯隊長與倉知實中佐而已，薩軍沒想到原以為一日便可攻陷的熊本城不僅成功守住昨日，也守住今日，粉碎薩軍北上、甚至進入本州・四國的意圖。22日，薩軍陣營裡出現操熊本口音、穿著各式服裝、帶著新舊不等武器要求加入的人，這些以來自熊本地方為主與薩軍友善的士族被稱為黨薩諸隊（共有十二隊），其主要成員、來自之地區及隊伍人數、加入時間如下：

縣名	隊名	主要幹部	兵員數	舉兵月日及降伏月日	思想傾向
熊本縣	熊本隊	大隊長池邊吉十郎 副隊長松浦新吉郎 參謀櫻田惣四郎	二千三百	2月22日 8月17日	保守
熊本縣	龍口隊	隊長中津大四郎 半隊長松本勝太	五十	2月23日 8月17日	保守
熊本縣	協同隊	隊長平川惟一 參謀宮崎八郎 參謀崎村常雄	四百	2月20日 8月17日	自由民權
熊本縣	人吉隊	總長神瀨鹿三 監軍瀧川俊藏 軍事世話系 那須拙速 犬童治成	五百	3月4日 6月4日	保守
舊宮崎縣	延岡隊	隊長大島景保 監軍加藤淳 軍事世話方塚本長民	一千三百九十六	2月22日 8月14日	準保守

舊宮崎縣	高鍋隊	隊長秋月種事 司令柿原宗敬 参謀水町實武	一千七十	3月9日 8月8日	準保守
舊宮崎縣	福島隊	隊長坂田諸潔 参謀山下謙藏	一百二十三	2月27日 8月8日	準保守
舊宮崎縣	佐土原隊	總裁島津啟二郎 總裁森權十郎 副總裁鮫島元	一千三百十三	2月9日 7月31日 一部分8月15日	自由民權 保守
舊宮崎縣	飫肥隊	總裁伊東直記 總裁川崎新五郎 隊長小倉處平	一千三百四十	2月17日 7月27日 一部分8月17日	準保守
舊宮崎縣	都城隊	隊長東胤正 小隊長龍岡資時 兵站方彌寢重邦	一千五百八十	3月8日 8月2日 一部分8月8日	準保守
大分縣	報國隊	小隊長田島武馬 小隊長堀田政一 小隊長中川濤太郎	六百	5月17日 5月29日 一部分8月17日	準保守

大分縣	中津隊	隊長增田宋太郎 分隊長梅谷安良	一百二十	3月31日 8月17日 一部分9月24日	自由民權 七百九十二人

以上共計一萬

接連兩日猛攻都沒能攻下熊本城，23日晚舉行作戰會議時氛圍有所改變，野村忍介再次提出放棄熊本城迅速北上的意見，桐野、篠原二人似乎也因兩日猛攻未能攻陷內心有所動搖，不再堅持己見而提議交由西鄉裁決。西鄉自2月3日說出「就把我的身體交出去吧」後，對薩軍的軍事部署及作戰計畫都顯得不積極，在外人看來感覺一切聽從桐野、篠原二人的安排，因此永山、野村等人聽到桐野要請示西鄉裁決時都對西鄉究竟會如何裁決感到好奇。

西鄉聽完桐野與野村的方案後，閉目略作沉吟，然後張開巨眼說道，撥出部分兵力北上，其餘部分繼續圍城。西鄉既然已作出裁決，其他將領不便多說什麼，更別提出言反對。當晚一到七大隊各撥出幾支小隊兵力北上，其餘繼續圍攻熊本城。

前文提到乃木代理聯隊長率領的三個中隊將近千人兵力，在22日已通過南關進入熊本縣境，繼續南下的乃木當日中午來到高瀨（熊本縣玉名市玉名町），由於連日連夜的趕路，農民兵體力早已吃不消，乃木代理聯隊長雖然心急也只能下令休息。四時過後，乃木下令聯隊旗手河原林雄太陸軍少尉挑選能夠繼續行軍的人約六十餘名南下，因為谷鎮台司令長官要他今晚一定要進城。

翻看熊本縣地圖可知熊本有三條主要的南北交通幹道：九州自動車道、九州新幹線以及鹿兒島本線。前兩者皆穿過南關町，後者則從熊本縣西北角荒尾市沿著有明海而下，即將進入長洲站（熊本縣玉名郡長洲町）前轉東而行，在木葉站（熊本縣玉名郡玉東町）與九州新幹線重疊南下進入熊本市，過八代平野後才又分道揚鑣。從以上簡單的敘述可知，已在高瀨的乃木當下是前往木葉，然後經田原坂、植木（皆位於熊本市北區）進入熊本城下。

高瀨到植木大約十五公里，乃木及跟隨他的六十餘人抵達時已是六時許（之後陸續有兵員跟上，到七時左右約近三百人），想要從植木再往前推進至熊本城的乃木在這裡遇上以逸待勞的薩軍。埋伏在植木的薩軍指揮官是村田三介，他是五番大隊第二小隊的小隊長。自從6日他認為應採取謹慎的態度不躁進起事而被篠原說成是怕死後，他決意與政府軍作戰至死以洗刷怕死的罵名，因此他沒有參與22日的熊本城包圍戰而直接來到植木阻止政府軍南下，首當其衝便是乃木代理聯隊長率領約三百名步兵第十四聯隊的兵力。

儘管在此之前農民兵已有四次作戰勝利的紀錄，但卻是首度與勇猛的薩摩隼人作戰，一開戰還勉強能維持均勢。由於薩軍的子彈數只有一百五十萬發上下，限制了每名士兵一天能射擊的子彈數，不久，薩軍便拔刀採取自豪的白刃戰。幕府時代薩摩引以為傲的劍術流派有示現流（始祖為東鄉重位）及其衍生出的藥丸自顯流（始祖為藥丸兼陳）。這兩派的共通點為不重視招式的華麗，代之的是強調一出招便要擊倒對手，因此在實戰中頗具功效而為薩摩藩士喜愛，這也是為何在北辰一刀流、神道無念流、鏡心明智流等幕末江戶三大道場，很少有薩摩藩士學習的原因。

薩軍一使出白刃戰，原本在人數上不相上下的農民兵竟然開始逃跑，勝負之勢也傾向於薩軍。慌亂中河原林少尉被砍死，他負責掌旗的聯隊旗也下落不明（最後查出是被薩軍奪去）。日後以薩軍的角度撰寫《薩南血淚史》的加治木常樹此時正在村田三介的小隊裡，他親眼目睹河原林少尉的遺體，為這麼年輕的性命殞落不捨。不過，事實上此時河原林少尉三十歲，以少尉的年紀而言已不年輕，反而是廿九歲之齡成為陸軍少佐的乃木太過年輕。沒歷經戊辰戰爭洗禮的乃木之所以升遷能比河原林及其他多數陸軍軍官來得快，最主要原因在於長州系統出身的資歷（雖非純長州出身，但也算是長州系），河原林出身幕末曾與長州藩作戰過的小倉藩，不僅當不上乃木的副官，到了三十歲還只是軍官最低階的少尉，而且還是身兼旗手職務的陸軍少尉。

最後乃木及約三百名步兵第十四聯隊的大多數得以全身而退，在23日清晨前進入熊本城。雖然遺失聯隊旗之罪足以致死，事後乃木自己也致函給山縣陸軍卿自請處分，但值此非常之際山縣只說了一句「急迫之時丟失聯隊旗也是不得已」便從此不提對乃木的懲處。當然，如果乃木不是長州出身、不是幕末長州諸隊御楯隊總督太田市之進（明治二年與山縣、從道一同赴歐考察陸軍，在香港罹病折返，明治四年病逝前將乃木介紹給黑田清隆，同年廿三歲的乃木官拜陸軍少佐）的堂弟，山縣斷無不懲處之理。

之後政府軍與鎮台兵會合，乃木連同步兵第十四聯隊編入第二旅團，接受該旅團司令長官三好重臣（長州出身）陸軍少將的指揮。乃木在2月下旬的高瀨會戰負傷脫隊，送往久留米養傷，此後左腳不太能自由行動。4月下旬出院後變成熊本鎮台參謀，成為兒玉源太郎的下屬，從領軍作戰變成出謀劃策，這多少與他指揮作戰成果不佳有關。

大正元年9月13日，明治天皇大喪之禮結束後，陸軍大將兼學習院院長乃木希典伯爵夫婦自殺殉死，在留下的遺書提到「明治十年之役失去軍旗，此後時時尋求死的機會，至今承蒙天皇陛下深厚且過度的皇恩。今已老衰且再無為國效力之時……」，可見乃木直到結束生命前仍將失去聯隊旗視為畢生之恥。

五、政府軍登陸九州及田原坂激戰

太政官發布征討令後，翌日立即任命有栖川宮熾仁親王為鹿兒島縣逆徒征討總督，陸軍卿山縣有朋陸軍中將、海軍大輔川村純義海軍中將為參軍，並編組成以下兩個旅團：

第一旅團
司令長官野津鎮雄陸軍少將
參謀長岡部兵四郎陸軍中佐
總兵力約六千五百

第二旅團
司令長官三好重臣陸軍少將
參謀長野津道貫陸軍大佐
總兵力約六千四百

進入3月又陸續編組以下的旅團：

第三旅團
司令長官三浦梧樓陸軍少將
參謀長福原實陸軍少佐
總兵力約五千人

第四旅團
司令長官曾我祐準陸軍少將

參謀長品川氏章陸軍中佐

總兵力約二千五百

別働第一旅團

司令長官大山巖陸軍少將（3月底由高島鞆之助陸軍少將接替）

參謀長揖斐章陸軍大佐（3月底由岡澤精陸軍少佐接替）

總兵力約四千二百

別働第二旅團

司令長官山田顯義陸軍中將

參謀長中村重遠陸軍中佐

總兵力約兩千八百

別働第三旅團

司令長官川路利良大警視（臨時授予陸軍少將軍階）
參謀長福原和勝陸軍大佐（3月底戰死後由田邊良顯少警視接替）
總兵力約四千八百（全為警視隊）

別働第四旅團
司令長官黑川通軌陸軍大佐
參謀長岡本柳之助陸軍大尉
總兵力約一千七百

新撰旅團
司令長官東伏見宮彰仁親王（即《戊辰戰爭》裡的仁和寺宮嘉彰親王）
參謀長長坂昭德陸軍中佐
總兵力約五千三百

以上共計約三萬九千二百人

之後連六大鎮台、十四個步兵聯隊的兵力全部動員，還廣泛徵調各地士族。上述幾個旅團的兵力加上各鎮台、各步兵聯隊、各地警視隊、各地士族加起來共計五萬八千五百五十八人（另有海軍二千二百八十人），這個數字不僅遠遠超出徵兵制平時常備兵源三萬一千六百八十人，甚至也比戰時四萬六千三百五十人多出甚多，可見徵兵制規定的兵力根本不足以平亂，遑論對外擴張。

此外，政府軍還擁有各式槍枝四萬五千七百餘枝，各種砲超過一百門，彈藥總數六千三百四十二萬餘發（據戰後的統計，整個西南戰爭期間政府軍用掉的槍彈「只有」三千四百八十九萬餘發彈藥，相較於薩軍只有一百五十萬餘發彈藥），後方還有兵工廠可自行製造，若還是感到不夠也還有向外國購買的管道，不管是兵源或是槍砲彈藥都非薩軍能及。

在此容筆者臨時插個閒話。猪飼隆明教授在其著作《西郷隆盛——西南戦争への道》提到，他為編纂熊本縣玉名郡玉東町的町史，而前往東京都目黑區防衛廳（現為防衛省）的防衛研究所圖書館閱讀西南戰爭相關史料時，讀到「申請採購風船砲彈藥貳千發」等字樣。

猪飼教授提到他自己初次看到風船砲彈這幾個字，以為是像二戰末期日本以和紙製成氣球、透過風力運送炸彈去轟炸美國本土那樣的武器，雖然無法從公文得知風船砲彈為何物，但是在田原坂激戰期間（3月3日～20日）以及到4月上旬，海軍省兵器局副長末川久敬海軍少佐，向代理海軍大輔中牟田倉之助（佐賀藩出身）海軍少將提出採購風船砲彈兩千發的申請，並留下上述的申請書。除風船砲彈外，還有輕氣球、地雷火、電信、水雷、火箭等新武器的採購申請單，光看這些武器或許會有部分讀者聯想到二戰末期的「**回天**」（二戰末期日本使用的自殺式武器，也稱為「人間魚雷」、「的」，以單人駕駛魚雷型潛航艇搭載一．五五噸左右的炸藥撞擊美軍船艦。不過由於回天潛伏深度不夠，在撞擊前多已被美軍發現擊沉，「回天」的實際戰果反而不如神風特攻隊）一類孤注一擲的武器，惟，目前只能看到申請單，而無具體圖形，因此無法從名稱推測這些新武器的外觀。猪飼教授從上述武器出現在這場戰爭裡，因而認為「西南戰爭堪稱一個為近代戰爭進行軍事技術研發的契機」。

第一、第二旅團在2月20日在神戶集合，分乘春日、龍驤、東等十一艘軍艦和十四艘運輸船，22日便在博多港登陸。登陸後的政府軍立即南下，在前節提到的南關整合，野津鎮雄、三好重臣兩位薩長出身的陸軍少將，以及岡部、野津兩位參謀長，連夜討論並制定作戰計畫，既要支援死守熊本城的谷司令長官，也要支援先行南下的乃木代理聯隊長。25日下午，三好率領至少四千名政府軍，與桐野、篠原、別府、村田新八率領的兩千八百名薩軍在高瀨相遇，隨即展開作戰。

高瀨會戰一共進行三日（或說打了三次），27日的會戰最為激烈，被形容為長相、性格與西鄉最相似的末弟小兵衛在此役中彈身亡，享年三十一歲，第二旅團司令長官三好重臣也被擊中右臂。小兵衛可說是薩軍中鳳毛麟角的幾位算得上參謀級的人物，但是薩軍中的兩位前陸軍少將桐野利秋、篠原國幹，毫不重視小兵衛以及其他類似小兵衛角色人物的發言，使得志在成為大哥參謀的小兵衛也只得同其他小隊長一樣指揮軍隊。高瀨會戰最後的結果是薩軍進攻高瀨不成，往東撤退集結田原坂一帶，但若只看薩軍作戰經過，夾著尾巴撤退的應該是政府軍才對，薩軍沒有具體的作戰計畫在此役一覽無遺。明明已經兵分三路包圍高瀨的政府軍，使編在第二旅團下的步兵第八聯隊（隸屬於大阪鎮台）燒毀附近民家一溜煙的逃跑，但卻沒有統一的指揮系統而各自作戰，讓政府軍得以各個擊破。

至於燒毀民家逃跑的步兵第八聯隊則從此役開啟往後一連串連敗的紀錄，日清．日俄兩役、第一次世界大戰、**諾門罕事件**（一九三九年5到9月間發生在滿洲國與蒙古國邊境的諾門罕，由於滿洲國與蒙古國對於國界的界定不同而發生衝突，在兩國背後的日本及蘇聯也被牽連進來，但日、蘇兩國並未正式宣戰，而是混在滿洲國和蒙古國的軍隊裡，最終關東軍不敵蘇聯軍裝甲兵而撤退）等參與之役無一不以敗北收場，得到如下的稱號：

またも負けたか八連隊
（又輸了的八聯隊）

桐野、篠原、別府、村田四人中，村田新八不僅年紀最長、最富於戰略，同時也是唯一到過歐美考察的人，若由他來指揮高瀨會戰或許會有不一樣的結果。維新回天後，四人中村田被西鄉指派為宮內大丞，轉為文官的他在桐野、篠原面前自不用說，就連別府（辭職前的軍階為陸軍少佐）在他面前也不願交出部隊的指揮權。

征討總督參軍山縣陸軍卿25日在博多登陸，將征討本營設於福岡。第三旅團司令長官三浦梧樓陸軍少將在日後的《觀樹將軍回憶錄》寫道：

山縣大致說來是個仔細的人，但是每樣事情都要干涉就令人受不了。山縣所到之處都在叨絮說教，因此，不管是司令官或參謀都討厭他，聽到他來到前線，年輕的參謀都跑光了。

山縣的到來意味帶來更多政府軍，為阻止政府軍馳援熊本城守軍，薩軍只好增調援軍佈防在田原坂、吉次峠到植木這一三角地帶，亦即扼守在今日的熊本縣玉名郡玉東町進入熊本市北區的九州南北大動脈鹿兒島本線上。戰爭初期，薩軍連同黨薩諸隊的兵力大概是兩萬左右，由於薩軍對於黨薩諸隊的戰力與信任度不夠，不放心單獨讓黨薩諸隊鎮守，不斷抽調進攻熊本城的兵力北上防守三角地帶，導致留下進攻熊本城的兵力竟然比熊本城本身的守軍還少，要攻下熊本城的難度可說是愈來愈高。

西南戰爭中最為慘烈的田原坂之戰在3月3日進行，政府軍的主力是步兵第十四聯隊及近衛兵裡的五個中隊，共約四千三百人。由於步兵第十四聯隊已在先前的植木、木葉等地與薩軍交戰，可說是政府軍裡對薩軍及當地地形最熟悉的部隊，搭配能征善戰的近衛兵與薩軍作戰。不過，乃木代理聯隊長在先前的高瀨會戰負傷，此刻正在久留米野戰醫院養傷，下一次再看到他在戰場上指揮軍隊要等到十七年後的日清戰爭。

薩軍則以別府晉介率領的六．七番聯合大隊為主力圍堵政府軍的推進。不料，政府軍分出一支由野津道貫大佐率領的千人支隊從南邊的吉次峠通行，薩軍則由篠原國幹的一番大隊及黨薩諸隊熊本隊成員之一佐佐友房率領的一個小隊，共約兩千人守在吉次峠。乍看之下，野津大佐只率領區區一千人明顯居於劣勢，但野津配有兩門大砲可攻砲擊，而且身後大山巖率領的別働第一旅團隨時會投入支援，實際上居劣勢的反而是薩軍。

3日早上七時，木葉方面率先開戰，不久，吉次峠也響起槍聲，兩地很快便陷入戰火。然而，薩軍的缺點也在開戰後立即暴露出來，首先是武器的落後，薩軍使用的槍枝，與幕府時代四境戰爭、戊辰戰爭中佐幕派諸藩使用的槍枝一樣，均為祖先從幕府時代甚或更早之前的戰國時代傳承下來，其子彈的射程、殺傷力以及擊發速度自然不敵以史奈德槍(Snider-Enfield)為主力的政府軍。

其次是雙方彈藥數量的差距，政府軍攜來四萬五千七百餘枝槍械，此時參戰的政府軍還不到四萬人，一人一支槍綽綽有餘，另外還有六千三百餘萬發子彈，政府軍可以很奢侈的胡亂射擊。而薩軍只有區區一百五十萬餘發，在高瀨之戰便經常可見薩軍將隨身攜帶的鍋子熔化，然後用鉗子一類的工具將熔化後得到的鉛塞進槍管射擊。

很快地，薩軍一天允許射擊的子彈上限便已打完，薩軍突然一哄而散，於是田原坂和吉次峠這兩個據地在同日失守。薩軍雖然一哄而散，卻與一般戰敗逃亡的情形不大一樣，套句村田新八的話是：

這不是退卻，而是誘敵深入，把政府軍引誘進山谷，再一舉將其殲滅。

村田的話頗有戰國時代島津家擅長的戰術「釣野伏せ」的意味，不過村田並非說說而已，翌日薩軍以更猛烈的攻勢反攻吉次峠，政府軍傷亡慘重，別働第三旅團參謀長福原和勝陸軍大佐中彈，送往久留米野戰醫院養傷，23日在那裡傷重死去。薩軍很快又到達射擊的子彈上限，這一日薩軍不再一哄而散，紛紛拔刀吼叫朝政府軍所在衝去，這種氣勢在農民兵身上是看不到的。部分第十三步兵聯隊想起去年的敬神黨之亂，不到兩百名的熊本士族也是以這種氣勢不要命般朝他們而來，被殺個措手不及的鎮台兵個個狼狽逃命。現在面對的是比熊本士族還要凶猛的鹿兒島士族，拔刀發出的吼叫聲在農民兵聽來猶如鬼哭神號般，為之膽怯。

農民兵從部分的膽怯逐漸擴及到局部，吉次峠方面的指揮官篠原身著斗篷、配戴華麗的太刀一馬當先率領薩軍追逐逃亡的農民兵，任誰看來都可知道他在薩軍的地位不低，因而成為政府軍狙擊的目標。政府軍的狙擊手便鎖定篠原，朝他開了一槍，篠原應聲倒地，當場死去，享年四十一歲。篠原雖死，薩軍並未因此自亂陣腳，政府軍也未因而一鼓作氣，大山巖和眾參謀討論後決定放棄吉次峠，吉次峠在一天後又重回薩軍的控制下。

對政府軍而言，薩軍最令人畏懼之處在於拔刀迎敵，農民兵只要看到亮出白刃嘶吼蜂擁而上的薩軍無不為之膽寒而四散逃去。這也難怪，農民兵雖也有拔刀的訓練，然則，兩者的氣勢、威力以及對交戰對手士氣的折損根本無法比擬。前線指揮的將領有一部分也是薩摩藩出身，對於自家士族的凶猛知之甚詳，對農民兵因畏怯而逃亡頗能理解，而不對逃跑者或同伍者處以連坐處分，這點與之後的帝國皇軍有天壤之別。

鑒於田原坂之戰兵員及物資消耗過鉅，山縣陸軍卿批准主動請纓的奧羽士族及各地警察組成的警視隊前往九州。由於軍艦及運輸船已在2月時運送政府軍前來九州，能夠運送大量兵員及軍用物品前往九州的只有郵便汽船三菱會社，因此岩崎彌太郎動員會社三十餘艘船隻，不眠不休的往返於東京、神戶、博多等地（前往神戶的理由留待第七節再作敘述）。

由於會津藩在戊辰戰爭期間成為朝敵，戰後由薩長壟斷的兵部省（也包括之後的陸、海軍省）拒絕出身會津的士族進入該省，因此到明治十年陸、海軍省會津出身的軍官大概僅有山川浩一人，他還是谷干城向山縣陸軍卿力薦而來。既然進不了軍界，會津士族改為從警，明治七年1月內務省成立後，隸屬於其下的警視廳依川路的構想大量招募警力，在幕末享譽一時的會津士族是川路亟欲拉攏的對象。為了會津士族的生計，幕末會津藩家老佐川官兵衛再度向薩摩低頭，率領三百餘名會津士族加入警視廳成為捍衛帝都的警察。川路授予會津士族之首佐川的階級為大警部，以軍階而言大警部相當於陸軍中尉或大尉，給一藩之家老且又曾在戊辰戰爭威震敵我雙方的名將佐川官兵衛大警部的階級，怎麼看都是委屈佐川。

佐川受到的委屈還不止如此，他的直屬長官是土佐出身的權少警視檜垣直枝。檜垣直枝又名清治，部分讀者或許對這個名字有印象。筆者在《幕末》曾提到關於龍馬及《萬國公法》的一則軼聞，當中那位模仿龍馬舉止，從太刀到脇差，再從脇差到短槍、到《萬國公法》，處處落後龍馬的同藩志士便是檜垣清治。檜垣雖因這則軼聞而在歷史留名，但他本身並非多有才幹（會成為軼聞的主角之一純粹是為了與龍馬作對照），因出身土佐之故而成為佐川的直屬上司。

檜垣這支部隊是從豐後（大分縣）登陸，經竹田沿今日的豐肥本線進入熊本阿蘇（熊本縣阿蘇郡南阿蘇村）前往田原坂，行進至阿蘇時遇上薩軍。檜垣沒想到會在阿蘇遇上薩軍，一時間亂了方寸，不知如何是好，倒是佐川胸有成竹，要求檜垣將全軍交由他指揮。若是一個有雅量且有企圖心的上司多半會採納佐川的意見，但檜垣並非這樣的人，他不僅畏懼薩軍，也畏懼若讓佐川立下戰功，自己反而要聽命於他，這是沒有能力而居上位的人常有的心態。

18日檜垣在層層上報後終於同意讓佐川放手一搏，然而，薩軍在檜垣猶豫不決的六日內已在阿蘇建立起可供躲藏的防禦工事，在勝機已失的此時同意佐川進攻反而有敦促他去送死之意。面對如此無能的上司，佐川想必油然生起「辱於奴隸人之手，駢死於槽櫪之間」之感。

雖然已失去勝機，洗雪戊辰的恥辱這一念頭強烈支配著佐川，率領二百名會津士族向薩軍所在地勇猛進攻，這時飛出一顆子彈命中佐川前額，佐川倒地死去，享年四十七歲。

佐川死後，會津士族的首領落在山川浩陸軍中佐身上。筆者在《幕末》關於松平容保就任京都守護職後在京都的時間多半引用《京都守護職始末》一書，該書是由山川浩撰述，會津戰爭前夕被任命為家老（年僅廿四歲）。之後遭到數年禁錮的處分，明治六年由賞識他的谷干城向山縣推薦出任陸軍少佐，參與平定佐賀之亂，亂平後晉升至陸軍中佐。

屬於陸軍的山川浩無法代替佐川指揮警視隊，而且他與佐川不在同一單位，甚至連進攻目標也不相同。

佐川戰死後兩日（20日），政府軍攻下田原坂，這場戰役有多激烈呢？據說當地至今仍可發現少量的「行合彈」，所謂的行合彈即從不同方向射出的子彈飛行在空中時互相碰撞、撞擊成湯圓狀。想必讀者很難想像兩顆子彈會在飛行時碰撞，但是在固定的空間裡，射擊出大量且密集子彈的田原坂之戰，行合彈或許真有可能出現。據統計，從3月3日到20日田原坂之役期間，政府軍平均一日消耗的子彈數為三十二萬發，比日俄戰爭第二次進攻旅順平均消耗三十萬發還要多，最多甚至曾一天消耗掉六十萬發。照此平均數算來，整個田原坂之戰便消耗超過五百萬發子彈，在此之前日本從未有耗損子彈超過此役的戰役。

當時年僅廿三歲的《郵便報知新聞》從軍記者犬養毅有如下的報導：

近日田原坂死屍爛臭撲鼻，若不掩鼻，屍臭味直熏頭頂，令人寸步難進。

賊徒於此地路旁穿穴，以為陣地，前日戰中我軍夜半偷襲，趁賊未醒，一舉突入，左右斬殺，累累屍骸盡投陣地之穴，只以少土掩之，屍首日漸腐敗，方生此惡臭。

附帶一提，這位從軍記者犬養毅日後加入大隈重信的立憲改進黨，連續多次當選眾議員，也多次更換政黨，從立憲改進黨、立憲國民黨、革新俱樂部到後來立足立憲政友會，並成為該黨第六任總裁，最後於昭和六年組閣。昭和七年5月15日在永田町首相官邸遭到多名海軍基層軍官的狙擊而亡（五・一五事件），結束戰前日本的「**憲政的常道**」（依據選舉結果任命眾議院勝選的政黨之黨魁為內閣總理大臣，由其組閣。從大正十三年6月11日憲政會總裁加藤高明組閣起，歷經同為憲政會的第一次若槻禮次郎內閣、立憲政友會的田中義一內閣、立憲民政黨的濱口雄幸內閣、立憲民政黨的第二次若槻禮次郎內閣到立憲政友會的犬養毅內閣於昭和七年5月15日解體為止共約八年，這是戰前日本僅有的政黨政治時期）。

政府軍在田原坂至少折損兩千四百名（3月12、13、18三日死亡人數不詳），薩軍未統計出死傷人數，但從參戰的三十名小隊長戰死十一名也不難想像傷亡之眾。平心而論，田原坂之役結束後便可看出薩軍的結局，雖說田原坂、吉次峠到植木的三角地帶薩軍仍保有其二，但薩軍的北上之途受阻，開戰一個月後薩軍仍在熊本，不像電影《末代武士》那樣鏡頭一轉大軍便已來到東京郊外。薩軍遲滯不前，沿路士族便難以響應，這可從黨薩諸隊均來自大分、熊本、宮崎三縣得證(西南戰爭期間九州只有福岡、長崎、大分、熊本、鹿兒島五縣，等於薩軍只得到來自大分、熊本二縣士族的資助)。

4月1日政府軍攻下吉次峠，接著在15日攻下植木，政府軍已完全掌控熊本城北方的據點。隸屬於別働第二旅團的山川浩陸軍中佐，奉山田司令長官之命進攻薩軍集結地川尻，4月12日臨行前山田還特地交代山川浩：

> 不准進攻川尻以外的薩軍。

川尻以外也包含持續包圍熊本城附近的薩軍在內。對山川浩而言，他很難要自己不去進攻薩軍的所在，自戊辰戰爭結束以來，向薩長復仇成為山川生存的意義，抱持這種想法的不僅山川一人，已死去的佐川及所有會津人莫不如此。

從東京出發前往九州之際山川浩曾吟詠如下的和歌：

薩摩人　みよや東の丈夫が　提げ佩く太刀の　利きか鈍きか

（薩摩人看那東方派來的雄兵，配戴的太刀究竟是銳或鈍？）

山川的和歌充滿向薩摩復仇的念頭，這也是會津士族共同的心聲，當山川得知山田司令長官已率兵進攻川尻時，他決定違背山田的命令逕自進攻熊本城外的薩軍。包圍熊本城的薩軍早先已抽調部分至田原坂，隨著田原坂之役的失利薩軍撤退到各地，在熊本城外已所剩不多，山川的部隊到來未遇到太大抵抗便在13日收復熊本城，自2月19日以來，薩軍對熊本城採取的包圍戰術歷經五十四日後宣告失敗。15日以後熊本城外不見薩軍蹤影，當初桐野誇下青竹一擊便可攻下熊本城的海口以及西鄉、篠原認為3月初可到大阪城的看法如今都已破滅，谷干城以及樺山、兒玉死守熊本城之功不容忽視。

另一方面，由於山川違反軍紀在先，山田司令長官當夜傳喚山川至川尻痛罵一頓，不僅不承認山川的功勞，也未對山縣陸軍卿呈報，於是理當擁有光復熊本城首功、而這首功有可能使之晉升陸軍大佐的山川浩落得毫無軍功可言，山川的陸軍大佐之位也延遲至明治十三年。

六、西鄉札

在中文推理小說界沒聽過松本清張名字的讀者應該不會太多，在質與量方面同時代及之後的作家顯然很難超越（連並駕齊驅也是鳳毛麟角）。清張留下的九百多部著作中，大致可歸類為推理小說（長編、中編、短篇皆有）、時代小說、歷史小說、古代史、近世史、近代史、評論、隨筆、散文、紀行等類型，最為大宗的當屬推理小說，其次則為歷史小說。

大致說來，昭和三十二年清張在雜誌連載的《點與線》（《点と線》）、《眼之壁》（《眼の壁》）以及昭和三十三年的《零之焦點》（《ゼロの焦点》）等三部社會推理之作奠定其暢銷作家的地位。世人咸認昭和廿八年的芥川賞（第廿八回）得獎作《某「小倉日記」傳》（《或る「小倉日記」伝》是清張的處女作，其實清張早在昭和廿六年便曾以《西鄉札》一書列為該年直木賞的候補作，嚴格說來，《西鄉札》才是清張的處女作。

《西鄉札》大部分內容為西南戰爭之後的東京，與本書並無直接關聯而割愛，筆者只針對「西鄉札」作說明。

「西鄉札」乃西南戰爭期間薩軍發行的紙幣，田原坂之戰及圍攻熊本城等接連戰役的失利，使得薩軍與鹿兒島的聯繫斷絕，而於同年6月在日向國宮崎郡（宮崎縣宮崎市）設置造幣局（造幣總裁為桐野利秋）發行的紙幣。共計有十圓、五圓、一圓、五十錢、二十錢、十錢六種面額，據說發行總額達到二十多萬，以當時太政官收入最高的三條太政大臣為例，他的年薪為九千六百圓，到內閣制實施為止一共當了十五年太政大臣也只領到十四萬多圓，可見西鄉札的發行額在當時的確是一筆大數字。

由於田原坂之戰薩軍在人力及物品上的損失過鉅，戰後的薩軍不管是人力或物品都有補充的必要，西鄉札便是為補充人力及物品而發行。在徵募人力以及補充物品時以薩軍專用的紙幣西鄉札支付，事成（推翻太政官）之後，手上持有西鄉札的民眾，再憑西鄉札的面額如實兌換通用的貨幣。6月以後局勢逐漸對薩軍不利，西鄉札因而擴大發行，從原本預定發行的十萬圓增加至二十四萬餘圓，發行量增加卻降低民眾的信任度（最主要的原因還是在於薩軍作戰的失利），使得大部分西鄉札成為廢紙。

由於西鄉札幾乎都沒能兌換，西南戰爭期間流通的西鄉札多被視為廢紙而少有保存，未流通的部分在戰後為政府軍沒收、銷毀，使得西鄉札變得無比珍貴。松本清張在朝日新聞社工作期間，適逢該社策劃的《九州二千年文化史展》遇上珍藏家提供的珍藏品西鄉札，清張便以此作為寫作的素材寫下《西鄉札》。

七、高知大獄

筆者在本節暫時先跳脫九州戰場，改談同年在四國高知發生的事件。

雖然西南戰爭鹿兒島士族終究沒能離開九州，在九州以外仍有士族試著與鹿兒島聯繫，共商合作以打倒太政官，高知士族即是其中一例。

不過，這應只是高知士族的一廂情願，以目前的史料來看，似乎未曾發現西南戰爭之前及戰爭進行當中鹿兒島士族與高知士族信件往來的紀錄。讀者應該還記得第十三章第三節引用板垣辭職前夕對西鄉說的那段感性話語，相較之下，西鄉的回覆令人感到冷酷。分析西鄉何以如此回覆的原因，西鄉的鄉土意識過重（所謂的黨薩諸隊基本上也都是主動前來投靠，而非鹿兒島士族發函邀請，可見西鄉或鹿兒島士族的鄉土意識不僅針對九州以外，連對九州其他地方士族也是如此）是其主因。

當然也不能忽視另一具歷史性的因素：慶應三年五月，土佐與薩摩簽訂武力討幕密約（薩土二藩的代表之一正是西鄉與板垣），約定等時機一成熟，薩摩便以武力討幕，土佐不管藩論是否統一為武力討幕，均得在一個月內率領藩兵與薩摩會合。土佐主動與薩摩簽訂的武力討幕密約卻在五個月後自行轉換為大政奉還論，而且在大部分的時間薩摩是被蒙在鼓裡。有了這次不愉快的回憶，西鄉對土佐的印象從此從同志轉變為：

不可與之共同參與天下大事的狡猾之徒！

板垣在辭職前夕對西鄉說「希望今後也能坦誠相見、不分善惡一起行動」，隱然暗喻以武力推翻太政官的士族反亂之意。西鄉或許聽出板垣的弦外之音，想起慶應三年的往事，因此才冷漠的回覆以斷絕板垣與他共同起事的念頭。

西南戰爭初起時，板垣在東京的宅邸召集後藤、大江卓、竹內綱、岡本健三郎、林有造（除大江卓外均為立志社成員）等人，不過，另有一說是聚集在元老院議官陸奧宗光的宅邸，何者為是這一點目前已無法證實。依照高知縣出身的漢學者川田瑞穗撰述的《片岡健吉先生傳》內容，板垣先說道：

此次的戰鬥是西鄉、桐野、篠原等人敵視大久保、川路等人的私鬥，必得依靠薩摩的暴徒與敢死之士先行統一西隅。實為吾輩之宿志伸張民權之日的時機……西鄉的憤怒，率兵衝擊政府，而吾輩則以民權衝擊政府，先以建言衝擊，兵力為之後盾，民權家的戰鬥是國家的進步。

後藤是與會者中知名度僅次於板垣，他說道：

木戶有過慮之病，任何事情不再三思量便無法決斷，可趁此時機拉攏他，施以離間大久保之策，以瓦解政府。……

板垣、後藤、林、大江以及岩神圭一郎（土佐上士出身）於2月14日搭乘船隻從東京前往神戶，17日後藤在京都拜訪養病中的木戶。木戶自去年3月因病辭去繁重工作的參議轉任只供太政官施政徵詢的內閣顧問，雖然工作量較參議減輕許多，但也因為不任太政官核心的參議，加上又離開太政官所在地東京，因此來訪的訪客門可羅雀。木戶對意想不到的訪客後藤的到來感到欣喜，撐起病身與之攀談。當晚木戶的日記只記載「後藤象二郎來告以土佐的內情」，然而，光從這簡短幾字無法判斷木戶對於立志社舉兵計畫掌控到何種程度。之後立志社便動員起來，林有造、岡本健三郎頻頻造訪外國商人，委託他們代購槍械，至於購買槍械所需的費用，正好此時高知縣廳收購立志社名下一筆土地，立志社決定用這筆錢購買槍械。林與外國商人打點完畢後，讓大江滯留大阪、岡本滯留京都監視太政官成員，林與板垣一起返回高知計劃進攻大阪的行動。

在高知的板垣宅邸裡，林有造將他擬好的太政官成員暗殺名單供眾人傳閱，大久保內務卿毫不意外身居首位（他不居首位才令人意外）。轉任內閣顧問的木戶也名列其中，大隈、山縣也都榜上有名，反而身居太政官首位的條公與岩倉右大臣不在名單中，因為他們是公卿出身。陸奧接過名單隨即補上一個令人意外卻又不感到太意外的名字：

伊藤博文。

然後像是說給眾人聽又像是喃喃自語的說道：

這個人才是狠角色。

3月1日，林有造提出他的舉兵計畫，趁著大阪鎮台派往九州作戰之隙，派一路兵馬從高知經德島渡海前往和歌山，再北上進攻大阪；另派一路兵馬從愛媛穿過瀨戶內海北上，進入山陽東上與前一路兵馬合攻大阪。林有造的舉兵計畫看似周詳，實際執行卻大有問題，林有造的可用之兵只有加入立志社的士族數百人，光是集中一路都嫌單薄，何況兵分兩路？

高知士族的舉兵計畫自認隱密，不久已被當時人在京都的大久保內務卿知悉，大久保立即電告大隈大藏卿介入高知縣廳收購立志社土地的計畫，立志社出售土地不成，失去購買武器的資金來源，沒有武器舉兵計畫也就無法成行。

進入5月，板垣、片岡等人已知進攻大阪的計畫無法成行，改採向太政官提出建白書，於是手持建白書前往京都，板垣等人此舉形同與林有造切割，在之後的審判全身而退。堅決舉兵的林儘管成功劫奪一艘商船，但缺乏槍械的他最終還是沒能舉兵。

此時人在京都的大久保氣定神閒寫信給人在前線出差的內務省大書記官品川彌二郎（長州出身，曾受教於松下村塾）：

此地（京都）與東京俱為平靜，各縣亦如一往無事，值得同慶。獨高知縣內部頗有動搖之勢，正如你所知悉，該縣並無實力，無須擔心突發事件。當政府因西南事變而困難之際，他們卻趁勢提出建白書，採行以議論對抗之策。我暫且擱置建白，政府無懼高知縣全縣舉叛，況乎此為利用時局提出建白以困政府，乃間接擾亂天下人心的卑劣之策，我將採取令其膽戰心驚的措施，敬請安心。

大久保口中的「膽戰心驚的措施」是任命土佐藩出身的元老院議官佐佐木高行及陸軍中佐北村賴重兩人為高知鎮撫，於6月13日返回土佐下令逮捕立志社成員，立志社成員紛紛逃往東京藏匿。東京同樣也佈下天羅地網以待，根據《自由黨史》的記載，8月8日林有造被捕，17日片岡健吉、谷重喜、山田平左衛門、岩崎長明、池田應助、弘田伸武、野崎正朝、左田家親等人被捕，後續連大江卓、岡本健三郎、竹內綱、中村貫一、林職庸等四十餘人也無一遺漏被捕，唯獨非土佐藩出身的陸奧宗光身免，這次以土佐立志社成員舉兵計畫為逮捕對象的事件稱為「立志社之獄」或「高知大獄」。

陸奧的運氣相當不錯，紀伊藩出身的他第一時間被排除在外，加上被捕的立志社成員雖遭到百般刑求，依然緊閉雙唇未供出他的名字來，陸奧得以若無其事的繼續任職元老院議官。不過，明治十一年5月大久保遭到暗殺後，陸奧立刻被捕，因為大久保的繼任者伊藤在整理其遺物時，發現到原來警視廳早就向大久保呈上陸奧是立志社舉兵計畫成員之一的文件，只是大久保賞識陸奧的才幹，一直沒有在逮捕陸奧的逮捕令上簽字，才讓陸奧免於身陷囹圄。伊藤立即在逮捕令上簽字，陸奧便遭逮捕。

同年8月審判出爐，意圖攻占大阪及在京阪等地行刺太政官要員的林有造和大江卓判處十年監禁；漏網之魚陸奧則處五年監禁；岡本健三郎、竹內綱、中村貫一以非法手段購買槍械，處以二到三年監禁；谷重喜、山田平左衛門、岩崎長明、弘田伸武等人向薩軍傳遞訊息處以一年監禁；片岡健吉因持建白書前往京都被處以監禁百日，同樣與片岡持建白書到京都的板垣不予處分。

伊藤雖在此時判決陸奧重罪，但他與大久保同樣賞識陸奧的才幹，陸奧五年刑期未滿便將他特赦，以官費留學方式送往歐洲留學，回國後安排進外務省，歷任駐墨西哥、駐美公使，到伊藤第二次組閣更讓陸奧擔任外務大臣。由於伊藤這番知遇之恩，陸奧從此捨棄民權，成為薩長藩閥政府的一員。

八、派遣衝背軍

本節再回到西南戰爭上，繼續熊本城包圍解除後的薩軍與政府軍。

田原坂激戰開始前，太政官派出敕使前往鹿兒島，目的為拉攏久光，利用他的影響力宣撫私學校。派出的敕使是前幾章介紹過的柳原前光，儘管柳原此時年僅廿八歲，但擔任敕使的經驗豐富，是最適當的人選。

3月1日，柳原敕使從神戶搭汽船朝九州而去，隨侍在旁的是黑田清隆、高島鞆之助兩位薩摩軍人，筆者在前作及前文多次提及黑田，在此僅簡單介紹高島的生平。天保十五(一八四四)年，高島生於鹿兒島城下高麗町的高麗橋附近，與西鄉、大久保、大山巖、從道等人的出生地加治屋町隔著甲突川相對，這代表高島與西鄉等人不僅有著不同的成長環境，在身分上也是有高低之分(高島出身城下士，即上士，西鄉等人只是平士)。

高島小黑田四歲、小大山兩歲、小從道一歲，年齡雖然相近，但由於城下士的出身，使高島在幕末時期與為國事奔走的志士截然不同，他只有在島津家的宅邸服侍的經歷，這一段經歷在維新回天後讓他進入宮內省擔任侍從。高島在宮內省待到明治七年，這幾年的時間過得不是很愉快，宮內的禮數遠比武家繁縟，高島不僅無法將在島津家服侍的經驗帶進宮內，反而還因禮數不夠飽受宮內女官的訕笑、嘲弄。明治七年5月，高島從盡是女官的宮內省轉職到充滿陽剛之氣的陸軍省，在戊辰戰爭有從軍經驗的他立刻官拜大佐並擔任陸軍省第一局副局長，薩摩出身且又與久光關係良好的高島成為隨侍柳原敕使的最佳人選。

柳原敕使一行共有春日（旗艦）、筑波、龍驤、清輝四艘軍艦（另還有五艘運輸船，船上有一個半大隊的鎮台兵與七百名警視廳派出的警察），春日、筑波、龍驤都是幕府時代諸藩購入的舊船艦，維新回天後獻給政府，服役年限至少在十年以上，筑波甚至超過二十三年。清輝於明治六年11月在橫須賀造船所（現名稱為在日美軍橫須賀海軍施設）動工，明治九年6月21日竣工下水，不僅是橫須賀造船所完工的第一艘軍艦，也是日本第一艘「國艦國造」的軍艦。這四艘船艦繞過博多港、經長崎直下南九州，3月8日停靠在錦江灣。

柳原敕使派出使者去見久光，要他上船見敕使。久光嗤之以鼻的哼了一聲：

好歹我也是前左大臣，豈能去見個靠妹子當上敕使的人？

只派出四男珍彥去見柳原敕使。珍彥當時是島津四分家筆頭重富家（年幼時的久光也曾繼承此家）當主，在鹿兒島縣內地位僅次於忠義和久光。然而，沒有官位的他並不適合與敕使見面（與幕府時代沒有官位無法進入御所參內一樣），久光明知此理卻還派出珍彥去見敕使，不難看出他對敕使到來一事有多不屑一顧。不過，久光並非單只對敕使不屑，不如說他對整個維新大業都充滿不屑。

都是吉之助和一藏那兩個傢伙擅自在京都從事倒幕，蒙蔽了我，動用藩兵，推翻倒幕，世局才會變成如此。

久光將維新回天大業定位為西鄉與大久保對他的欺騙，藉以動員藩兵完成倒幕，現在的天下可說是這兩人用欺騙的手段騙來的。他經常對左右說道：

吉之助是叛臣，一藏也是叛臣。

最後一定會再補上這句：

對主君不忠的人，有可能會效忠皇室嗎？

當他聽到兩個叛臣竟然因為征韓議題吵了起來，內心多少抱持類似「老天有眼」幸災樂禍的心態，辭官返回鹿兒島的西鄉在明治七年成立私學校能得到大山縣令的援助，背後多少有久光的默許。久光萬萬沒想到，他授意大山縣令援助的私學校竟然會舉兵反亂，此次敕使前來鹿兒島想必是要對自己興師問罪。雖然違反禮節，柳原敕使仍與島津珍彥見面，結束後要他對久光傳話於翌日見面，同時還派使者傳話大山縣令，要他釋放被刑求到不成人形的二十餘名東京獅子。

10日，久光在鹿兒島城二丸與柳原敕使見面，久光當著黑田、高島兩位敕使隨行及以往藩的家臣面前接下柳原敕使帶來的敕令，此舉表示久光的恭順，但久光恭順的對象僅止於天皇及天皇的代表柳原敕使。之後，久光帶領柳原敕使闢室密談，在場除久光、柳原敕使外當屬黑田官位最尊，詎料，正四位、參議兼開拓長官且又是陸軍中將的黑田卻被久光身邊的人擋下。

了介！注意自己的身分。

了介是黑田清隆的通稱，會這樣稱呼他的在維新前有西鄉、大久保等志在倒幕的同藩志士，維新之後由於黑田官運亨通，只剩西鄉和大久保會這樣稱呼他。久光身邊的人並無正式官位，卻出言喝止黑田要他注意身分，可見這些人並不在意黑田在維新回天後得到的頭銜與官位，猶如還活在幕末那個重視家世甚於一切的時代。幕府時代黑田的家祿僅有四石，除鄉士如桐野利秋外，幾乎所有平士的家格都高過黑田，能服侍在久光身邊的人家祿少說也在百石以上，當然看不起家祿僅只四石的黑田。

當天黑田在城內二丸遭到喝斥、跪伏在地的消息立即傳遍鹿兒島城下，厭惡大久保、黑田、大山、從道、川路等在太政官飛黃騰達的鹿兒島士族無不額手稱快。

進到內室後，柳原敕使向久光轉達太政官的疑惑，亦即久光是否和西鄉、和私學校有所勾結？久光面對柳原的詰問，內心頗感心虛，誠如太政官的疑惑，西鄉與大山縣令在幕末幾乎沒有交集，即使到明治初年，雙方之間惡感還多過好感，如果不是久光的授意，大山縣令應不至於主動幫助私學校。久光難以如實回答，只能同意柳原敕使帶走大山縣令，結果導致大山縣令在西南戰爭結束後（9月30日）在長崎遭到問斬的下場。

高島還在東京時曾對山縣陸軍卿提過薩軍的作戰特性，說道鹿兒島士族只知向前進攻，卻不顧後方的根據地鹿兒島，可藉由護送敕使前往鹿兒島之機，切斷鹿兒島與前方陣地的補給線。同時，再組一軍到熊本南方八代海岸上陸，從後方攻擊薩軍，如此一來薩軍腹背受敵，定可解除熊本城之圍。高島的提案不被山縣陸軍卿接受，到了鹿兒島，高島再次向黑田提出同樣的作戰方案，黑田認為可行，由於黑田與山縣的軍階皆為陸軍中將，由黑田提出會增加被採納的機會。

12日黑田護送柳原敕使帶著大山縣令離開鹿兒島前往長崎，一到長崎，黑田馬上發電請示太政官，太政官經過討論後回電同意，於是高島便率領一個半大隊的鎮台兵與七百名警官乘船出發。高島在八代南方海岸線測量、勘查，尋找可供登陸的地點，19日相中瀨八代海一處名為日奈久（南九州自動車道與肥薩orange鐵道經過）的海岸登陸，由於這支軍隊從薩軍背後襲擊，故稱為衝背軍。

八代是熊本藩祖細川忠興晚年的隱居地，因此對歷代熊本藩主而言是個頗具意義之地。在地理位置上八代也是薩摩北上熊本的必經之地，不管薩軍或熊本士族，都有想到政府軍可能會在此地登陸，然後北上從背後出其不意的痛擊薩軍。薩軍雖有想到這一層，但其主力仍被政府軍牽制在田原坂，一時間分不出多餘的兵力南調，在黨薩諸隊的協調下，動員百餘名八代士族前去防守。不過，百餘名八代士族卻在衝背軍船艦幾聲隆隆砲聲下，嚇得四散而逃，讓衝背軍兵不血刃取得八代。

19日，亦即田原坂激戰結束的前一日，薩軍三番大隊長永山彌一郎從底下眾小隊選出一千三百名前往八代清除在該地登陸的衝背軍，因為稍早之時別府晉介、邊見十郎太、淵邊群平返回鹿兒島招募新兵，以補充高瀨之戰以來損失的兵員，永山率軍前往八代要接應別府等人召募的新軍，以免被衝背軍俘虜。薩軍亦指派黨薩諸隊中熟悉八代地形的協同隊，由參謀宮崎八郎率領部分協同隊士跟隨永山一同前往八代。

平心而論，最強的薩摩健兒便是2月15日隨西鄉高舉「新政厚德」旗幟出征的一萬兩、三千人，但是這批人卻在西鄉、桐野、篠原等幹部提不出像樣的戰略戰術下，沒有目的的徒然犧牲。邊見招募的這支年齡介於十五歲到四十五歲共一千五百名新軍，或許也繼承薩摩隼人勇猛的天性，但幾乎沒有受過訓練，無法與先前的兵員相提並論。話雖如此，對歷經高瀨會戰、田原坂激戰付出重大犧牲的薩軍而言，已是沒有其他選項中的選擇。

永山的軍隊19日從熊本城南邊的川尻出發時正在下雨，經過一天一夜的行軍，20日清晨來到宇土附近的松橋（熊本縣宇城市松橋町）。薩軍在砂川對岸發現衝背軍，正是高島率領的鎮台兵與警官組成的別働第一旅團。若此情形發生在剛離開鹿兒島的薩軍，定會不顧一切與高島旅團作戰，但歷經高瀨會戰與田原坂等役的失利，薩軍不僅收起對鎮台兵的小覷之心，也收起不顧一切要與敵人拚死作戰的衝動。

雙方隔著砂川對峙，偶爾射擊個幾槍，但始終沒有渡河決戰的意圖。

另一方面，別府、邊見、淵邊等人招募的新軍在26日出發，選擇2月17日西鄉行進的路線從鹿兒島城下出發後經過仙巖園往東，經加治木往北到栗野（以上稱為薩摩街道）。之後沿著大抵與今日九州自動車道一致的路線，進入蝦野高原與矢岳高原間的加久藤盆地（地處鹿兒島縣始良郡湧水町與宮崎縣蝦野市之間，今為霧島錦江灣國立公園），再從矢岳高原北上進入熊本縣南端的人吉盆地。

別府等新軍連日趕路於3月29日來到人吉盆地，由於槍械有所不足，邊見等人只帶走擁有槍械的兵力，就在薩軍即將啟程前的31日晚上，宮崎八郎奉永山之命率領協同隊前來與之會合。4月2日，邊見、宮崎率領擁有槍械的約一千二百人及二百餘名協同隊，沿著湍急的球磨川而下馳援人在八代的永山彌一郎。

然而，衝背軍3月30日便已獲知人吉有一支薩軍出沒的消息，別働第二旅團司令長官山田顯義立刻調兵前往迎戰。4日山田司令長官派出的部隊在球磨川旁遇上邊見・宮崎的部隊，雙方立即展開槍戰。球磨川與流經長野、山梨、靜岡等縣的富士川，以及山形縣的最上川，並稱為日本三大急流，在幕府時代經常發生氾濫，屢屢傳出淹沒河岸兩邊民宅、農田的災情。寶曆年間（一七五一～六四）熊本藩撥出鉅款在球磨川入海處（八代海，也稱為不知火海）附近修築一道長長的堤防，稱為萩原堤，這座萩原堤便成為雙方的交戰地，距離永山所在的砂川河岸大概還有十二公里之遠。

4日、5日的作戰大抵而言是薩軍占上風，不過，6日薩軍彈藥用盡，戰情立即逆轉。為了讓別府、邊見、淵邊等薩軍將領能安然撤退，宮崎自願擔任殿後的任務，別府等人撤退後，即將天黑前宮崎中彈，摸黑移動時死去，得年廿七歲。衝背軍裡有宮崎的舊識，從屍體懷裡發現盧梭《民約論》手抄本而認出宮崎，將他的死訊帶往熊本縣北邊角落荒尾村（熊本縣荒尾市）宮崎的老家。八郎的六弟民藏此時十三歲、七弟彌藏十一歲、末弟寅藏（滔天）七歲，他們對八郎的印象應該很模糊（八郎在明治三年便前往東京），然而，三人之後卻走上與八郎相同的道路，幾乎散盡所有家產協助孫文的革命事業，在這一家兄弟身上充分表現出俠義的精神。

與此同時，原本在砂川隔河與衝背軍作戰的永山彌一郎也逐步往北退回川尻，依綠川與衝背軍作戰。由於永山的撤退，衝背軍得以將本營北移至宇土，宇土以南的衝背軍紛紛靠攏過來，形成一支擁有超過七千人的大軍，黑田清隆成為這支大軍的統帥，薩軍除永山先前率領的一千五百人外，還有從包圍熊本城的兵力抽調過來總計約二千五百名。

以薩軍的勇猛，兩千五對上七千不至於沒有勝利的機會，問題依舊是彈藥的不足，排除薩軍得勝的機會。4月13日，永山設在二本木（熊本市西區二本木）已被衝背軍團團包圍，永山率領的這支軍隊也接近全員陣亡，他把身上僅有的一百多圓悉數交給本營附近一位老婆婆，向她買下簡陋的房子作為切腹的場所。約早上十時，永山在沒有人介錯的情形下切腹結束性命，享年四十歲。同日，寥寥可數包圍熊本城的薩軍為山川浩擊退，15日起，熊本城下，甚至從高瀨到八代這一熊本的精華區都不再有薩軍的蹤跡，薩軍只能撤往熊本東邊的山區。

九、「親愛日增，無法離去。今，只得不論善惡，生死與共」

4月22日，西鄉及撤出熊本城的薩軍聚集在矢部濱町（熊本縣上益城郡山都町），朝南邊人吉盆地而去。從矢部濱町前往人吉不比別府、邊見等人從矢岳高原進入來得輕鬆，直接南下須穿過熊本縣最高峰一千七百三十九公尺的國見岳，雖是最短路徑，但對過於肥胖必須讓僕役扛著竹轎通行的西鄉而言，山路狹隘顛簸難行難於上青天。因此薩軍選擇迂迴行進的路線，先是東行至野尻、馬見原（熊本縣上益城郡山都町），然後進入宮崎縣境，依序為鞍岡（宮崎縣西臼杵郡五瀨町）、本屋敷、仲塔、下稻良、椎葉（以上均位於宮崎縣東臼杵郡椎葉村，這條路線大抵為現今國道二六五號），歷經七日行軍，薩軍終於在28日抵達人吉。

撤出熊本城下時的薩軍不到一萬名，加上補充的新軍以及跟隨撤退的部分黨薩諸隊，在人吉的薩軍及黨薩諸隊大概還有一萬數千名左右。

根據黨薩諸隊之一熊本隊一番小隊長佐佐友房在其撰述的《戰袍日記》裡有如下回憶：

……一山又一山，山坡峻絕，恰如攀登土壁，一步高一步，前人宛如踩在後人頂上爬。路徑寬不過尺，樹根尖銳，凸出路中，……加之雨益密、風益烈，滿山濛濛，咫尺亦無可辨。軍中有攜家帶眷者，母在雨中泣，兒在雨中號，聞者無不悽然淚下。

年僅廿四歲的佐佐友房在6月與政府軍作戰負傷降伏，政府軍看他年輕認為他只是一介士兵而免除其死罪，將他送往戰地醫院療傷，傷癒後送進監獄囚禁。明治十二年出獄後轉向為熱中國家主權的國權主義者，與抱持同樣理念者成立國民協會、帝國黨等國權主義政黨，並多次當選眾議員。

來到人吉，薩軍打散原先的編制，改以奇兵隊、振武隊、正義隊、行進隊、干城隊、雷擊隊、常山隊、鵬翼隊、破竹隊取代原先的大隊，並重新任命野村忍介、中島健彥、河野主一郎（高城七之丞代理）、相良五左衛門、阿多壯五郎、邊見十郎太、平野正介、淵邊群平、別府晉介等九人為隊長，除淵邊、別府外，其餘（包含代理的高城七之丞）皆為原先大隊下的小隊長，因勇猛作戰而晉升隊長。

西鄉的本營置於永國寺（熊本縣人吉市土手町），起事以來始終是實際指揮官的桐野則在球磨川上游的江代（熊本縣球磨郡水上村）指揮部隊。兩地位處人吉盆地兩端，相距三十多公里，以所處的位置考量當時的交通條件，往返兩地便需耗去一日的時間。大敵當前，薩軍的靈魂人物竟然將其落腳處選在距離如此遙遠的位置，不免令其他薩軍幹部質疑兩人是否有所不和。

儘管撤退到人吉，桐野仍是緊抓住軍權不放，他將薩軍僅有的一萬數千名兵力打散到熊本、鹿兒島、宮崎三縣（當時是熊本、鹿兒島二縣）上，使得每個據守的點分配不到一千人，甚至有的點只有百餘名兵力，而嚴重不足的彈藥有的點只分配到數百發。這樣的數量連要維持一天的射擊也不夠，讓這麼點人力、這麼點彈藥便要守住一個據點根本是痴人說夢，與其如此倒還不如以有限的人力、有限的彈藥好好守住盆地四周。

政府軍得知薩軍去向後，山縣陸軍卿召集各司令長官討論今後的作戰計畫。山田顯義鑑於鎮台兵內心普遍對薩軍感到畏懼，因此提出多路進軍人吉盆地，若遇上薩軍反擊，無須戰至一兵一卒，看到局勢不利立即撤退至八代。在八代集合敗兵，重新補給人力、物資，充分休息後再予以進擊。

5月20日起，政府軍朝人吉盆地前進，移動的速度相當緩慢，30日遇上由河野主一郎、淵邊群平率領的正義隊、鵬翼隊，在回防時遇上政府軍。曾經是近衛兵將領的淵邊群平（軍階陸軍少佐）、河野主一郎（軍階陸軍大尉）英勇禦敵，淵邊不幸腹部中彈，當日死去，享年三十八歲。政府軍前進人吉盆地只遇上這一次抵抗，6月1日進入市區。奇怪的是，薩軍已經不見蹤跡，原來西鄉在29日便已悄悄撤離人吉，轉進至東邊的宮崎，位處人吉與宮崎交界的江代的桐野，更早在西鄉撤離前便已前往宮崎，6月4日，政府軍完全控制人吉盆地。

因薩軍的到來被迫提供飲食、住處及勞務的人吉士族，卻在政府軍即將到來之際遭到薩軍的拋棄，被拋棄的恥辱使得人吉士族幾乎一致向政府軍降伏，接受其收編成為政府軍一員，反過來與薩軍交戰。不僅如此，部分來不及撤走的薩軍也出現由小隊長率領全隊向政府軍降伏的情形。

如此一來，除人吉盆地進入薩摩的玄關口大口（鹿兒島縣伊佐市）還留有邊見十郎太的一千數百名薩軍及黨薩諸隊外，其餘薩軍均已撤往宮崎縣，這支薩軍便成為政府軍優先進攻的目標。為激勵孤軍的作戰士氣，邊見十郎太特地取來奉納當地忠元神社（鹿兒島縣伊佐市大口原田）的四尺長太刀，忠元神社祭祀的是戰國時代侍奉島津貴久．義久兩代名將新納武藏守忠元。最初，由熟悉薩摩地勢的大警視川路利良率領一千餘名警視隊進攻大口，由於兵力相當，戰況相當激烈，邊見隊的白刃戰屢屢擊退警視隊的進攻，邊見想趁高昂的士氣反攻至政府軍控制下的水俣（熊本縣水俣市），遭到政府軍一再的支援並展開反撲。6月11日，三浦梧樓率領第三旅團攻下熊本進入薩摩的另一玄關口出水（鹿兒島縣出水市），與警視隊聯合進攻大口。數日後別働第二旅團也加入進攻大口的行列，總兵力將近六千人，是邊見隊四倍有餘，邊見再英勇也無力作戰，終於在20日棄守大口，撤往宮崎。7月初，邊見與西鄉會合時身邊只剩數人，其餘不是戰死、負傷、逃跑，再不然就是向政府軍投降。

此後，薩軍行跡只限於今日宮崎縣境內，在這裡與政府軍進行游擊戰。彈藥的不足比糧食更為嚴重，薩軍每天作戰前要先用第六節提及的西鄉札向民眾購買鉛，將其熔化製成彈藥。當鉛不夠時，錫、銅也用來熔成彈藥，錫、銅用完後，連鍋和釜也予以熔化，製成彈藥，再將這些彈藥裝進槍管射擊。當然，這樣粗製濫造的彈藥不僅射程不遠（約只三十到五十公尺），殺傷力也不強，明明射中要害，卻只在敵軍身上造成皮肉傷。而政府軍一再增援，除第五節提到的四個正規旅團、四個別働旅團及奧羽各地士族與警視隊外，已解除圍城之危、不再成為薩軍進攻對象的熊本鎮台司令長官谷干城，也率領鎮台兵加入政府軍，政府軍總兵力據統計已超過六萬人。

經過半個多月的進攻，薩軍在宮崎縣的據點也從原本的宮崎（宮崎縣宮崎市）、延岡（宮崎縣延岡市）兩地縮小至延岡一帶，薩軍兵力只剩三千餘人。西鄉對於薩軍的困境似乎視若無睹，8月6日寫給各隊長的信件還提到「勝利就在眼前」，只是，任誰來看都無法相信薩軍有獲勝的機會。

8月中政府軍已完成對延岡的包圍網，預定15日發動總攻擊。不過，包含西鄉在內的薩軍已在14日一早直接棄守延岡，移往更北邊的和田越，15日，政府軍按預定計畫總攻擊時撲空。雖是如此，政府軍仍在最短時間內在和田越追上三千餘名薩軍，接著雙方展開決戰。儘管如此，薩軍仍巧妙逃脫四萬餘名政府軍的包圍，轉進至西北方的可愛岳。

16日中午，西鄉親筆寫下如下布告內容：

我軍窘迫至此，今日唯有決一死戰。

但，諸隊欲降者可降，欲戰死者可死。

無論士卒，皆可依其願行事。

不過十日前西鄉還信誓旦旦提到「勝利就在眼前」，如今一變為「欲降者可降，欲戰死者可死。無論士卒，皆可依其願行事」。諸隊指的是黨薩諸隊，西鄉認為黨薩諸隊不需強留下來與薩軍戰死，因而發此布告要他們自行離去，當日便有不少諸隊就地解散。

同日，西鄉也與兩隻愛犬分別。

寫完布告後，西鄉讓人燒毀他的陸軍大將軍服，據說圍觀的薩軍紛紛落淚，哭道：

全日本僅有的一件陸軍大將軍服就這麼沒了。

17日，西鄉找來長久以來隨侍在旁的僕役熊吉，要他背負在和田越負傷的長男菊次郎前往政府軍陣營向僅存的三弟從道投降，說道：

去找慎吾，他不會虧待你們的。

自山縣陸軍卿於2月被任命為討逆軍參軍以來，從道便以代理陸軍卿身分與大久保內務卿坐鎮京都（當時還沒有大本營條例，多數太政官陪同天皇前往京都參與先帝崩御十年祭，滯留京都期間發生西南戰爭，京都便因而成為太政官發號施令的場所）。由於代理陸軍卿之故，幾乎能在第一時間收到前線最速的戰報，並將前線戰情呈報大久保內務卿。

戊辰戰爭期間，從道、大山巖、黑田清隆三人是西鄉最為倚重的參謀，但在西南戰爭這三位參謀卻與西鄉分屬對立陣營，沒有他們的出謀劃策（西鄉身邊還有村田新八、西鄉小兵衛、野村忍介等算得上參謀的人，但他們的意見不被接納），西南戰爭便打得亂無章法可言。

大口之役結束後，戰局明顯對政府軍有利，政府軍的獲勝只是時間的問題，天皇先於7月28日返京，大久保內務卿亦於8月2日返回東京主持即將在上野恩賜公園舉辦的第一回內國勸業博覽會（請參照第十三章第五節）。至於從道則動身前往九州，他與大山、黑田都抱持同樣的目的：

解救西鄉，讓他免於遭受審判。

要解救西鄉便不能讓西鄉與發動西南戰爭有所關聯，因此他們想出這樣的說辭：

西鄉上了桐野等人的當。

亦即發動西南戰爭的是前陸軍少將桐野利秋、篠原國幹等人，與西鄉毫不相干。從筆者在前幾節的敘述看來，這樣的說法似乎並非毫無依據，但問題在於這種說辭能取信於戰後主持審判的人嗎？雖然不能確定戰後主持審判的會有哪些人，但大久保內務卿毫無疑問必在其中。只不過大久保在佐賀之亂判處江藤死刑，此役若不比照辦理也判處西鄉死刑，恐怕難以服眾。從道等人並非沒有想到這一層，但眼下也只能走一步算一步。

從道相信大山、黑田內心也與自己有同樣想法，因此他在大久保離開後（應該也得到大久保的同意）急忙趕往九州，卻在那裡意外遇上負傷降伏的侄子。在從道的擔保下，菊次郎不僅未被視為戰犯，連監禁也得以倖免，還得以進入外務省，甚至前往美國留學，不難想像這背後定有從道、大山、黑田甚至整個薩摩藩的出力。

惟，在和田越負傷的菊次郎因不佳的醫療環境，不得不將受傷的右腳從膝蓋以下切斷。

明治二十八年，三十五歲的菊次郎成為首任日本殖民地下的宜蘭廳長，前後近七年任期內整治宜蘭河有功，今日宜蘭市有「西鄉廳憲德政碑」以紀念其功。明治三十七年接手京都市長後提出第二琵琶湖疏水、上水道整備、道路擴築及市電鋪設等所謂的「京都市三大事業」，為京都市的現代化奠定基礎。

看到西鄉的布告後，當時僅存的黨薩諸隊熊本隊、龍口隊、協同隊、飫肥隊、報國隊、中津隊隊士紛紛離去。黨薩諸隊並非出於對薩軍抱持好感或認同其起事的理念才加入，更多原因是因為厭惡太政官拋棄攘夷方針或過於專制，想藉由薩軍起事號召各地士族一起響應。他們多半有比薩軍更為明確的理念，但因薩軍普遍鄉土意識濃厚，黨薩諸隊不被薩軍完全信任，與薩軍之間與其說是盟友倒不如說是像戰國時代中途加入的國人眾。

所以，在得知薩軍已無勝算後，已有不少諸隊自行離去，留到最後的黨薩諸隊對薩軍說得上是有情有義。當中中津隊隊長增田宋太郎也勸說隊士離去，不過增田自己卻沒有離去之意。諸隊士不解，再三勸增田，要他與諸隊士一起返回中津。增田始終不願離去，眾隊士問他原因，增田語帶哽咽的說道：

吾來此處，始得與西鄉先生親近。與先生接觸一日，則生一日之愛，與先生接觸三日，則生三日之愛。親愛日增，無法離去。今，只得不論善惡，生死與共。

（吾、此処に来たり、始めて親しく西鄉先生に接する得たり。一日先生に接すれば一日の愛生ず、三日先生に接すれば三日の愛生ず。親愛日に加わり、去るべくもあらず。今は、善も悪も死生を共にせんのみ。）

大致說來，對西鄉的評價以龍馬的「小力地敲會發出小小的聲音，用力地敲就發出極大的聲音。說他笨倒像是個大笨蛋，說他聰明就是個大智者」與增田這句最負盛名，要理解這句評價得先了解增田的生平。

增田宋太郎生於嘉永二（一八四九）年，父親是福澤百助之妻的堂弟，換言之，增田與福澤諭吉是遠房親戚。由於與福澤有這層關係，因而選擇進入福澤創辦的慶應義塾就讀，增田在慶應義塾沉湎於自由民權的學說，因而難以容忍太政官的有司專制。畢業後，增田選擇返回中津創辦《田舍新聞》，明治八年前往大阪參加愛國社的活動，有意在中津推行自由民權運動，惜自由民權的推動因西南戰爭蜂起而中止。

黨薩諸隊中中津隊最後才加入(3月31日),增田與西鄉的接觸最快也當在4月以後。然而,到8月16日增田對西鄉便已到了「今,只得不分善惡,生死與共」的程度,由此看來增田和西鄉在政治主張上雖大異其趣,但增田卻異常崇拜西鄉的人格特質,到了願意與西鄉同生共死的地步。

8月18日,薩軍突破政府軍對可愛岳的包圍,一路衝回鹿兒島,增田是少數與薩軍衝回鹿兒島的黨薩諸隊。9月4日,增田與貴島清在鹿兒島市街與政府軍作戰時陣亡,得年廿九歲。福澤得知增田戰死,難掩心中悲痛,為增田的墓誌銘寫下「宋太郎出於中津,宛如神龍出於煙灰之中」。

十、長使英雄淚滿襟

8月18日,薩軍(扣除掉已解散的黨薩諸隊、難以行走的傷兵以及逃散的薩軍,實則不到兩千)強行突破可愛岳,政府軍第一旅團、第二旅團驚於薩軍的不按常理,野津鎮雄、三好重臣兩位出身薩長的陸軍少將一時亂了方寸，不僅讓薩軍穿越其間，還折損不少糧食以及三萬發彈藥和一門大砲。

此後十餘日薩軍艱難的在宮崎山地行軍，包括神話裡天孫降臨之地——高千穗峽（宮崎縣西臼杵郡高千穗町）都踩在他們的腳下。8月29日，不到五百名薩軍抵達橫川（鹿兒島縣霧島市橫川町），他們在宮崎縣的山地裡迂迴穿梭將近四百公里，奇蹟似甩開政府軍的追擊，完成如此長距離的撤退不免令人想起關原戰役結束時有名的「島津的撤退」（島津の退き口），雖然兩者並不能完全類比。9月1日，薩軍返回鹿兒島，西鄉身邊人數剩不到四百人，雖同樣與「島津的撤退」達成撤退任務，但犧牲的慘重與「島津的撤退」相比也是不遑多讓。

自2月15日薩軍高舉「新政厚德」旗幟、意氣風發的簇擁西鄉上京清君側以來，相隔一百九十九天後薩軍再次踏上鹿兒島。然而，斯時有一萬兩千餘名英勇的薩摩健兒跟隨西鄉，此時只剩不到四百人不說，西鄉小兵衛、篠原國幹、永山彌一郎、村田三介、淵邊群平、貴島清等將領均已戰死，別府晉介、河野主一郎、野村忍介等將領則受傷無法作戰。薩軍拚死拚活也要突破可愛岳，並非想要在鹿兒島東山再起（事實上，經此一役，薩摩賴以為傲的勇猛戰力幾乎喪失殆盡），而是他們想要回到鹿兒島以此作為埋骨之處。前文曾提過西鄉和薩軍普遍都有濃厚的鄉土意識，愈是這樣的人對於出生、成長之地的故鄉愈是難以割捨。

除把故鄉作為埋骨處之外，薩軍將領還另有一共同想法：

我等死不足惜，無論如何也要乞求政府軍饒恕西鄉先生。

這一想法只在薩軍將領間流傳，別說西鄉不知，就連桐野也不知情，應該說，薩軍將領故意不讓桐野知道。發動西南戰爭的人首推桐野與死去的篠原，如果不是他們兩人仗著西鄉的信任，也許不至於有西南之役。但如果讓桐野知道薩軍將領有意犧牲自己以換取西鄉的活命，桐野一定會從中阻攔，薩軍將領此舉可說是對桐野長時間霸占西鄉的報復。

只是薩軍將領的想法未免過於一廂情願，大久保內務卿已在佐賀之亂斬了禍首江藤，儘管他與西鄉有著非比尋常的交情，但前例既出，不斷西鄉便無法向天下蒼生交代。對西鄉而言，發動西南戰爭或許不是出於自己的意願，然成千上萬的薩摩健兒為己而死是鐵錚錚的事實，如果再對苟活有所戀棧，此後又有何面目立於天地間？

返回鹿兒島的薩軍困守在城山（鹿兒島市城山町，現為城山公園），舊藩廳鹿兒島城便在此地，祭祀前藩主齊彬的照國神社在城山之南，而久光隱居之地玉里邸庭園則在此之北。城山有數個在此之前便已挖好的洞窟（這些洞窟現在多數都有保留下來），薩軍便以這些洞窟作為西鄉等人的居所。

9月22日，河野主一郎說服西鄉派他和山野田一輔前往政府軍位在集成館（鹿兒島市吉野町，現為尚古集成館）的陣地，河野說服西鄉的理由是必須有人向政府軍說明薩軍起事的真相，不然薩軍的行為勢必被視為反叛（日後果是如此）。不過，河野對西鄉隱瞞向政府軍參軍之一川村海軍大輔懇求饒恕西鄉一命之事。河野認為向西鄉的姻親川村哀求應該可以打動他，如果川村願意出面向大久保內務卿求情，西鄉或許真有可能保住一命。

一聽到是從薩軍陣營過來的使者，川村立即接見，儘管處在敵對狀態，雙方仍是熱絡的寒暄。不久，一位穿著陸軍軍服的軍官在川村耳邊竊竊私語，並遞給川村一封信函，川村隨即將信函轉交河野，要他帶回給西鄉。

這封信函是山縣陸軍卿的親筆信，但並非勸西鄉降伏的勸降信，而是勸西鄉切腹以保全名節。當時維新已進入第十個年頭，然幕府時代的價值觀仍深植人心，生前所犯之罪過隨其切腹而消除的觀念仍為士族信奉，因此山縣在這封信函裡以西鄉的摯友自居，委婉勸他「願君早自圖，一則證明此舉非君之素志，一則籌救彼我之死傷於明日之計策。君如得其所圖，則兵士亦得而止。……以故舊之情，有朋不得不切冀望於君，……」

雖然山縣以西鄉摯友自居，然而，據前幾章西鄉對板垣、江藤的態度來看，西鄉顯然不認山縣是摯友。儘管如此，西鄉對山縣有恩是不爭的事實，明治五年山城屋事件如果不是西鄉看中山縣無可取代的才能只給予象徵性的懲處，而任由江藤司法卿起訴，山縣很有可能從此在陸軍省消失，哪有日後成為「陸軍的大御所」，並且如法王般君臨政治、軍部兩個領域的榮耀及輝煌呢？

西鄉對山縣而言可說是大恩人，但山縣對西鄉的回報卻是在征韓議題的最後對決時，以視察各鎮台的名義躲避在外。雖說對戀棧權力的山縣而言，這樣的選擇並不意外，但山縣內心確實對西鄉有愧，才會在政府軍最後總攻擊前夕，以委婉的語調寫下一封自認情感橫溢的信函規勸西鄉切腹以作為對西鄉的報恩。

河野在川村派人保護下，從集成館回到城山，一路上所見盡是政府軍。23日下午二時返回後，河野將山縣的信函轉交西鄉，西鄉閱畢的反應為何不得而知，因為桐野也在現場，西鄉多少會有所顧忌而言不由衷，即使說了什麼也不能視為是西鄉的內心話。

另一方面，山縣陸軍卿向全體約七萬名政府軍下令，24日清晨四時對城山發動總攻擊，他期待在這之前能從城山傳來西鄉切腹的消息。時間一分一秒的過去，始終沒有傳來西鄉切腹的消息，山縣不得不在最後期限到來時宣布總攻擊。政府軍在人力、物力方面都占絕對上風（差距不只是數倍，而是數十倍、數百倍），一下令總攻擊便節節推進，直逼城山。西鄉在其所在的洞窟前聚集桐野、別府、桂久武、村田、池上四郎、邊見等四十餘人，他們要強行突破政府軍的缺口。事實上，僅憑四十餘人之力不可能有所突破，毋寧視為是要集體自盡。

根據黑龍會編纂的《西南記傳》記載，小倉壯九郎離開洞窟後不久便脫隊坐在地上切腹，接著國分壽助也脫隊切腹（不過根據目擊者加治木常樹的回憶，認為是中彈後才切腹）。稍後，在島津應吉的宅邸前（此地目前立了「南洲翁終焉之地」碑）西鄉肥胖的肚子中了兩槍，他對別府說道：

阿晉，阿晉，就在這裡好了。

因為腳受傷而乘坐駕籠的別府遂命轎夫停下，緩緩拔出刀來，向進行切腹的西鄉說道：

得罪了！

然後砍下西鄉的首級，這時為9月24日早上七時左右，維新第一元勳就此結束性命，享年五十一歲。

別府沉浸在對西鄉的緬懷中，不久，回過神來要身旁的僕役拿出布，將西鄉的首級妥善包袱，吩咐道：

快藏起來，別被敵人找到！

埋好西鄉的首級後，眾人鬆了一口氣，除桐野外紛紛坐在地上，取出脇差，氣定神閒的從容切腹。只有桐野堅持不切腹，繼續困獸之鬥直至戰死為止，西南戰爭在桐野死後宣告全部結束。

獲勝的政府軍發現薩軍將領們的屍體，立即通報參軍山縣，山縣下令將他們的屍體聚集在一起，他最關注的是西鄉的屍體。然而，西鄉的屍體沒有首級，山縣下令士兵尋找西鄉的首級，約半個小時後，埋在土堆的西鄉首級被挖出來，清洗乾淨後送到山縣面前。山縣毫無勝利者的喜悅，彷彿是在呼應前一天交給河野的信函，對著西鄉的首級喃喃自語：

知余莫若翁，知翁莫若余……

旁邊薩摩出身的低階軍官看到清洗後的西鄉首級忍不住低聲啜泣。

新鹿兒島縣令岩村通俊（之前曾任佐賀縣權令）得到大久保內務卿的指示，將盤據城山的薩軍將領隆重厚葬在淨光明寺跡（幕府時代為淨光明寺，在廢佛毀釋時遭到毀壞，之後便沒有重建，其地位於鹿兒島市上龍尾町，現南洲公園境內，境內還有南洲神社、西鄉南洲顯彰館），西鄉的墓位於正中，桐野、篠原、村田、池上、永山、別府、邊見、貴島、淵邊、桂久武、大山綱良等人的墓在其左右。

下一章筆者將介紹維新三傑的死（西鄉的部分則介紹西鄉星與西鄉傳說）及維新三傑一詞的由來。

南洲神社。

第二十一章

維新三傑之死

一、病榻上的木戶病逝

在第十六章第四節提到木戶因反對出兵台灣，而於明治七年4月18日提出辭呈，雖經條公慰留，然木戶辭意甚堅，5月15日太政官只得批准其辭呈。明治八年大阪會議結束後，大久保內務卿接受木戶提出的漸進體制改革（設立元老院・大審院、召開地方官會議、參議與省卿分離），木戶遂於3月8日重返太政官擔任專職的參議。

同年10月27日，板垣參議眼見太政官遲遲不履行參議與省卿的分離，憤而偕同彈劾三條太政大臣未果的島津左大臣辭職，但，木戶參議並未與久光、板垣二人同進退。木戶雖對太政官無法履行參議與省卿的分離同感失望，不過，較諸於板垣對參議與省卿分離的關注，木戶更在意地方官會議的召開，甚至主動爭取地方官議長一職。地方官會議的召開及《漸次樹立國家立憲政體》詔敕的頒布讓木戶看到立憲政體實現的曙光，認為自己還能對立憲政體的確立有更多貢獻，因此沒有選擇與板垣一同辭職。

同年11月13日，原本已被任命為出使朝鮮的使節，追究在江華島事件中向日本軍艦雲揚號開砲之責的木戶，在出發前突然因為頭痛及左腳麻痺而不良於行，出使朝鮮一事不得不因而中止。之後，頭痛及左腳麻痺的症狀都加劇，雖然太政官每天都讓醫生來為木戶看診，但由於看診的醫生並無固定人選，在醫術還不算發達的當時，竟然沒有一位醫生可以確切指出木戶的病因。飽受病痛折磨的木戶萌生辭官的念頭，可是木戶的辭呈一提出後便石沉大海，木戶只得躺在病床上看著戶外的吹雪迎接明治九年的到來，伴隨在木戶身旁只有幕末以來患難與共的松子。

明治九年3月28日，木戶的辭職終於得到批准，不過，並未准許讓木戶離開東京（擔心木戶若返回山口養病，會被不平士族所擁戴），只是讓他卸下參議的重擔，轉任名譽職內閣顧問。說也奇怪，轉任無須負實際責任的內閣顧問後，之前困擾木戶幾個月的頭痛和左腳麻痺都有明顯的改善，代之的是牙痛。

6月2日，木戶與岩倉右大臣、德大寺實則宮內卿、杉孫七郎（長州出身）宮內少輔隨侍在天皇身旁，展開天皇六大行幸中的第二次，距離上一次行幸已有四年之久。此次行幸的地點為對太政官積恨最深的奧羽，另外還延伸至曾為蝦夷政權核心地箱館（維新回天後改名函館）。當時立場偏向官方的《**東京日日新聞**》（明治五年三月創刊，是東京最早的日報。明治六年延攬岸田吟香為編輯長，隔年又延攬舊幕臣福地源一郎為主筆撰寫社論。福地傾向擁護政府，《東京日日新聞》遂變身為太政官的御用報，與傾向自由民權運動的《自由新聞》、《郵便報知新聞》屢屢進行筆戰，是明治晚期以後東京五大報之一。二戰期間與《大阪每日新聞》合併為《每日新聞》，延續至今）特別派出編輯長岸田吟香，在五十日（6月2日～7月21日）行幸過程中，除6月29日及7月19日以後，其餘皆鉅細靡遺的記載。岸田將此次行幸的報導題名為〈東北御巡幸記〉，為明治文化研究會收錄在《明治文化全集》第一卷皇室篇。

6月2日出發當日，留守的三條太政大臣率領眾參議及名譽職麝香間祗候為天皇一行送行，昭憲皇后甚至送行至千住（東京都足立區千住町，明治九年千住隸屬埼玉縣）。埼玉縣令白根多助（長州出身）率領縣廳主要官員迎接，天皇一行沿幕府時代五街道（另外四條為東海道、中山道、奧州街道、甲州街道）之一日光街道而行，當晚在日光街道第二個宿場草加宿（埼玉縣草加市）過夜。

次日天皇一行繼續沿日光街道而上，成為第一個進入東照宮及二荒山神社的天皇，但也在此從宮中傳來天皇第二皇女梅宮薰子內親王（明治八年1月21日～明治九年6月8日，生母為天皇的典侍柳原愛子）夭折的電報。連同梅宮在內，共有一位皇子（在母親胎內死去，追贈諡號稚瑞照彥尊）、兩位皇女（另一皇女追贈為稚高依姬尊）夭折，使得已經廿五歲的天皇至今膝下猶虛。

接著天皇按預定計畫行幸磐前、福島、若松（現為福島縣）、山形、鶴岡、置賜（現為山形縣）、宮城、岩手、秋田、青森等縣。7月16日，天皇從陸奧灣南端的行在所（當地豪商野村治三郎宅邸，明治十四年第五次行幸亦以此地作為行在所，其址位於青森縣野邊地町字野邊地）出發，來到濱町海岸（陸奧灣西側）登上蒸汽船明治丸（明治六年向英國訂購的蒸汽船，排水量為一〇二七噸，負責巡視當時普遍在日本海岸新建的燈塔，明治三十年起成為東京商船學校的練習船。二戰結束後除役，現置於位在東京都港區東京海洋大學）前往函館。

明治九年7月16日下午二時半左右，有史以來第一位天皇造訪北海道，對岩倉右大臣、木戶內閣顧問、德大寺宮內卿、杉宮內少輔而言亦是如此。話雖如此，天皇滯留北海道的時間不到兩日，天皇實際行幸的範圍應該不出今日的函館市。18日十時過後，在禮砲、禮樂齊鳴下，由春日艦前導，明治丸在高雄丸、清輝號的護衛下緩緩駛離函館，20日進入橫濱港，當夜在前一年才完工的橫濱御用邸伊勢山離宮（橫濱市西區宮崎町，明治十八年廢止）過夜，21日還幸東京，結束第二次行幸。

附帶一提，為紀念此次從青森經函館航行橫濱的航程，昭和十六（一九四一）年第二次近衛文麿內閣遞信大臣村田省藏提議定此日為「海的紀念日」。不過，直到平成七（一九九五）年「海的紀念日」才成為日本的國定假日，並更名為「海之日」，從平成十五年起更動為七月的第三個星期一。

木戶返回後於22日接連拜訪三條太政大臣、伊藤參議，討論皇室財產的問題，木戶認為與歐洲各國皇室相比，日本皇室財政顯然過於薄弱。木戶接著在23日拜訪岩倉右大臣，詳細討論天皇甚至皇室的學問及教育議題。這些問題木戶可說是當時太政官成員中最早提出，可見他目光的深遠。

木戶去世後皇室財產不斷增加，進入大正時代皇室的財產已足以與三井、三菱、住友、安田等財閥平起平坐。明治十年，成立專以皇族、華族子女為對象的教育機關，初名「華族學校」，天皇在主持開校式時，將其祖父仁孝天皇於弘化四（一八四七）年在御所內成立以公家為對象的教育機關學習院取代華族學校之名（戰後改名學習院大學）。不久，從學習院獨立出華族女學校（之後陸續改名學習院女學部、女子學習院、女子教養學院，現名為學習院女子大學）。木戶為皇室的設想使得他在8月3日被任命宮內省出仕，木戶更能與三條太政大臣、岩倉右大臣及大隈大藏卿討論增加皇室財政的議題。

木戶此次跟隨天皇行幸來到日光山，見到當地因時代轉換及神佛分離而日益凋零。日光山這一名稱原本出自輪王寺的山號，從這一名稱不難想像幕府時代輪王寺的權勢。然而，由於戊辰戰爭期間輪王寺宮曾被擁戴為奧羽越列藩同盟的盟主，而與京都天皇站在對立面，戊辰戰爭結束後輪王寺先是被取消親王門跡的優越地位，繼而連輪王寺的名稱也遭到禁用，改回最初的寺名滿願寺（嵯峨天皇在位期間賜予滿願寺之名，進入江戶時代因成為親王門跡才改名輪王寺）。明治四年的神佛分離對滿願寺又是一大浩劫，日光山上的東照宮與二荒山神社要求脫離自立，並逐步索求滿願寺的寺領，輪王寺本堂三佛堂被要求搬遷，若拒絕搬遷則將遭到毀壞的命運。

正好在此時，天皇行幸車隊經過，木戶接受滿願寺僧眾的陳情，返回後向大久保內務卿反映，經過幾番協調，滿願寺以讓出部分寺領為條件迎回三佛堂。今日三佛堂（供奉千手觀音、阿彌陀如來、馬頭觀音）是輪王寺的本堂，而且還是重要文化財，更是世界遺產「日光的社寺」之一。

10月28日，前參議．兵部大輔前原一誠響應熊本敬神黨，在昔日長州藩藩廳之地萩掀起萩之亂。消息傳到東京，木戶立即表態他願意前往平亂，太政官卻認為前往前線督戰對木戶的病情不利而予以回絕，木戶無法再複製七年前率軍平定脫隊騷動那樣為太政官貢獻一己心力。出乎木戶意料之外的是，廣島鎮台與大阪鎮台兵迅速平定萩之亂，快到木戶即使不出馬亦不影響最後的結局。

進入明治十年，為了孝明天皇十年忌，木戶以及部分太政官成員跟隨天皇來到京都。2月5日，在京都的太政官成員接到鹿兒島私學校生襲擊火藥庫搶奪彈藥消息的電報，木戶立即發電報給人在東京的大久保，表明願意前往鹿兒島勸說西鄉，但為大久保所拒。

木戶或許是基於自己在維新回天期間立下的功勳足以與西鄉相提並論，以此身分勸說西鄉應是最為合適。讀者不妨與第二十章第三節伊藤的回憶相對照，便可知木戶也好，伊藤也好，兩人對薩摩都缺乏真正的了解。大久保後來派出川村海軍大輔可說是最恰當的人選，但連川村也見不到西鄉一面，木戶前去徒然自討沒趣。雖然勸說的提議遭拒，木戶仍持續關心西南戰爭，初期鎮台兵在熊本城遭到薩軍的包圍，並在高瀨、木葉、田原坂、吉次峠、植木等地與薩軍激戰，這些消息木戶都看在眼裡。

木戶始終認為西南戰爭是西鄉與大久保二派人馬的私鬥，卻硬是把太政官和民眾扯進來，他無法原諒如此自私的二人，在日記裡寫道：

這件暗殺事件引爆的戰爭，導致官賊有二萬人死傷，百姓房屋財產的損失更達幾千萬元的淒慘結果。大久保應在戰後引咎引退，並改變以往偏重朝廷的政策，朝向增進平民福祉。

不過，木戶愈是關心西南戰爭局勢，身體上的各處病痛便隨之而來，先是頭痛宿疾，接著是胸痛、腹痛，進而下痢。4月24日，天皇派出侍醫伊東方成為木戶看診。伊東方成的來頭不小，他是幕末幕府**奧醫師**（江戶幕府的醫官，為將軍及大奧的將軍家屬診治，受若年寄管轄。安政年間編制為十三名，俸祿為二百俵，官位為從五位法印）伊東玄朴的婿養子，幕末曾前往荷蘭習醫，戊辰戰爭當年家督相續。明治初年又前往德國習醫四年，明治十年晉升侍醫，在明治初年像他這樣到過歐洲學習先進醫學技術的日本人應該找不出幾個。

但，伊東的診斷卻說木戶的肝臟異常肥大，另一位德國醫師埃米勒・奧古斯特・威廉・舒爾茨（Emil August Wilhelm Schultze）則診斷出木戶的病源是「難治的胃病」、「胃裡長出腫瘤」（亦即胃癌）。儘管兩位醫師診斷出的病因差異頗大，但是木戶身上的病痛並不因而有所差異。

5月5日，昭憲皇后表達慰問之意，下賜兩箱葡萄酒，木戶不得不感謝浩蕩的皇恩，但以他此時的身體狀況來看，這兩箱葡萄酒恐怕是可望而不可及。6日，木戶疼痛加劇，自慶應四年四月以來每天持續不綴的日記在開頭寫下「昨日以來頗感寒氣徹病骨」，簡單交代熊本城解圍的戰鬥經過後，木戶日記留下永遠的空白。

之後，木戶的病情不見起色，松子接到消息從東京趕來，搭乘人力車來到木戶養病的上京區舊近衛別邸。這座別邸是明治二年近衛家別邸出讓給木戶，與幕末長州藩邸同樣位於鴨川西側稍北（現為旅館「石長松菊園」，京都市中京區末丸町）。松子來探望時，木戶已無法與常人交談，只聽到他不斷與不存在的各種人物囈語不休，之後數日木戶時而清醒，時而昏迷。

26日早上六時，昏迷中的木戶握住探病的大久保的手突然大喊一聲：

西鄉該適可而止吧！
（西郷もう大抵にせんか）

語畢，溘然而逝，享年四十五歲。木戶的死因為何以當時的醫術說不出個所以然。

木戶在4月24日的日記指定死後葬於東山諸峰的靈山，因為這裡是眾多幕末志士的埋骨之地靈山官祭招魂社（現名京都靈山護國神社）。不僅如此，埋骨在此的志士多是長州或與長州友好的攘夷派，換言之，靈山很少有薩摩人的墓。對厭惡薩摩人的木戶而言，永眠於此可以長伴眾多志同道合的友人，又能不受薩摩人的打擾，是最佳的埋骨之地。明治十九年4月10日，松子在京都木屋町通附近的住所病逝，享年四十四歲，養子木戶孝正依松子遺願與木戶合葬於靈山官祭招魂社，這對幕末以來患難與共的鴛鴦終能同穴窅冥。筆者曾兩度前往靈山護國神社參拜龍馬之墓，參拜完後必順道往上參拜木戶夫婦之墓。

木戶大概在明治二年初開始以松菊為號，松菊一詞咸認出自陶淵明的〈歸去來辭〉：

……乃瞻衡宇，載欣載奔。童僕歡迎，稚子候門。三徑就荒，松菊猶存。攜幼入室，有酒盈罇。……

木戶與松子結縭十餘年未曾生下一子半女，在木戶以桂小五郎為名的幕末，其生父鑒於小五郎體弱，為預防萬一收養小五郎異母姊之子桂勝三郎作為養子，結果勝三郎在禁門之變戰死。慶應二年，小五郎收養同母妹治子次男正二郎為養子，隨著桂小五郎改名木戶貫治，桂正二郎也跟著改名木戶正二郎。明治十七年7月7日《華族令》頒布，人在德國留學的正二郎以維新元勳木戶孝允的繼承人身分授予侯爵爵位，與大久保利通的繼承人大久保利和是第一批授予爵位（7月7日授予一百一十七家，7月8日授予三百八十七家，共計五百零四家）廿四名侯爵中僅有的兩名**新華族**（明治時代不具備公家或大名的家格，因維新回天之功或其他特別功勳而被列入華族之列，在明治十年代專指維新元勳）。

侯爵的授予標準有二：其一是公卿中的清華家，清華家計有花山院、大炊御門、三條、西園寺、菊亭、德大寺、醍醐、久我、廣幡九家，其中三條（實美）因維新之功被授予公爵，而羽林家的中山（忠能）因是天皇外祖父故也授予侯爵，共計九家。

其二為武家中的御三家及石高實高在十五萬石以上，然而，戊辰戰爭期間曾與新政府軍為敵的藩則被排除在外，因此實際上僅有尾張、紀伊、水戶等御三家，以及土佐、佐賀、熊本、福岡、藝州、因幡、鳥取、德島、加賀、久保田等藩被列入侯爵。

得知被授予侯爵的正二郎從德國趕回日本，該年10月28日，船隻航行至斯里蘭卡（Srilanka）時因肝病去世，得年廿四歲。眼見木戶家有絕嗣的危機，松子幾經思考，決定迎木戶之妹治子長男（正二郎之兄）孝正為養子繼承家業，孝正長男即是終戰時的內大臣木戶幸一。儘管沒有直接的血緣關係，但木戶幸一與其名義上的祖父都有寫日記的習慣，他們的日記也都具有反映其生存時代的史料價值。

二、西鄉星、西鄉傳說及西鄉的平反

明治十年9月3日，從可愛岳突圍撤退至鹿兒島的薩軍，面對政府軍層層的包圍，敗象已很明顯，當日發行的《大坂日報》記載：

> 人皆傳聞，每夜二時許，辰巳（東南）方有赤紅之星顯現，以望遠鏡觀之，可見西鄉隆盛身著陸軍大將軍服立於其上，不少好事之徒徹夜觀測。……

據猪飼隆明教授《西鄉隆盛——西南戦争への道》一書的記載，這應該是最早關於西鄉星的報導。現珍藏於鹿兒島市立美術館（鹿兒島市城山町）的《西南西鄉星之圖》錦繪（該畫的畫師為明治初期的浮世繪畫師梅堂國政，跟隨三代目及四代目歌川豐國學畫，擅長開化繪及役者繪，襲名為三代目歌川國貞或四代目歌川國政），畫中贊詞提到西鄉星乃彗星也。

此後，西鄉星成為包括立場偏向官方的《東京日日新聞》及傾向民權派的《朝野新聞》在內，各家媒體報導的話題。9月24日早上，政府軍在城山發現西鄉等四十餘名薩軍將領的屍體，立即向太政官發電報報捷。這封電報的內容被《東京日日新聞》社長福地櫻痴（源一郎）看見，他搶先在各家報紙之前在當日下午發行號外銷售一空。

照理，至遲到隔日，東京民眾應已知道西鄉已死的消息，但西鄉星的話題反而愈演愈烈，《朝野新聞》社長成島柳北（舊幕臣出身，曾任家定．家茂兩任將軍的侍講）還在27日的報紙寫道「天有西鄉星，地無西鄉首，令人膽寒」的內容。《朝野新聞》沒有派出隨軍記者前往九州採訪而寫出這樣的內容，雖說違反記者報導求真求實的精神，倒也還說得過去。但就連派出犬養毅到前線追蹤報導的《郵便報知新聞》，29日竟然還在報導「尚未尋獲西鄉首級」的內容，如此以訛傳訛也難怪西鄉未死的說法躍然紙上。

在東京尚且如此，東京以外之地西鄉星、西鄉未死的傳說傳播得更為鋪天蓋地，以致於相信西鄉未死的民眾比確信西鄉已死的多出不知幾倍。

只是，真的有西鄉星這樣的彗星嗎？

根據天文觀測，火星、地球與太陽每隔約七百八十日便會呈現一直線（地球在中，太陽和火星在兩側），這種現象叫做火星衝（opposition）。火星衝期間，火星和太陽呈現完全相反的位置，當太陽西下，火星正好升起；而當太陽升起，火星則落入地平線。因此火星衝期間，整個晚上都能觀測到火星，雖未必是火星距離地球最近之時，卻是觀測火星的最佳時機。二〇一八年7月27日火星衝據觀測的結果其視直徑為二四．三角秒，比起平均十七．九角秒要大上許多。

西南戰爭末期的西鄉星其實便是火星衝（或許可以稱為最接近地球的火星大衝），在當時天文知識還不普及的時代，西鄉星對民眾的接受度遠比火星衝（或火星大衝）要來得高，或許這是西鄉星的說法可以盛極一時的原因。

進入10月，在大阪一帶甚至傳出西鄉已變成魔王的傳聞。在佛教裡，魔王又稱天魔，其名為波旬、魔羅或魔波旬，與煩惱魔、五陰（色、受、想、行、識）魔、死魔並稱佛教四魔。據《長阿含經》、《過去現在因果經》等佛經之記載，波旬魔王居住在三界（欲界、色界、無色界，這三界構成人間）中欲界天的最上層。欲界天共有六層，由下而上依序為：四天王天（由持國天守護的東勝神洲、廣目天守護的西牛賀洲、增長天守護的南瞻部洲，以及四天王之首多聞天守護的北俱蘆洲所構成）、忉利天（由帝釋天統治）、夜摩天（夜摩天王統治）、兜率天（釋迦牟尼成佛前的居住地）、化樂天（據說此地的一晝夜等於人間八百年，住在此地者可享壽八千歲，身長八由旬），以及他化自在天（此地的一晝夜相當於人間一千六百年，住在此地者可享壽一萬六千歲，身長十六由旬）。由於波旬住在欲界天的第六層，故又稱為第六天魔王。

先是變身為西鄉星，後又變身為與織田信長同樣的第六天魔王，然而西鄉這兩次變身似乎沒有太多作為。明治十一年6月，高知大獄最後一位漏網之魚陸奥宗光下獄，陸奥被捕與西鄉之死毫無關聯，但《近事評論》（明治九年創刊，十六年廢刊）卻記載陸奥是因為託人把西鄉送往海外才被捕。此後陸續有其他報紙跟進，皆說西鄉潛伏在清國，太政官因已發現西鄉的首級一致斥責此說乃無稽之談，然三人成虎，不乏信以為真的民眾。

明治十四年，自由民權運動的聲勢達到顛峰，被大隈重信買下的《郵便報知新聞》有如下的報導：

大阪市內兜售的小冊子寫道：西鄉隆盛戰死一事乃是誤傳，西鄉此時藏身於印度一海島，他將伺機返回日本以成未竟之大事。

十年後，即明治廿四年5月4日，時年廿三歲的俄國皇儲尼古拉皇太子（Nicholas II

Alexandrovich Romanov，後來的尼古拉二世）前往海參崴（Vladivostok）主持西伯利亞大鐵路開工儀式前訪問日本。在皇太子到來前，傳聞早已傳遍日本輿論界了：

西鄉隆盛目前正蟄伏在俄國，準備在此次隨俄國皇儲一行風光返回日本。

由於此時西鄉已得到平反，對西鄉的崇拜無須像之前幾年那樣遮遮掩掩，日本民眾毫不掩飾的從尼古拉皇太子登陸那一刻便盼啊盼，結果望穿秋水也沒看見西鄉的歸來，倒是盼來「**大津事件**」（明治廿四年5月11日結束琵琶湖旅遊的尼古拉皇太子與希臘王國王子，乘坐人力車途經大津市街時，沿途警備的警官津田三藏突然拔出佩刀砍向尼古拉皇太子，皇太子右側頭部雖遭砍傷，但無生命危險。消息傳至東京，天皇立即下令有栖川宮威仁親王與北白川宮能久親王前往其下榻的京都飯店警備與慰問，次日天皇在新橋車站搭火車趕往京都探望皇太子。當時第一次松方正義內閣的外相青木周藏及內相西鄉從道第一時間遞出辭呈，法界擔心俄國會以此為由向日本索賠，一致認為應將凶手津田判處死刑，但大審院院長兒島惟謙認為日本的大逆罪對象並不包含外國王室而處以無期徒刑。最後沙皇亞歷山大三世及皇太子對日本迅速處理的態度感到寬慰，而未向日本索賠或藉故出兵）。

西鄉明明已在明治十年9月24日上午七時左右結束性命，經過十四年卻還有許多民眾堅信西鄉未死，該如何看待這點呢？日本歷史有許多的失敗者，擁有較多未死傳說的有平將門、源義經以及西鄉三人，這三人中尤以義經與西鄉深得不同時代的民眾喜愛。義經與西鄉的共同點在於其英雄性格、悲劇性格以及「**判官贔屓**」（義經曾任檢非違使尉，是檢非違使廳三等官，唐名為「判官」。此語原意為人們對於因梶原景時的讒言使得在一之谷、屋島、壇浦等役立下戰功卻遭到抹煞的義經寄予同情。到江戶時代，「判官贔屓」衍伸為「不管有無理解，也不問是非曲直的同情弱勢者」）的性格。

正是基於對弱者的同情，民間拒絕接受已在衣川館（岩手縣西磐井郡平泉町）戰死的事實，硬是杜撰出義經北行的傳說，說他經遠野、山田、宮古、久慈（以上位於岩手縣境內）、八戶（青森縣八戶市）進入北海道的日高、平取（均位於北海道日高振興局境內），這條線上充斥著義經傳說，尤其以北海道沙流郡平取町的義經神社最是有名。甚至還有義經從蝦夷地前往中國北方成為統一蒙古各部的成吉思汗的說法。西鄉星及西鄉流亡國外，伺機返回日本國內的說法在某種程度上也反映日本人對他「判官贔屓」的行為。而平將門則缺乏「判官鼂扆」性格，因此雖也是失敗者，也有著眾多未死的傳說，他的人氣明顯不如義經和西鄉來得高。

相較之下，身為勝利者的源賴朝、大久保利通不僅不具備「判官鼂扆」，政治上身為勝利者的他們在後人看來既缺乏魅力且又不討喜，源賴朝和大久保利通可說皆與傳說無緣的絕緣體。

西南戰爭開始後，福澤諭吉著手撰寫《丁丑公論》（明治十年的干支為丁丑），在緒言特地寫道：

> 對於政府之專制，防範之術唯有抵抗一途。世間若盛行專制，天地之間須存有抵抗之精神。
>
> 近來我觀察日本的景況，世人為文明的虛說所欺，以致抵抗精神逐漸衰頽。……而現今，西鄉氏使用武力反抗政府，其思慮雖與吾輩宗旨略異，然其精神不應予以非難。……

在《丁丑公論》正文裡他對「自本年西南的騷動以致剝奪西鄉、桐野等人的官位之日起，新聞記者立場豹變，對西鄉一派展開罵詈讒謗，無所不用其極」的行為表示憤慨，痛詆「新聞記者猶似政府豢養之鷹犬」。

福澤在緒言的落款日期為10月24日，可知他最遲在此時已完成《丁丑公論》，然而，《丁丑公論》雖然推崇西鄉發動西南之役是「日本國民的抵抗精神」，但福澤始終未將該書付梓，想必與成書時西鄉已淪為朝敵的身分不無關聯。在西鄉獲得平反後，福澤從明治三十四年2月1日起，一連十日在創辦的《時事新報》連載，可惜的是，連載第三日福澤便因腦溢血與世長辭，享壽六十七歲。

曾因「**不敬事件**」（明治廿四年1月9日，在一高任教的內村在教育敕語宣讀式拒絕向有天皇御名的《教育敕語》行禮而遭一高師生的非難，最後被迫辭職）被迫向一高（東京第一高等學校，戰後為東京大學教養學部）遞出辭呈的基督教思想家內村鑑三，於明治廿七年以德文撰寫《日本與日本人》。明治四十一年修訂《日本與日本人》，改以《代表的日本人》（繁體中文版由遠足文化出版）書名出版，在內村看來，西鄉足以與上杉鷹山、二宮尊德、中江藤樹、日蓮上人作為具代表性的日本人。

明治廿二年2月11日紀元節當日十時半頒布《大日本帝國憲法》，轉任內大臣的三條雙手捧呈憲法原本，恭恭敬敬的上呈天皇，再由天皇授予當時的首相黑田清隆（日本憲政史上第二個內閣，原來的首相伊藤博文轉任樞密院議長）以示其欽定憲法的本質。同日還頒布《皇室典範》、《貴族院令》及《眾議院議員選舉法》等法令，另外發布大赦令，自明治十五年11月福島事件以來被捕下獄以及明治二十年12月頒布《保安條例》中遭到宣告三年內不得進入皇居三里以內禁令的民權人士予以赦免及解除，於是河野廣中、片岡健吉、大井憲太郎、坂本南海男、星亨、尾崎行雄、中江兆民、竹內綱等遭到拘禁或驅逐的民權人士紛紛進入東京。

對維新回天有所貢獻的功臣予以追贈，岩倉具視（明治十六年病逝）追贈太政大臣，島津久光（明治二十年病逝）、大久保利通追贈右大臣。依《敘位條例》（從一位相當於公爵的待遇，正二位相當於侯爵，從二位相當於伯爵，正從三位相當於子爵，正從四位相當於男爵）贈已故前長州藩主毛利敬親（明治四年病逝）從一位、前土佐藩主山內容堂（明治五年病逝）從一位、前佐賀藩主鍋島直正（明治四年病逝）正二位、木戶孝允正二位、藤田東湖・佐久間象山・吉田松陰正四位。

最為振奮民心的消息莫過於也在這一日為西鄉平反，恢復其名譽，西鄉不再是亂臣賊子，也不再是朝敵，而是堂堂追贈正三位的功臣。另外，佐賀之亂之首江藤新平也解除賊首之污名，但僅止於解除賊名，而未追贈官位；而，西南戰爭薩軍其他將領不僅未解除賊名，也未追贈官位。附帶一提，大正五（一九一六）年4月11日，追贈江藤新平正四位，島義勇、前原一誠從四位，桐野利秋、篠原國幹正五位，奧平謙輔、大山綱良、桂久武、村田新八從五位。

明治三十五年6月3日，三十七歲的西鄉「長男」寅太郎受封侯爵，寅太郎的叔父從道在明治廿八年8月5日便因日清戰爭之功晉升至侯爵，西鄉家成為第一個擁有兩個侯爵爵位的新華族（西鄉次男菊次郎並無爵位）。諷刺的是，六十六歲的德川慶喜也在這一日受封公爵，獲准成立德川慶喜家以示與德川宗家有所區別。

據已故學者鄭學稼教授指出，自明治廿二年起，日本曾發生五次「西鄉熱」，追贈西鄉為正三位是第一次。第二次及第三次是從爭取日清戰爭的勝利，到日俄戰爭勝利後、併吞韓國期間，這段期間西鄉被形塑成具有統一日本及東亞偉大抱負的武士，並且擁有宏觀的大陸治理宏圖。因此大量出版西鄉的傳記、南洲翁遺訓以及征韓論相關書籍，像是勝田孫彌的《西鄉隆盛傳》（五冊）、黑龍會編纂的《西南記傳》、庄內藩士三矢藤太郎編纂的《南洲翁遺訓》、薩摩藩士加治木常樹撰寫的《薩南血涙史》可說都是這一時期的代表之作。

西鄉逝世五十周年到日本全面侵華是第四次西鄉熱，這一期間最重要的著作有大西鄉全集刊行會編纂的《大西鄉全集》（共三卷，每一卷約一千頁）、伊藤痴遊的三卷本《西鄉南洲》以及黑龍會編纂的《東亞先覺志士記傳》（三卷）。

昭和十六（一九四一）年，西南戰爭參與者的後裔出版一本名為《肚乃西鄉》的書籍，這本書的亮點在於對西鄉之死有另外一種觀點。該書作者竹崎櫻岳之父竹崎一二曾參與西南戰爭，竹崎櫻岳除了從父親口中聽到關於西南戰爭的事情外，他還親訪在霧島神宮擔任宮司的西南戰役倖存者河野主一郎，從他口中得知不少連市面上發行的西鄉傳記作者也不知道的事實。

該書正值大東亞共榮圈喊得最不遺餘力之時出版，部分內容也配合當時的輿論（若不如此恐難以出版）以評價西鄉：

若聽從西鄉公明治六年所言，征朝鮮而討支那，則今日錦旗必遠播南洋，英美無可縱橫，何止當下之東亞共榮圈，當振世界共榮之大旗，令得八紘一宇之聖德遠播萬國。……外交唯「肚」，唯「斷」。絕不可恐懼外國，如今踐行絕不算晚。我等當一億一心，協力奮進，誓要奉獻一切，翼贊東亞大業。

與其說在評價西鄉，倒不如說在向當時的內閣宣示政治正確。撇開政治正確不談，該書另一可看之處在於以下這段文字：

……別府晉介受傷了，桐野利秋勸他帶領僕人熊吉和城川一起跟西鄉走，走了二、三町遠後，桐野覺察西鄉似乎有投降敵軍之意。桐野心想，不能讓西鄉走進敵軍陣營內，……桐野只能含淚開槍打死西鄉。

引文中的城川，全名城川市二，是別府晉介的僕役，西南戰爭最後一日城山之役薩軍的倖存者。他在戰後將最後一日親眼目睹的場景口述給前來採訪他的薩軍或其後裔，竹崎櫻岳之父竹崎一二便是從城川口中聽到西鄉死因的另一種說法，再對竹崎櫻岳口述，於是才有《肚乃西鄉》這本書的問世。

不過，城川的口述不盡然皆屬事實，讀者可將上述文字與筆者在第二十章第九、十節相對照，可發現西鄉的僕役熊吉早在8月17日便在西鄉授意下，背負負傷的菊次郎向從道降伏，因此，熊吉不可能在西南戰爭的最後一日還出現在西鄉身邊。薩軍最後的據點城山，已被薩軍用層層的竹柵欄與外界隔絕，僅憑西鄉、別府、城川三人要打開並非易事，西鄉要從城山走到政府軍陣營投降應該頗有難度，若非城川的記憶有誤，或是竹崎一二在理解上出現問題，再不然就是竹崎櫻岳在撰寫時為配合政治正確而有所扭曲。

三、紀尾井坂的利通暗殺

前章第九節提到，隨著西南戰爭局勢的明朗，太政官已無在京都籌劃、指揮的必要，繼天皇於7月28日離開京都後，大久保內務卿也在8月2日前往大阪搭船返回東京。於公，大久保當然希望為禍一時的西南戰爭能予以平定，如此一來才能順利進行他一手擘劃的國家建設藍圖；於私，西南戰爭的平定意味著大久保將永遠失去從小一起長大、患難與共且攜手推翻幕府完成維新回天大業的摯友，既期待平亂然而一旦平亂意味著將永遠失去無可取代的摯友，大久保內心的煎熬可想而知。

一回到東京，大久保不得不把私人情緒擺在一邊，累積如山的案牘等著大久保的批閱、裁示。大久保對於下屬的提案或外人的陳情有其一套方式，他會先聽完下屬或外人的說明，經過一番思考後會這麼說道：

這無法成為御評定。

其言外之意為「不值得進一步討論」，因此不會有實施的可能。

若是一時間難以判斷能否實施，大久保會說：

我要再三思考一下。

這句話若放在現代等同與「再通知」、「再聯絡」，但在大久保則是指要經過再三審慎的思考，未必是拒絕的同義詞。

如果提案甚合大久保之意，大久保則會說道：

那麼就交付御評定。

只要聽到此句，代表大久保會以最快的速度推動。

8月20日，大久保內務卿被任命為國內勸業博覽會事務局總裁，翌日以此身分在上野恩賜公園主持第一回內國勸業博覽會的開幕式。明治十年的一級行政區為一使（開拓使）、一藩（琉球藩）、三府（東京、京都、大阪）、三十五縣（缺富山、福井、鳥取、香川、德島、佐賀、宮崎等縣，奈良縣當時稱為堺縣）都獻上境內特產，唯獨處在戰爭狀態下的鹿兒島縣空缺。

第一回內國勸業博覽會的會期長達一〇二日，閉幕時已是該年11月30日，換言之，大久保內務卿在第一回內國勸業博覽會的會期期間，以國內勸業博覽會事務局總裁身分接收到西鄉的死訊。以兩人的私交而言，西鄉的死訊對大久保猶如晴天霹靂的打擊，但大久保不以私害公，西鄉之死的打擊並未讓他因此怠慢公務，表面上仍是喜怒不見於形色，私底下找來同藩出身且當時已在太政官底下從事修史工作的重野安繹撰寫西鄉的墓誌銘。

重野在元治元年被國父久光任命為藩校造士館史局主任，負責編纂《皇朝世鑑》，可見重野以其史學才能得到久光的信任，而當時大久保也開始受到久光的信任。但同樣深受久光信任的這兩人，在大久保找來重野為西鄉寫墓誌銘之前，兩人似乎並無私交。大久保對重野講述一則他與西鄉之間不曾對外人說過的祕密（收錄在勝田孫彌編纂的《甲東逸話》），那是還在幕末時期的文久二年三月，剛在上個月得到赦免從流放地奄美大島返回的西鄉，奉久光之命先行前往下關觀察形勢並等待久光率領藩兵的到來。西鄉為阻止攘夷志士的躁動，不等久光到來便擅自離開下關，久光對西鄉的行為感到盛怒，放話要再次流放西鄉。當時僅是久光隨從之一的大久保先行前往京都伏見，從西鄉口中得知他擅自離開的用意，大久保在兵庫（神戶）向久光如實回覆。但久光內心認定西鄉與密謀在京都暗殺政要的攘夷志士是一夥的，已下定決心要再次流放西鄉。

此時的大久保還未受到久光的完全信任，甚至還因過度為西鄉辯護而遭久光起疑。無奈之下，文久二年四月九日夜將西鄉叫到兵庫海邊，絕望的說道：

……陷入此等境遇，予亦將被斥離君側。盡瘁多年，大展鴻圖在前，竟化成畫餅水泡，實無關是非，乃天命也。顧謂不可落於奸吏之手，必自裁而死也。予不阻止汝之死，予今此生亦無所作為，惟有一死。必與汝共刺而死，此乃我志，志已決，故伴汝來此無人之處。

西鄉在幾年前曾與僧侶月照約定跳海自殺，結果卻只有自己獨活下來，有此一想死而未能死成的經歷，使他對生命有更深一層的認識。他對大久保說道：

沒想到一藏能出此言！公之激怒與君側之形勢已至如此，今後更無是非。予非如君所想欲自裁處決，縱令遭縲紲之辱，亦忍耐從命，以期見到大計之實現，君亦應如此。若今吾等二人互刺而死，則天下大事去矣。迄今推行之畫策何人能繼紹？男兒當忍耐之事莫非此乎？若我二人死去，皇室當如何？國家當如何？忍辱負重只此時也。勉之，勉之。

大久保吩咐重野一定要將這段寫進西鄉的墓誌銘裡，之所以如此是因為自西鄉死後，大久保一直被包括鹿兒島在內的不平士族視為是逼西鄉走上武力反亂、甚至是逼死西鄉的「元凶」。對於不平士族的抹黑栽贓，大久保向來一笑置之（如鹿兒島士族抹黑大久保在東京建洋式建築是為了享樂一事），但是把西鄉的死歸咎在大久保身上令他無法忍受。

從道收到西鄉切腹的消息是在當日下班後，晚餐時對妻清子（薩摩藩士得能良介長女）說道：

今天接到消息，城山淪陷，哥哥切腹自盡。

說完，略為停頓，繼續對清子說道：

我也到今天為止，我要辭官，然後離開這裡。

翌日從道便搬出位在永田町的宅邸，搬往位於目黑（東京都目黑區）的別邸，但大久保當日便登門拜訪，目的為勸從道打消辭意。但是從道辭意甚堅，他對大久保說道：

什麼事我都聽您的，只有這件請原諒我的任性。

大久保認為此刻再說什麼，從道也聽不進去，因此先行告辭。大久保內心打定主意，務必要慰留從道，倒不是大久保與從道有什麼深厚友誼（畢竟兩人年紀差距十三歲），而是明治六年西鄉因征韓辭官，部分未響應西鄉的薩摩出身者的理由便是：

西鄉的弟弟從道不是也沒辭嗎？

可見，從道留在太政官可以讓眷戀官場的薩摩人有不辭職的理由。因此，若留不住從道，這些戀棧的薩摩人恐怕也不得不辭職，雖不知道會有多少人，但對太政官而言終究有所損失。

進入明治十一年，大久保為從道帶來喜訊：讓從道以駐義大利全權公使的身分暫時離開日本。以當時的情況而言，若在駐外之地沒有犯下太大過錯，從道大概也要駐外個三、五年才能回來，大久保認為三、五年的時間應該可以沖淡從道辭官的想法。然而，從道派駐義大利擔任全權公使的任命，隨著該年5月14日的利通暗殺而作罷，5月24日，從道與川村純義海軍大輔一起成為參議，躋身太政官核心，從道在這一日兼任文部卿，川村也在這一日從海軍大輔晉升海軍卿。

西南戰爭的起因是因為川路大警視派出二十餘名東京獅子潛入鹿兒島打探消息，私學校生認為東京獅子返回鹿兒島的目的是要執行暗殺西鄉的任務，於是才有鹿兒島士族簇擁西鄉前往東京質問太政官的舉動，這點筆者在第二十章已有交代。為何川路大警視要派人執行暗殺西鄉的計畫，一般咸認與大久保的指使不無關係，大久保遂被當時不平士族及一般民眾視為是殺害西鄉的凶手。以大久保的為人，筆者認為不至於作出指使川路大警視執行暗殺的手段，然而，只要相信謠言的人一多，謠言的內容在不知不覺間便會成為事實，這也是為何抹黑一直是打擊政敵最有效的手段。

對於沸沸揚揚的傳言，大久保在西南戰爭結束後的某天夜裡面對鏡子喃喃自語：

予面對明鏡照己之容貌，毫無灑落之態度，或是遭誣言以陰險手段暗殺西鄉而致之乎？男子之容貌必須灑灑落落才行。予出身以來，遭遇時勢之變遷，嚐遍幾多之艱難苦楚，未嘗對敵手動過採取如暗殺般卑劣之手段，此乃予對神明之照鑑，自是確信無疑。

可見大久保對於採取暗殺之手段亦感到不屑，這樣的人應該不會指使部下暗殺摯友。進入明治十一年，大久保訴說的對象及於幕臣出身且時任內務少輔的前島密，根據前島密的回憶錄《鴻爪痕》的記載，大久保這麼說道：

予與西鄉別離之際，既別無所言，亦別無所爭之事。他說道：「什麼都不想做了」，予只好回以「悉聽尊便」而惜別。西鄉既是予之畏友，亦是信友，故從私情而言，予亦不欲與之相離，是以予盡力勸說阻其西歸。然西鄉總把不做了掛在嘴上，然後離去，終於導致去年的慘劇，此誠遺憾至極。啊！西鄉當年那句不做了，使予今亦萌生不做了之想，……至今亦如是想。

大久保說到此處略為停頓，忽然想起昨晚作的夢。《鴻爪痕》記載了這個夢境的內容：

昨夜予與西鄉在斷崖上打鬥，亂擊交打全力一搏，忽然失足跌倒，兩人遂相擁從崖上跌落。而予看見自己頭蓋骨破裂，吾腦猶微微顫動，可謂奇也。

明治十一年4月10日，一使一藩三府三十五縣的地方官齊聚東京舉行第二回地方官會議（議長為伊藤博文），會期至5月3日結束。會期結束後，福島縣令山吉盛典（米澤藩出身）為了縣裡士族的救濟及猪苗代湖的疏濬留在東京與大久保內務卿商談。日後，山吉縣令將這約十天向大久保內務卿請益的內容題名為〈濟世遺言〉（收錄在《甲東逸話》一書）。

由於大久保公務繁忙，八時前往內務省上班後直至夕陽西下方才下班，因此山吉縣令只能挑大久保上班前的時間登門拜訪。5月14日山吉縣令想在離開東京前向大久保辭行，為了不耽誤大久保上班的時間，他在六時造訪，固定在五時前起床的大久保應聲開門。大久保口若懸河的向山吉縣令談及猪苗代湖疏濬工程的內容，不久，已近八時，已是大久保上班的時間。山吉縣令正要告辭離去，大久保卻叫住他，緩緩說道：

……抑皇政維新以來，雖已經十年星霜，迄至昨年仍兵馬騷擾，不肖利通，有辱內務卿之職，居其位而未能盡其務。加之東西奔走海外派出，雖說時勢使然亦未能盡到職責。今內外事務漸平，故此之際應勤於貫徹維新之盛意。欲貫徹維新之盛意予素來以三十年為期，明治元年起至十年為第一期，此乃兵事繁多的創業時期。十一年起至二十年為第二期，第二期最為要緊的乃整頓內治、充實民產，利通雖不肖決心克盡內務之職。二十一年起至三十年是第三期，第三期乃守成之期，有待後進賢者的繼承。利通的宿志如斯，故第二期之事業宜慎加謹慎以作為將來繼承者之根基，深期湖水疏鑿、移民開拓及大隈川通航等事業能充分完成，不因一時魯莽失敗而陷於民苦國害之慘狀。定三十年為目標，第二期必須慎之又慎，必期以準備周全之心面對挑戰。此精神不能只限於地方長次官，雖是屬官亦立於樞要之位，宜篤實貫徹、上下戮力、至誠運籌以至事成。

大久保在幾年前也曾對勝海舟說道將維新事業分成三期三十年完成，但當時所言沒有此次對山吉盛典來得清晰。大久保的一席話讓山吉縣令聽得熱血沸騰，連忙對大久保說道：

願效股肱之力。

語畢，看了看大久保的臉色，又補上一句：

務請保重身體。

長年下來，大久保幾乎每日都工作到午夜，他與木戶都有睡前寫日記的習慣，不到五時便已起床準備新一日的工作，長期的睡眠不足及工作壓力使他的氣色愈來愈差。連山吉這種因此次第二回地方官會議召開才有機會與大久保接觸十日的外人都能看得出來，與大久保幾乎朝夕相處的伊藤、大隈、前島等人想必內心更是有數。

當日（正確說來是山吉告辭後的二十幾分鐘）大久保便遭暴徒襲擊遇難，於是上述引文成為大久保的遺言，山吉盛典也成為大久保生前所見家人除外的最後一人。

襲擊大久保的暴徒共有六人，其中五人來自幕府時代的加賀藩（廢藩置縣後置七尾、金澤兩縣，明治五年九月廿七日併為石川縣，明治十一年的石川縣包括富山縣及福井縣大部分），另一人來自島根縣，在敘述利通暗殺事件之前，筆者先簡單介紹幕末維新之際的加賀藩。

加賀藩的藩祖是有「槍之又左衛門」之稱的前田利家，在秀吉晚年，利家不僅是五大老之一，還被任命為秀吉繼承人秀賴的監護人，秀吉的打算是以利家的人望制約家康藉以屏障搖搖欲墜的豐臣政權。可惜，秀吉的盤算落空，在他病逝的隔年利家也跟著辭世，利家去世後的前田家不僅交出相當於國母身分的芳春院到江戶當人質，還主動乞求幕府派出付家老，甘願處在被監視的立場。

加賀藩對幕府的順從使它獲得能登、加賀、越中三國，石高共約一百二十萬石（實高約為一百一十九萬三千石），是幕府時代的最大藩，其次才是薩摩藩。二代藩主利常分出十萬石給次男利次、七萬石給三男利治，分別建立富山藩和大聖寺藩兩個支藩，扣掉建立兩個支藩的十七萬石還有約一百零二萬五千石，世稱「加賀百萬石」。

第四代藩主前田綱紀是加賀藩最有名的領主，不僅在位最久（歷經家光、家綱、綱吉、家宣、家繼、吉宗六位將軍），也是普遍公認該藩唯一的名君。不過，綱紀的政績大多偏向在發展美術及手工藝方面，像是現在前往金澤一定不會錯過的兼六園（園名乃一個多世紀後曾主持寛政改革的松平定信，引用著名女詩人李清照之父李格非的《洛陽名園記》：「洛人云：『園圃之勝，不能相兼者六：務宏大者少幽邃；人力勝者少蒼古；多水泉者難眺望。兼此六者，唯湖園而已。』」）便是在綱紀主政期間營造，另外像是加賀友禪、金澤漆、寶生流（與觀世流、金剛流、金春流並稱江戶時代能樂四大流派）能樂（加賀寶生），都是在綱紀主政期間大盛，因此與其說前田綱紀是名君，倒不如說他是獎掖藝能界的名君。

綱紀之後的歷代加賀藩主致力於藝能的推廣，無形中也在向幕府宣示，石高一百零二萬五千石的加賀藩不會構成對幕府的威脅，因此幕府對加賀藩的戒心不如對薩摩、長州等西南諸藩來得強烈（這也與加賀藩位處日本海，較難與西方列強有直接接觸有關）。開國之後，薩摩、長州、土佐、佐賀紛紛蛻變成西南雄藩，以強大的實力為後盾多次進出京都，但是雄藩名單中獨獨欠缺加賀藩。不僅如此，戊辰戰爭中也不見加賀藩處在與新政府軍為敵的陣營中（新政府軍兵分三路下江戶，在北陸軍抵達時加賀藩便降伏），等於說一百零二萬五千石的加賀藩並沒有成為倒幕派或佐幕派的主力。

廢藩置縣後，加賀藩的表現依舊令人失望，併為石川縣的首任權令內田政風（明治八年3月3日辭官，返回鹿兒島縣服侍久光）是久光的人馬，據說此舉乃廢藩前藩的家老們向西鄉懇求的結果，就與幕府初期乞求幕府派出付家老來監視藩政一樣的情形。

石川縣士族對藩的軟弱、無能感到憤怒，轉而將希望放在明治初年征韓上，期盼能在征韓的行動上取得主動並立下功勳，以扭轉維新回天時的頹勢(他們把這稱為二次維新)。當西鄉因征韓而下野，石川縣士族感到痛心疾首，因為他們失去二次維新的機會，但當主張征韓的前參議之一江藤新平在佐賀掀起士族反亂時，願意以實際行動呼應的石川縣士族寥寥可數。

據說西南戰爭前夕，西鄉曾派人到石川縣勸說起事響應，島田一郎熱烈招待西鄉的使者，並允諾實施舉兵計畫，但到底是在石川縣舉兵或是派出士族前往九州參戰則不清楚。不過，舉兵計畫後來並未成行，這應與石川縣士族的風氣有關。明治十年4月底放棄舉兵計畫(不管是在石川縣舉兵或派出士族前往九州參戰)，島田在該年7月另行籌劃大久保利通暗殺計畫，並為此募集同志。

暗殺同志同樣也不好找，到西南戰爭結束也只找到長連豪、陸義猶兩人。然而，西南戰爭結束後，西鄉敗死似乎激怒不平士族(至少是石川縣士族)的怒氣，脇田巧一、杉本乙菊、杉村文一響應島田的計畫。進入明治十一年，唯一非石川縣士族的淺井壽篤透過共同友人要求成為暗殺成員。上述七人自明治十一年3月25日分批從金澤出發，4月20日陸續抵達東京，七人中文筆最佳的陸義猶草擬斬奸狀，洋洋灑灑寫滿十三張紙，列出具體的五條罪狀（全文收錄在板垣退助監修的《自由黨史》）：

一、杜絕公議、抑壓民權以私政事。

二、法令漫施、請托公行恣張威福。

三、興不急之土木、修飾無用之事以徒費國財。

四、疏斥慷慨忠節之士、猜疑憂國敵愾之徒以釀成內亂。

五、誤外國交際之道以失墜國權。

斬奸狀點名理當該斬的姦魁還有已逝的木戶孝允、岩倉具視（這兩人與大久保最是該斬），此外如大隈重信、伊藤博文、黑田清隆、川路利良也是罪無可逭，至於三條實美等人是斗筲之輩不足論也。

上述的斬奸狀未必如實反映出現狀，卻是當時士族、平民對政治的理解。從斬奸狀一事可知島田七人的暗殺計畫欲效法幕末的天誅，把暗殺昇華美化為替天行道。

5月14日，大久保內務卿與福島縣令山吉盛典談完他的三期三十年建設理念後，抱著明治九年才出生的唯一愛女芳子讓她坐在自己的膝上，然後拿著幾份重要文件包起來走出位在麴町三年町三番地（疑似為現今千代田區永田町一丁目眾議院別館）的宅邸，這時大約是早上八時剛過，正是大久保上班的時間。

坐上馬車後，大久保拿出剛才攜帶的文件專心觀看，對於馬車之外的景物渾然不覺。除駕車的馬夫以及跑在馬車前面的馬僮芳松外，大久保可說毫無在馬車周遭戒備的隨扈。明治四年，曾有位土佐出身的窮書生看準大久保馬車必經之途突然跑出攔住，他對大久保說他想去法國巴黎留學，覺得板垣不太夠力，因此跑來向大久保請託，希望大久保能成全自己。大久保閉眼聽窮書生暢談自己的理想和抱負，窮書生卻不客氣地斥責：

哪有人閉著眼聽人講話？有沒有誠意啊！

大久保聽到此言，笑道：

如果我張開眼恐怕你就不能暢所欲言了。

他欣賞窮書生的勇氣與見識，同意讓他前往巴黎留學，這位土佐出身的窮書生正是後來的「東洋的盧梭」中江兆民。連中江這樣的窮書生都能輕易攔下大久保的馬車，若換成刺客想必也可以輕易達成行刺任務，若以這點來看，大久保與幕末時的坂本龍馬一樣，對自己的人身安全並不在意。

自明治六年皇居炎上，太政官便遷移到赤坂臨時皇居（東京都港區元赤坂二丁目），大久保上班的必經之地紀尾井坂是絕佳的暗殺之地。紀尾井坂位於皇居西門半藏門以西約二公里之處，該處往南約三百公尺過弁慶橋便是四年前岩倉右大臣遇襲之地喰違見附。此地名為紀尾井坂，顧名思義，在幕府時代是紀伊家、尾張家以及譜代筆頭彥根藩井伊家中屋敷所在之地。馬車經過三平坂（三べ坂）左轉走在現名青山通的路上，遇到赤坂御門再右轉進入紀尾井町通，紀尾井町通走到底可接紀尾井坂。

幕府時代為御三家與譜代筆頭中屋敷所在地的紀尾井坂，進入明治時代成為新宮家北白川宮和公卿壬生基修的宅邸，宅邸之外充斥雜草，除陸義猶外其他六名刺客埋伏在壬生基修宅邸內。馬車即將通過壬生基修的宅邸前往名為清水谷（千代田區紀尾井町清水谷，現為清水谷公園）的地方時跳出四名刺客，其中一名拔刀朝馬的前腿砍下。

被砍中的馬發出嘶鳴，馬車也因而傾倒，大久保此時才察覺有異，但仍神情自若。車夫在刺客拔出刀時便已知曉其動機，立即護住車門，仍被另一名刺客砍死，但馬僮芳松趁隙逃跑。島田隨即打開車門，捉住大久保的手腕，將他從車上拖下來。大久保對島田怒眼相視，怒斥：

無禮！

島田拔刀刺入大久保的心臟，之後又連刺咽喉數刀，大久保當場斷氣，享年四十九歲。確定大久保氣絕後，島田等四名刺客連同在前後把風的兩名連聲歡呼，留下陸義猶起草的斬奸狀，六人快步跑向宮內省自首。

大久保出門前有寫信要伊藤參議到內務省來，因此伊藤與前島密內務少輔早早在內務省等待大久保到來。不久，宮內省派人傳話說大久保在紀尾井坂遇難，伊藤與前島大感驚慌，前島密立即跑向現場，大久保的遺體慘不忍睹，頭蓋骨破裂，腦漿微微顫動，正呼應幾個月前大久保所說的夢境。

大久保遇難一事從宮內省傳開，中午前便已傳遍整個太政官，對於大久保的死訊每個人都如喪考妣，露出無助及不知如何適從的表情，猶如整個國家沒了大久保便會崩塌瓦解。由於六名凶手主動投案，當天便遭關押，未參與行凶的陸義猶也於22日在津遭到逮捕。7月27日島田一郎等六人遭到處刑，處刑時的年齡如下：

島田一郎——三十一歲
長連豪——廿三歲
脇田巧一——廿九歲
杉本乙菊——三十歲
杉村文一——十八歲
淺井壽篤——廿五歲

據與他們六人關押在一起的林有造的回憶，島田自始都將自己一行人視為國事犯，是不折不扣的國士，打從一入獄便視死如歸。行刑當日，走出牢房時大聲說道：

愛國的諸君，我先去了！

陸義猶並未親自動手，因此只被判處終身監禁，明治廿二年憲法頒布時得到特赦，活到大正年間才去世。

15日下午一時許，天皇派遣式部權助兼一等掌典丸岡莞爾（土佐藩出身）為敕使下達詔書，內容為（原文為漢文）：

忠純許國，策鴻圖於復古。公誠奉君，贊丕績于維新。剛毅不撓，外樹殊勳。英明善斷，內奏偉功。洵是股肱之良，實為柱石之臣。茲聞溘亡，曷勝痛悼。仍贈右大臣正二位，並賜金幣五千圓。

天皇似有耳聞大久保生前手頭並不寬裕（負債三千圓）且多子之累，又疼惜其長男利和年僅二十便要扛起一家生計，特賜三萬圓給利和。17日，以準國葬的規格（當時的制度並無國葬，大久保可說是以最高規格下葬的第一人）將大久保葬於青山靈園（位於港區南青山二丁目，日本各領域名人多葬於此）。

大久保食指浩繁，死時計有七男一女：

長男——大久保利和
次男——牧野伸顯（出生便過繼給親戚牧野吉之丞，但吉之丞在北越戰爭戰死，依舊住在生家）
三男——大久保利武
四男——大久保達熊（元服後改名利夫）
五男——大久保雄熊
六男——大久保駿熊
七男——大久保七熊

長女——大久保芳子

長男、次男、三男、五男、長女是正室滿壽子所生，四男、六男、七男的生母為京都祇園出身的側室杉浦勇，當時杉浦已身懷六甲，10月16日生下一男名為利賢，是大久保八男。

大久保與正室滿壽子鶼鰈情深，大久保死後，滿壽子因過度思念病倒，12月7日病逝（日期另有6日和17日兩說，7日乃依據勝田孫彌《大久保利通傳》），享年三十九歲。

明治十七年7月7日，大久保長男利和與木戶的養子正二郎皆因父輩在維新回天之際立下的大功，成為僅有的兩名被授予侯爵爵位的新華族。無嗣的利和在昭和三年6月5日宣布隱居，由於大久保次男牧野伸顯已有伯爵爵位，因此由三男利武繼承利和的侯爵爵位。利武在昭和十八年7月病逝，再由其長男利謙繼承，直至終戰華族制度瓦解。

明治廿二年2月11日，因大日本帝國憲法的頒布追贈已故功臣及大赦天下，西鄉被解除朝敵之罪及追贈正三位，不過，當日也追贈大久保太政大臣，明治三十四年5月22日，再追贈大久保從一位。

已故學者鄭學稼教授引用《史記卷六十一．伯夷列傳》中的「天道無親，常與善人」（自然規律不偏愛任何人，永遠幫助有德的善人）來形容西鄉與大久保，說道：

這些話，似乎是歷史的鐵則，正因有了它，才有歷史中許多悲劇人物。可是天道雖無是非，而人的良心卻有是非，所以，岳飛與秦檜在人心中永久是善與惡的代表。知道這一點，對西鄉隆盛這類人就不會埋怨「天道」不公了。

不過，筆者不完全認同鄭教授的說法。

西鄉和大久保的關係，與岳飛和秦檜並不相同，西鄉和大久保的對立是因為在建設新國家的理念上出現歧異，一個是要向歐美國家學習，在維護皇室的地位之前提下建立起立憲政治的國家；一個則是要維護舊有的武士制度，並以武士為國家的主要統治階級。雖然有路線上的差異，但兩人對於辛苦建立的新國家的擁戴之心並無二致，換言之，兩人間不存在私恨，只是理念上不相容，這與秦檜非得以「莫須有」罪名殺害岳飛以完成南宋與金國間的和議（紹興和議）迥然有異。

在現代人看來，相較於西鄉，大久保把內治放在首位的治國理念較為正確（相對而言，而非絕對）。從他對山吉縣令的一番話可知大久保堅定的決心，結束兵事繁多的第一期後，大久保仍願一肩扛起「整頓內治、充實民產」的第二期，並把自己在政治上居於核心地位的時間定位到明治二十年結束。因此大久保在第二期不僅要加緊內政的整頓，同時也要物色接班人。說到大久保的接班人選，相信讀者會浮現伊藤的名字，然而，大隈也是大久保看上的人選。筆者認為，大久保原本應該是想在第二期整頓內治的同時，也順便藉此磨練並觀察伊藤與大隈二人，待第二期即將屆滿時再從中選出一人接班，只是，大久保絕未想到自己會在第二期一開始便倒下。

西鄉與大久保都有不怒而威的特質，只是西鄉素來秉持「敬天愛人」的理念，這一無私的魅力深深折服年輕的薩摩人，樂於為他效命。大久保的不怒而威更為可怕，據說只要有他在的場合，再怎麼喋喋不休的人也會閉嘴，年輕時的東鄉平八郎是個聒噪的人，與薩摩人素來寡言的特質大異其趣。明治初年某次宴會中，幾杯黃湯下肚後東鄉與其他軍官大放厥詞，大久保不聲不響到來後，其他軍官噤聲不語，只剩東鄉不以為意，從此大久保對東鄉留下不好的印象，之後東鄉想要前往英國學習海軍，大久保硬是讓他學習鐵道。

幕臣出身、曾任工部省權大書記官的林董，晚年曾說道：

我認為大久保是明治年間唯一的大宰相，公具備的社稷之臣、名相之器皆無出其右。維新前後功臣眾多，不能都只歸功於大久保一人，但是面對難局能承擔一切責任，獨自面對困難，容易之事交由他人，那種態度是外人無法模仿。那個時候充斥著難如登天之事，公獨自一人背負所有的責任。歷來政治家的通弊是把困難甩鍋到別人身上，獨攬易行之事以為己功，即使是偉人也會犯下這一弊病，只有大久保一人會主動承擔難事，他真是日本的大黑柱（棟樑、柱石之意）。

林董於大正二（一九一三）年病逝，距大久保之死已有三十五年，不說往生者的壞話是人性之常，但若相隔三十餘年聽到的還是讚揚之聲，其生前所作之事便大抵不假。只不過民間對大久保的印象並非如此，因此筆者才會說「並不完全認同鄭教授的說法」。在日本民眾的認知裡，大久保不僅是殺害西鄉的元凶，而且還隻手遮天的讓西鄉蒙上朝敵之罪，是個與秦檜同類的大奸臣，因此當他遇害的消息一傳出，人人額手稱快。

明治廿二年2月11日，西鄉朝敵罪名解除時，時任樞密顧問官吉井友實夥同部分薩摩出身的官員籌劃在上野恩賜公園興建西鄉的銅像。這一計畫竟然得到超過兩萬五千名民眾的認同捐款，明治三十一年12月18日舉行揭幕式，這是最早且最有名的西鄉銅像，時至今日，前往上野恩賜公園的民眾多半會到這座銅像前留影。

進入二十世紀，在城山、鹿兒島市立美術館、西鄉南洲顯彰館（南洲神社旁）、西鄉公園（鹿兒島縣霧島市，鹿兒島國際空港對面）陸續都建有西鄉的銅像，位在西鄉公園的西鄉銅像甚至以日本最高（十點五公尺）著稱。相較之下，日本僅有一尊大久保銅像，還是為了紀念逝世百周年才在故鄉加治屋町與相鄰的西千石町交界處（鹿兒島市電高見橋下車徒步兩分鐘）興建銅像（設計者同為鹿兒島出身的雕刻家中村晉也），大久保人氣之差由此可見。

木戶以松菊為號，西鄉以南洲為號，大久保則以甲東為號，與松菊、南洲不同，甲東是大久保就地取材，因為其出生地加治屋町正位於甲突川東側，從這點也可看出大久保不僅人緣不佳，而且還缺乏想像力。

四、維新十傑到維新三傑

說到維新三傑，相信多數讀者都知道是指西鄉隆盛、大久保利通及木戶孝允三人，這種說法到底源自何時呢？

筆者遍查過手邊的書籍均無提及此點，因此難以斷定確切的時間。不過可以確定的是不會在西鄉還是朝敵的期間，亦即明治十年2月25日到明治二十二年2月11日，那麼，維新三傑的說法是在此之前還是在此之後呢？

多數讀者可能比較不清楚的是除維新三傑之外，另外還有維新十傑的說法，西鄉、大久保、木戶也在維新十傑中，可以合理認為最初的說法應是維新十傑。明治十七年3月，一位名叫山脇之人的記者出版名為《維新元勳十傑論》的書籍，將以下十人列為維新元勳：

薩摩藩——西鄉隆盛、大久保利通、小松帶刀
長州藩——木戶孝允、廣澤真臣、大村益次郎、前原一誠
熊本藩——橫井小楠

佐賀藩——江藤新平

公卿——岩倉具視

筆者認為，山脇的選擇是以王政復古時還健在為主，在此之前辭世者均不列入考慮。即使如此土佐勢力一個也沒有也太令人為土佐感到悲哀，之所以如此應與此時土佐系的領袖板垣退助、後藤象二郎正以在野身分領導自由民權運動與太政官進行抗爭有關。

山脇之人出版此書時，上述十傑都已不在人世。幕末時，十傑大致上同心戮力，完成維新回天，進入明治時代，十傑的造化卻大不相同。

明治二年一月五日，戊辰戰爭還在進行中，橫井小楠在京都寺町通和丸太町通交界處遭到六名十津川鄉士行刺，當場死去，享壽六十一歲。

同年九月四日，大村益次郎在京都三條通與木屋町通交界處的旅館遭到七、八名浪人襲擊負傷，十一月五日傷重病逝，享年四十六歲。

明治三年七月廿日，小松帶刀在大坂因下腹部腫瘤病逝，享年三十六歲。

明治四年一月九日，廣澤真臣在東京私宅遭到不名人士數名闖入，亂刀砍死，享年三十八歲。

明治七年2月1日，江藤新平在佐賀被擁戴為領袖發起佐賀之亂，旋即遭到大久保利通平定。4月13日，江藤在佐賀處斬，並將首級梟首，享年四十一歲。

明治九年10月28日，前原一誠在萩被擁戴為領袖發起萩之亂，旋即遭到鎮台兵平定，12月3日在萩處斬，享年四十三歲。

明治十年5月26日，在京都養病的木戶孝允因多重病因病逝，享年四十五歲。

同年9月24日，困守在鹿兒島城山的西鄉隆盛，兵敗切腹，享年五十一歲。

明治十一年5月14日，參議兼內務卿大久保利通乘坐馬車在上班途中遭遇六名石川縣士族襲擊，大久保當場死亡，享年四十九歲。

明治十六年7月20日，右大臣岩倉具視罹患喉癌去世，享年五十九歲。

從以上的簡介可知維新十傑中只有小松、木戶、岩倉三人是因病去世，其餘七人不是遭到卑劣手段的暗殺，便是在士族反亂中落得處斬或切腹的下場，維新歷經十六年便全數殞落。

儘管對於維新回天大業有功，但是十傑在明治時代不是太早身亡便是一時受人蠱惑成為反賊，因此必須有所剔除以維護維新的成果。木戶、大久保兩人占去維新三傑的兩個名額殆無疑義，不僅因為兩人在維新回天或明治時代立下的功勳毋庸置疑，明治十七年以後進入薩長二藩執掌權力核心的時代，薩長二藩吹捧自家人以凸顯這兩藩在倒幕過程中的傑出貢獻，並將此合法化以作為長期掌權的理由。

由此來看，從薩長中選出維新三傑的另一名額會比由故岩倉右大臣遞補來得有利可圖，薩長中的何人足以與大久保、木戶並列呢？相信不僅當時的薩長成員，就連讀者內心也已有答案。明治廿二年2月11日伴隨大日本帝國憲法頒布的同時，那個人得以解除朝敵的身分，而且還追贈正三位。勝海舟曾如此評價維新三傑：

> 形勢這個東西實在是一種非常可怕的東西。西鄉（隆盛）也好、木戶（桂小五郎）也好、大久保（利通）也好，作為個人，他們並不值得接受如此的讚揚。但是，因為他們順應了「王政維新」的形勢，所以我終於無話可說。但是隨著形勢的潮流漸漸平息，個人的價值通常也會恢復原貌，原本看上去非常偉大的人也會變得意想不到的渺小。

明治三十五年6月，西鄉寅太郎因父親的維新功勳敘為侯爵，維新三傑的說法大概在此時確定下來。至於被刷掉的其他維新十傑成員呢？當中只有廣澤真臣和岩倉具視的後嗣被授以爵位，廣澤真臣長男金次郎和岩倉具視次男具定分別在明治十七年6月敘伯爵與公爵爵位，其餘五人只得到位階的追贈。

結束語

明治十一年以後的日本

明治十一年8月23日，近衛兵不滿前年被動員平定西南戰爭，在戰後未能得到該有的賞賜，而且平常薪餉也沒有正常發放，於是在駐屯地竹橋（東京都千代田區北之丸公園，入口處有北白川宮能久親王銅像）發生騷動。

騷動主角是近衛兵中的砲兵大隊及步兵第二聯隊第二大隊，共約二百六十餘名。他們計劃縱火焚燒赤坂臨時皇居，並趁亂挾持眾參議。這個騷動計畫一開始執行便反映出人手的不足，一、兩個小時內迅速遭到鎮壓，10月15日作出判決，首謀三添卯之助、小島萬助等五十三人槍決，有二百零五人判處十年以下有期徒刑，此事稱為「竹橋騷動」或「竹橋事件」。

如果，「竹橋騷動」發生在東京以外之地，那應該只是件微不足道的小事，但發生在天皇腳下之地且又是皇居附近的東京，可就不能如此淡然處之。山縣陸軍卿感觸尤深，他先是想到明治二年的脫隊騷動，那次騷動雖然起因於長州諸隊在戊辰戰爭結束後遭到裁員而引起，但歸根究底與隊士薪餉遭到苛扣不無關聯。此外，山縣陸軍卿在西南戰爭親眼目睹鎮台兵在薩軍拔刀相向時落荒而逃的窘境，在在讓他痛感在自己手中孕育而生的徵兵制不僅有改革的必要，而且刻不容緩。

10月，曾是明六社成員之一的西周協助山縣陸軍卿起草《軍人訓誡》，然後以山縣陸軍卿之名發布，其要點有：

一、軍人對於聖上，即使有關御容（天皇的容貌）等細節，亦不得發一言。必須把天皇當作超人類來崇拜，這是軍紀唯一最高的根源。

二、在服裝等各方面，要嚴格區別軍官、士官與士兵，下級必須向上級敬禮。

三、上級即使無理橫暴，也必須無條件絕對服從。新入伍者，凡事應聽從資歷較深者，不得違抗。

四、絕對禁止關心政治。批評朝政、私議憲法、評議官廳等行為均係違背軍人之本分，一人如此，眾人效之，將致產生輕慢上級之風，其流弊不可勝言。故嚴格禁止對管轄以外的官憲提出建議，亦不得向報刊雜誌投稿評論時事。

五、軍人應經常與警察合作，維持國內秩序。

明治十五年1月4日，西周再次為山縣陸軍卿起草《軍人敕諭》，再以天皇的名義頒布，強調軍人必須做到盡忠節、正禮儀、尚武勇、重信義、旨質素等五德。《軍人敕諭》最後提到這五德乃「天地公道人倫之常，易行易守，汝等軍人尊朕訓行此道盡報國之務，日本國蒼生盡為之悦」。

實際上，《軍人敕諭》大抵為《軍人訓誡》的重申，把軍人從服從灌輸到絕對服從，進而到絕對盲目服從的地步。不僅不可涉及地方選舉及政黨活動，除軍部長官及天皇外，對於行政官員及內閣的命令亦可不予遵從，這點其實已為軍部獨立於內閣之外鋪路。

《軍人訓誡》明文規定新兵必須聽從老兵，卻反而助長老兵欺負新兵的歪風，不少老兵要新兵完整背誦出《軍人訓誡》及《軍人敕諭》的內容。對於教育程度不高的新兵而言，背誦這兩道用字艱深的訓令其難度可想而知，成為老兵毆打新兵的口實，這恐怕是訓令的起草者西周所料想不到的吧！

明治廿三年10月30日（第一次山縣有朋內閣），以天皇名義頒布由樞密顧問官元田永孚・井上毅起草的《教育敕語》（全名為《教育ニ関スル勅語》），其內容如下：

朕惟我皇祖皇宗，肇國宏遠，樹德深厚，我臣民克忠克孝，億兆一心，世濟厥美。此我國體之精華，教育之淵源亦實存乎此。爾臣民，孝于父母，友于兄弟，夫婦相和，朋友相信，恭儉持己，博愛及眾，修學習業，以啟發智能，成就德器。進廣公益，開世務，常重國憲，遵國法，一旦緩急，則義勇奉公，以扶翼天壤無窮之皇運。如是，不獨為朕之忠良臣民，亦足以顯彰爾祖先之遺風矣。

斯道也，實我皇祖皇宗之遺訓，子孫臣民宜俱遵守焉。通之古今而不謬，施之中外而不悖。朕與爾臣民，俱拳拳服膺，庶幾咸一其德。

《教育敕語》補上《軍人訓誡》和《軍人敕諭》在洗腦對象上的不足，把洗腦的人民年齡往下延伸到義務教育的學齡兒童上，讓他們從小便以身為天皇子民為榮，自然也會樂於為天皇效死。事實上，《教育敕語》頒布後四年的日清戰爭，《軍人訓誡》、《軍人敕諭》的洗腦已經看出成果，徵兵制的兵員作戰時奮不顧身，再也不曾出現西南戰爭時遇到強敵便一哄而散的場景。家家戶戶以逃避兵役為恥，即使作戰不利也不言降（向敵軍投降者與逃避兵役一樣可恥），負傷成為傷兵者，為了不成為同袍累贅會選擇自我了斷，戰死之前會以最後一絲之力高喊天皇陛下萬歲！差不多與現代人在電影、電視劇上看到的日軍形象一致。

明治十一年12月5日，山縣陸軍卿廢除陸軍省轄下的參謀局，另設參謀本部，以陸軍中將大山巖為參謀本部次長。大山巖才剛於11月20日與司法大輔山田顯義、三浦梧樓、谷干城、野津鎮雄晉升陸軍中將，此時又被任命為新成立的單位參謀本部次長，可謂雙喜臨門。

不過，大山巖只是參謀本部次長，那麼參謀本部長會由誰擔任呢？可能讀者會想到山縣有朋，但山縣此時可是陸軍卿，且已兼任參議，不太可能會再兼任參謀本部長。參謀本部是新單位，辭掉陸軍卿轉任參謀本部長任誰看來都會覺得愚蠢，那麼山縣之外，還有誰夠格擔任參謀本部長呢？一時之間眾議紛紛，有人認為西鄉從道，有人認為有栖川宮熾仁親王，有人認為應該不出同為剛升任陸軍中將的山田顯義、三浦梧樓、谷干城或野津鎮雄這幾人。

在眾人的揣測下，12月24日敲定人選，正是山縣陸軍卿，他在這一日辭掉陸軍卿轉任參謀本部長，原本任文部卿的西鄉從道辭去文部卿，轉任陸軍卿並兼任參議(5月24日起)。同藩的川村純義也在5月24日成為參議並兼任海軍卿，因此陸海軍卿都由薩摩人包辦。

為何山縣願意辭掉陸軍卿轉任參謀本部長呢？

筆者一開始提到山縣在廢除陸軍省轄下的參謀局後才另設參謀本部，可見參謀局是接受陸軍省管轄。明治四年七月，在陸軍省還稱為兵部省的時代便已設有參謀局，明治五年二月兵部省分成陸軍省和海軍省，參謀局移往陸軍省改稱陸軍省第六局，佐賀之亂期間裁撤第六局另置參謀局。

在兵部省參謀局及陸軍省第六局期間大致上皆由山縣出任局長，但在參謀局長時期則由鳥尾小彌太任局長，山縣廢除參謀局長等於是革職鳥尾，好讓自己成為參謀本部長。表面上山縣此舉是排除鳥尾小彌太，不過，筆者認為更重要的理由應該是兵部省參謀局、陸軍省第六局或參謀局都隸屬陸軍省，歸屬太政官統轄。山縣新設立的參謀本部則直屬天皇，不受太政大臣、參議或陸軍卿的支配，是個完全獨立的軍令機關。不僅如此，參謀本部長可將已經決定的軍令事項向陸軍卿下令執行，如此一來，管理陸軍的最高單位陸軍省反而成為參謀本部的下屬，相信讀者看到這裡應能清楚山縣為何願意辭去陸軍卿、轉任參謀本部長的理由。

參謀本部獨立於太政官之外，不受陸軍省的支配代表統帥權的獨立（跳過太政官及之後的內閣，直接向天皇負責），由於參謀本部負責的是軍令的工作，因此該單位的長官必須由現役軍人來擔任方能有效掌握軍部，參謀本部不僅不受太政官、內閣的指揮，也不受其掣肘。之後在第二次山縣內閣任內（明治三十一年11月8日～明治三十三年9月26日），更把現役武官制推及至陸海軍省大臣，以此來箝制政黨內閣的發展，此即軍部大臣現役武官制。

此後（包括內閣制實施後），山縣再也不曾出任過陸軍卿或陸軍大臣，素有「陸軍的大御所」之稱的山縣，竟然一次也不曾出任過陸軍大臣。從內閣制開始的第一次伊藤博文內閣到第二次松方正義內閣共六任內閣的十二年間，陸海軍大臣均由薩摩系軍人包辦，之所以如此，是因為陸軍卿、陸軍大臣對山縣而言已沒有吸引力了。還有一點可能讀者也會感到難以置信，內閣制實施後，除日俄戰爭期間外，山縣基本上也不曾出任參謀本部長，而是入閣成為內務大臣（第一次伊藤內閣、黑田清隆內閣）、司法大臣（第二次伊藤內閣），甚至自己組閣（第一次．第二次山縣內閣）。

可見山縣在擔任陸軍卿、參謀本部長期間內，可說是毫無顧忌的擴張權力，直到無人能挑戰其權勢後才進入另一個領域。明治十一年，山縣在陸軍省已無對手後進入參謀本部獨攬統帥權獨立；到明治十八年在參謀本部也無對手後便從軍界進入內閣，山縣進入內閣當然不會選擇已是禁臠的陸軍省，而是選擇內務省和司法省。明治三十四年改以元老的身分指定首相，這一年的桂太郎內閣（桂太郎共三次組閣，以這一次〔第一次〕對日本的貢獻最大，與高不可攀的英國締結同盟，並在日俄戰爭中取勝）便是由山縣、伊藤、井上、松方等元老協調出來。

到了這一步，山縣在軍界及政界都已站在雲端上，所有加諸在他身上的頭銜無一例外都是最高級，若不是他極端厭惡政黨的話，以政黨黨魁身分一舉統括黨、政、軍也不是不可能。

之後大日本帝國的趨勢，筆者認為可在中江兆民的著作《三醉人經綸問答》找到解答。《三醉人經綸問答》是中江兆民在明治廿年5月出版的著作，該年年底中江因內務大臣山縣有朋發布《保安條例》與五百多名民權論者被強制逐出東京。明治廿二年2月11日伴隨頒布憲法的大赦令，讓中江等五百多人又得以返回東京（實際上逐出東京的時間不到一年兩個月），當他把當時日本人引以為傲的《大日本帝國憲法》讀完一遍後露出苦笑的表情，對弟子說道：

賜予吾人之憲法究悉何物？是玉呢？還是瓦呢？尚未見及其實，便已先沉醉其名，我國民之愚狂，究竟到何種程度？

大前研一筆下的集體不思考狀態並非限於現代，至少也曾經存在於明治時代的日本民眾，光聽到政府宣傳日本是亞洲第一個立憲國家便為此沾沾自喜。

之後為因應帝國議會的開設，中江投入第一回眾議院選舉，根據其門生幸德秋水的回憶，中江選擇在大阪參選（此時的黨籍是以大井憲太郎為首的自由黨，與板垣的愛國公黨、河野廣中的大同俱樂部及松田正久的九州同志會在眾議院選舉後合併成立憲自由黨，是眾議院第一大黨），不花一文錢，不辨幕後活動（應是指宣傳造勢活動）便當選為議員。依《大日本帝國憲法》第六十四條規定，國家的歲出歲入須經由帝國議會的協贊，這是帝國議會唯一的權力，中江兆民當然想把握這憲法賦予的權力在議會上好好修理山縣內閣。山縣首相並非省油的燈，他早已備妥充足的銀兩與官位，硬是收買立憲自由黨的林有造、植木枝盛、片岡健吉等廿八位議員，讓預算案強行通過。根據憲法第七十一條規定，帝國議會未能議定預算或預算案不成立時，政府得施行前年度之預算。亦即為即使之後的預算案都被議會擋下，內閣也可不受議會監督直接援引此時的預算額。

中江得知遭到自己人出賣後，痛罵同黨同志為無血蟲的陳列場，憤然退黨，同時退出政壇，之後興起興辦實業的念頭，但最終沒有成功。明治三十四年4月中江被診斷出罹患喉癌，醫生宣告他只剩一年半的壽命，中江並不因而畏懼害怕，在幸德秋水的協助下從事寫作，8月完成《一年有半》，9月又完成《續．一年有半》。這兩本書與《三醉人經綸問答》被視為中江的代表作，12月中江與世長辭（實際上只多活八個月），享年五十五歲。

《三醉人經綸問答》（收錄在《明治文化全集》第八卷政治篇）採取紳士君、豪傑君、南海先生三個醉客在酒醉方酣下，對政治現狀以問答的方式鋪陳全書的內容。這種以虛構人物為主角採用寓言體的對話帶出作者內心主張的方式，在日本文學裡並非首創，一千年前弘法大師空海在其著作《三教指歸》也是採用多人寓言體方式做出儒、釋、道中佛教最崇高的結論。

《三醉人經綸問答》開頭寫道南海先生性嗜酒，又好議論政治，喝上一、兩瓶便醺然欲醉，神態飄然如遨遊太虛，心曠神怡，全然不知世上有憂苦之事。若再喝上兩、三瓶，心神頓時激昂，思緒翻湧，身雖居於斗室，眼卻通觀全世界，瞬息間回顧千年前，瞻望千年後，為世界指出明路，替社會講授方針。自思：唯我是人類處世之道的指南車。然而，先生雖身處此世，內心卻常登藐姑射之山，遊無何有之鄉，因此，其所說之地理與歷史，與現實世界裡僅只名稱相同，內容未必一致。

全書一開頭將南海先生形容為無所不能的全才，但此段突然加上這句，想必讀者會有莫名之感，如果讀者讀過第十八章便能豁然開朗中江此舉是為規避《出版條例》和《新聞紙條例》的裁罰。

先生的朋友或聽聞其為人者，為聆聽先生的酒醉奇論，往往攜酒一樽、酒餚一盤，到先生的茅廬拜訪。某日，霪雨霏霏，正值先生飯後獨飲，進入飄飄然太虛幻境之際，兩名客人攜帶洋酒造訪。其中一人身著洋服套裝，鼻目俊秀、身材碩長、舉止大方，言詞明辨，先生將其稱為紳士君。另一人虎臂熊腰，臉黑目陷，身著藍底白點的和服外套，再套上短袴，先生將其稱為豪傑君。

兩人坐定後，先生分別為他們斟酒，幾杯下肚後，紳士君說道：

嗚呼民主制！民主制！君主制愚昧而不自知，立憲制雖知其過僅改其半。惟民主制磊磊落落，胸中毫無半點塵污。

接著紳士君認為「在文明浪潮中屬於後進的一小國，從亞細亞邊陲昂首崛起，一躍而入自由友愛的境地，夷平堡壘、銷毀槍砲，改艦為船、裁兵為民，專門研究道德之學，講求工業技術，……」這樣的一個小國(日本)並無與歐美列強開戰的本錢，不如「以自由為軍隊、為艦隊，以平等為要塞，以友愛為劍砲，如此天下豈有能當者？」

紳士君分析歐洲主要強國幾百年來歷史的演變，並以之檢驗民主制、君主制及立憲制，認為政治進化規律的第一階段為君主專制政治，第二階段是立憲政治，政治進化規律的第三階段正是民主制度。紳士君的民主制度內容為「把人身的自由還給人們，夷除城堡，撤除兵備，對他國示以無殺人犯意，也相信他國無同樣意圖。設置一院制議會，防止國家首腦發生分裂。凡成年者除白癡、瘋癲外，只要品行上無妨礙者，不論貧富、不分男女皆有選舉權與被選舉權。……」

豪傑君對紳士君的喋喋不休感到厭煩，多次出言打岔，每次皆為南海先生制止。當他聽到紳士君主張各大國放下武力，偃武修文，遂出言譏諷道：

紳士君所言，誠為學士高論。學士之見可寫成書籍，但無法付諸實現。紳士君可試著到倫敦、巴黎、柏林、彼得堡兜售您的高見，上述諸國新聞記者也許會戲謔般揭露在新聞上，政治家恐怕會對它……

紳士君傲然答道：

政治家必視此為發狂。被政治家視為狂論正是我感到驕傲之處。學士！學士！今之所謂政治家乃天下最不懂政治之輩。古人云若不由哲學家掌管政治，便難以企望真正的昇平之世，誠信哉！

紳士君反而藉此回酸豪傑君。此時南海先生指定豪傑君發言，豪傑君對紳士君的政治理念不以為然，所言內容幾乎與紳士君背道而馳。他說道：

爭是人的發怒，戰是國家的發怒。不能爭的人謂之懦夫，不能戰的國家謂之弱國。若有人謂之爭是惡德，戰是下策，則吾欲與之曰，人之現實中有惡德之事，豈非無奈？國之現實中亦有下策之事，豈非無奈？

是以文明國必是強國，有戰而無爭。法律嚴明，故人與人無爭；兵力強盛，故國與國不能無戰。野蠻之民常相爭，豈有閒暇以戰？是以徵諸古今史籍，往昔之文明國乃往昔之善戰者，今之文明國乃今之善戰國。斯巴達善戰，羅馬善戰，近世則以英、法、德、俄最是善戰。隨著社會日益增進，及智慧日益開發，用兵於戰者日益眾多，武器益精、城壘益固，是以武備乃各國文明成效之統計表，戰爭乃各國文明力量之體溫計。二國交戰，學術最精、財富最富者，必可獲勝，因其武備最充實之故。方今五大洲之中，歐羅巴文明最先進，故武備最充實，戰力最強，豈非實證乎？

豪傑君認為處在當今局勢之下的小國（日本）相當危險，對方未能來犯並非怕我，而是有尚未能來犯的原因。一旦打算來犯必會立即來犯，港灣被攻擊，城堡被焚燒，國土遭占領，今日的小國處境甚是危險。

豪傑君點出小國的危險處境後，他也承認小國不可能突然成為大國，因為財富、兵員、船艦的劣勢不可能在短時間內有突破性的成長。倒是有個能使國家迅速擴大和富強的捷徑，這個捷徑是什麼呢？豪傑君說道：

不知是在亞細亞或是阿非利加，有一大國，該國甚是遼闊，物產豐饒，且又甚為劣弱。吾聞該國雖有兵百餘萬眾，然雜亂無章，一旦危急將無可用之兵。又聞此國雖有制度，但似有若無。此乃極為肥碩的一大牲牛，此乃天賜眾小國使其果腹的餌食，何不速往割取其半或三分之一？……

雖然這一大國的確切位置不清楚，大國之名也未清楚交代，相信讀者都很清楚這一大國所指為何。

豪傑君認為占有這一大國，便可充分運用大國地廣民多的資源，提倡農業、發展通商、扶植工業，政令日臻完善，國家財政日益殷實，便可以此購買歐美文明的成果，縱使英、法、德、俄再強悍也無力侵日。

聽完紳士君和豪傑君的政治立場後，南海先生為兩人的政治觀做總結。他形容紳士君的政治觀：

> 民主平等制度是所有制度中最為完善者，世界各國早晚必會依循此制度，弱小之國對於富國強兵之策，既不可望也不可及。故速採此完善制度，然後撤除水陸軍備，捨棄不足諸強國萬分之一之武力，用無形之道理，大興學術，使其國成為猶如精雕細琢之美術品，讓諸強國不忍侵犯。

至於豪傑君，南海先生說道：

歐洲各國正從事軍備，一旦破裂，禍害將延伸亞細亞。故小國者應於此時做出果斷之策，舉國中之壯丁，荷槍實彈，攻伐一大國以拓展新版圖。即使未能作出決斷，若欲整頓內治，也需除去妨礙改革的懷舊因素，而採外征之計。

對於紳士君的主張，南海先生說道：

當今社會所謂的民權有兩種，一是英、法的民權，即恢復的民權，是由下而上爭取來的。另一種可稱為恩賜的民權，是由上而下施捨的。恢復的民權是由下而上爭取之故，其分量之多寡可隨意而定。恩賜的民權是由上而下施捨之故，其分量之多寡不可隨意而定。

而豪傑君的主張，南海先生說道：

豪傑君所謂的阿非利加或亞細亞一大國，吾並不知所指為何。但所謂之大國若在亞細亞，最好與之結為兄弟之邦，緩急以救，可各自援助。若妄動干戈，輕挑鄰敵，使無辜之民死於槍彈之下，尤為下策。若如支那國從其風俗習慣而言，或從其文物品式、地勢而言，作為亞細亞小國之吾國，都應與之友好，鞏固國交，絕不可與之交惡。當吾國特產日益增殖，物阜民豐之時，支那廣大之國土、眾多之人民，實為我一大市場，是取之不盡的利益源泉。不慮及此而只存一時發揚國體之念，只慮及尋釁挑啟戰端，吾恐為是最下之策。

南海先生評論完兩人的見解後，紳士君與豪傑君反過來問南海先生的見解，南海先生答道：

唯設立憲制度，上則伸張皇上之尊榮，下則增進萬民之福祉。設置上下兩議院，上院議士由貴族充任，世代相承；下院議士以選舉法產生，如是而已。

紳士君與豪傑君原以為能聽到不世出的奇見高論，結果南海先生的見解也太稀鬆平常，因此，兩人臉上難掩失望的表情。對此南海先生鄭重說道：

> 平時閒話之題目，或鬥奇，或競怪，作為一時笑柄固然無妨。至於議論國家百年大計，豈能以標新立異為快？老朽愚昧且昧於時事，所言多未能切實，恐不能滿足二君。

言畢三人杯觥交錯，一片杯盤狼藉，好不歡喜。不久，晨雞報曉，在大笑聲中兩人告辭離去。之後兩人再也未來造訪，據說紳士君前往北美遊歷，豪傑君則前往上海，而南海先生依然在家喝酒。《三醉人經綸問答》一書也到此畫下句點。

想必讀者會質疑，紳士君、豪傑君及南海先生應有所本，那麼這三人分別影射誰呢？從紳士君的政治主張來看，他的民主制不僅早已超出立憲制，甚至直逼無政府主義。無獨有偶，日本近代史亦有一名主張無政府主義的名人，而且該名人與中江關係密切，他即是中江的弟子幸德秋水（亦出身土佐）。

幸德在中江出版本書的明治廿年成為其學生，接受中江的思想薰陶，之後任職民權派的報紙《萬朝報》（社長為黑岩淚香）。明治三十三年星亨將自由黨賣給伊藤首相（此即立憲政友會的由來），幸德憤而在《萬朝報》發表〈祭自由黨文〉的政論文章，明治三十四年發表《廿世紀之怪物帝國主義》。明治三十八年，出獄的幸德（之前因觸犯《新聞紙條例》入獄）前往美國，在那裡從社會主義轉變成無政府主義，翌年返國開始籌劃推翻皇室的大逆事件，明治四十三年6月被捕，四十四年1月24日因**大逆罪**（危害天皇、太皇太后、皇太后、皇后、皇太子等皇族重要成員，未遂以及計劃中也與採取行動同等罪責。犯下大逆罪唯一死刑，而且不適用三審制，大審院便可予以定罪。大逆事件是個未遂事件，廿六名罪犯理應全部處死，後來經天皇的減刑，死刑只及於幸德等十二人）處刑。

豪傑君最初的原型應是西鄉隆盛等不平士族，隨著明治十年代條約改正交涉不利，不少民權者轉向，這些轉向的民權者成為新一代豪傑君。日清戰爭獲勝後，趁戰勝之威有更多人投身成為豪傑君，像是平岡浩太郎、內田良平、頭山滿等人，還有應宋教仁之邀以黑龍會特派記者身分在上海見證辛亥革命，並根據這段見證撰寫《支那革命外史》（中譯本名為《支那革命的真相——來自日本的視角與立場》，八旗文化出版）的北一輝，豪傑君多到不勝枚舉。

南海先生無疑即是中江本人，從他在文末的發言來看對內應是主張包含天皇在內的兩院制議會，此即由下而上的恢復的民權；對外則主張與亞細亞一大國結為兄弟之邦，與之友好，鞏固國交，絕不可與之交惡。在豪傑君充斥的當時，中江兆民的主張顯得特立獨行。

紳士君在大逆事件後在日本絕跡，豪傑君則與此相反，即使死去一個豪傑君，仍會像細胞複製般產生千千萬萬個豪傑君。這千千萬萬的豪傑君配合上受《軍人訓誡》、《軍人敕諭》、《教育敕語》洗腦的帝國皇軍，再加上不受內閣規範（甚至也不受天皇制約）的獨立統帥權，三者合而為一成為日本侵略大陸，甚至侵略東亞的元凶。

《幕末・維新史》系列年表

Ⅰ表示《幕末：日本近代化的黎明前》

Ⅱ表示《戊辰戰爭：還原被隱藏的真相》

Ⅲ表示《御一新：近代日本的光與影》

羅馬數字後的漢字表示於該書的章次，如Ⅲ，三表示在《御一新：近代日本的光與影》的第三章宗教政策的紛爭，依此類推。

1. 本年表收錄的時間上起自嘉永六年六月三日黑船事件，下迄明治十一年5月14日大久保利通暗殺事件，不在這段期間內一概排除不收錄。

2. 明治五年十二月二日之前日本採用的曆法為和曆，以漢字表示。和曆大月三十日，小月二十九日，每逢數年會出現閏月，閏月筆者以閏×月標示。

3.明治五年十二月二日的隔日即為明治六1月1日，從這一日起日本開始採用太陽曆（格列高里曆），以阿拉伯數字表示，不再有每隔數年出現閏月的情形。

4.明治之前，一個天皇擁有許多年號，會有一年裡兩個年號並存的情形，遇到這種情形筆者將兩個年號並列在同一年裡。

5.不確定日期，只知月份置於該月最後。

嘉永六年	
六月三日	美國東印度艦隊司令培理海軍准將率領四艘黑船穿越浦賀水道，向浦賀奉行所出示國書。（I，一）
六月九日	幕府決定讓培理在久里濱登陸，浦賀奉行戶田氏榮被迫接下美國大總統的國書。（I，一）
六月十一日	培理離開日本，放話明年會帶更多黑船來。（I，一）
六月廿二日	十二代將軍家慶在培理離去後不久病逝，享壽六十一歲。（I，一）
七月一日	阿部正弘老中首座公開美國大總統的國書，向包含親藩·外樣等諸藩大名以及旗本·御家人等幕臣徵求意見。（I，二）
七月三日	阿部老中首座邀請水戶藩老公德川齊昭出任海岸防禦御用掛參與。（I，一）

嘉永六年	七月十七日	俄國海軍中將普提雅廷率領四艘船艦來到長崎，折騰近半年才使之離去。（Ⅰ，二）
	九月	幕府解除禁止建造五百石以上大型船舶的禁令。（Ⅰ，一）
	十月廿三日	家慶四男家祥敘從一位內大臣兼右近衛大將，並取得征夷大將軍及源氏長者宣下，正式成為第十三代將軍。（Ⅰ，一）
	十一月廿三日	家祥改名家定。（Ⅰ，一）
嘉永七年 安政元年	一月十一日	培理准將率領九艘船艦再次出現在江戶外海。（Ⅰ，二）
	二月七日	幕府選定橫濱與培理展開交涉。（Ⅰ，二）
	三月三日	日美雙方簽訂內容共十二條的《日美和親條約》（又稱為《神奈川條約》），日本從此開國。（Ⅰ，二）
	三月廿八日	吉田松陰及其友人金子重輔登上黑船，要求培理帶他們前往美國被拒。（Ⅰ，二）
	五月廿二日	培理再度返回下田與林大學頭簽訂《日美和親條約附則》。（Ⅰ，二）
	十一月廿七日	由於本年地震不斷，幕府認為天象示警，遂改年號為安政。（Ⅰ，二）
安政二年	十月二日	安政江戶地震，數千人死亡，包括江戶水戶藩邸藤田東湖、戶田蓬軒兩位家老。（Ⅰ，二）
	十二月一日	長崎海軍傳習所成立，幕末幕府的海軍人才勝海舟、榎本武揚、赤松則良均曾在此就學。（Ⅰ，二）

安政三年	七月廿一日	首任美國駐日公使哈里斯偕同通譯抵達下田赴任。（I，三）
	八月五日	哈里斯遷入下田玉泉寺，在這裡升起首面美國國旗。（I，三）
	十一月十一日	島津齊彬養女篤子在江戶城大奧御年寄瀧山的迎接下，進入江戶城大奧。（I，三）
	十二月十八日	十三代將軍家定與篤子大婚，篤子成為將軍的御台所。（I，三）
安政四年	五月廿六日	哈里斯與下田奉行井上清直、中村時萬簽訂《日美追加條約》（也稱為《下田協約》，閏五月五日簽字）。（I，三）
	六月十七日	阿部老中首座積勞成疾，在江戶城內病逝，享年三十九歲。（I，三）
	七月廿三日	不滿幕府過度採取開國派的主張，德川齊昭辭去海岸防禦御用掛參與。（I，三）
	八月十七日	幕府准許哈里斯登城謁見將軍。（I，三）
	十月廿一日	哈里斯帶著通譯在井上清直的引領下在江戶城大廣間謁見將軍家定。（I，三）
	十月廿六日	哈里斯來到堀田正睦老中首座的宅邸對他講述世界大勢，成為談判簽約的契機。（I，三）
	十二月十一日	堀田老中首座授權井上清直、岩瀨忠震為全權代表，與哈里斯就修好通商進行談判。（I，三）
安政五年	一月十二日	歷經十餘次談判，簽訂內容十四條的《日美修好通商條約》。（I，三）
	二月九日	堀田老中首座入京參內，並準備大量黃金打點朝廷公卿以取得條約敕許。（I，四）

安政五年	
二月十三日	武家傳奏東坊城聰長、廣橋光成對朝廷公卿大撒幣，但成效不彰。（Ⅰ，四）
三月十二日	八十八位中、下級公卿進宮表達反對條約敕許（廷臣八十八人列參事件）。（Ⅰ，四）
三月廿日	天皇在小御所接見堀田老中首座，轉達拒絕條約敕許。（Ⅰ，四）
四月廿日	遊說公卿失敗的堀田老中首座返回江戶。（Ⅰ，四）
四月廿三日	南紀派的彥根藩主井伊直弼出任大老。（Ⅰ，四）
六月十九日	未得天皇敕許，井伊大老命井上、岩瀨兩位全權代表登上美國軍艦在修好通商條約上簽字，之後到九月三日為止，陸續與荷、俄、英、法簽訂內容大致相同的條約，統稱《安政五國條約》。（Ⅰ，四）
六月廿三日	井伊大老罷免堀田老中首座及另一老中松平忠固。（Ⅰ，四）
六月廿五日	井伊大老趁諸藩大名登城時宣布紀伊藩主德川慶福為將軍繼承人。（Ⅰ，四）
六月廿六日	井伊大老任命小濱藩主酒井忠義為新任京都所司代。（Ⅰ，五）
七月五日	井伊大老處分先前違法登城的德川齊昭、松平春嶽、德川慶恕、德川慶篤。（Ⅰ，四）
七月六日	將軍家定突然在江戶城內去世，享年三十五歲。（Ⅰ，四）
七月八日	島津齊彬感到身體不適，十六日交代後事後去世，享年五十歲。（Ⅰ，四）

安政五年	八月八日	武家傳奏萬里小路正房暗自將天皇密敕下達水戶藩京都留守居役，此即「戊午密敕」，埋下安政大獄的伏筆。（Ⅰ，五）
	九月七日	小濱藩士梅田雲濱被捕，成為安政大獄第一個被捕的志士。（Ⅰ，五）
	十一月十五日	西鄉吉之助和僧侶月照約好在鹿兒島灣跳海，月照死去，西鄉獲救。（Ⅰ，五）
安政六年	二月	島津忠教偕同長男忠德前往江戶謁見將軍，拜領其偏諱「茂」，改名茂久。（Ⅰ，七）
	六月七日	英國指定高輪東禪寺為臨時總領事館，阿禮國為首任駐日總領事。（Ⅰ，八）
	九月十二日	齊彬生父齊興病逝，島津忠教正式成為茂久的監護人。（Ⅰ，七）
	十月七日	賴三樹三郎在傳馬町牢屋敷斬首，享年三十五歲。橋本左內亦在此日此地斬首，得年廿六歲。（Ⅰ，五）
	十月廿七日	吉田松陰在傳馬町牢屋敷斬首，享年三十歲。（Ⅰ，五）
	十一月三十日	阿禮國升格為特命全權公使，駐日領事館改名為駐日公使館。（Ⅰ，八）
安政七年 萬延元年	一月十九日	為交換《日美修好通商條約》批准書，幕府派出一支使節團駕駛咸臨丸前往美國。（Ⅰ，十四）
	三月三日	發生櫻田門外之變，井伊大老遭到殺害。（Ⅰ，五）
	三月十一日	大久保一藏首度與島津忠教會面。（Ⅰ，七）
	三月十八日	因櫻田門外之變的發生，朝幕咸認不祥，改年號為萬延。（Ⅰ，六）

安政七年 萬延元年	四月十二日	安藤、久世、內藤、脇坂四名老中連署向九條關白請求斡旋皇女和宮與將軍家茂的婚事。（I，六）
	七月四日	天皇接受岩倉具視的建言，以攘夷為條件同意和宮降嫁。（I，六）
	七月廿二日	桂小五郎與水戶藩士訂定《丙辰丸盟約》。（I，八）
	八月十五日	和宮生母觀行院入宮參內，提出同意和宮降嫁的五個附帶條件。（I，六）
	十月十八日	天皇正式敕許和宮降嫁，同時解除和宮與帥宮的婚約。（I，六）
萬延二年 文久元年	二月十九日	因應辛酉年及和宮降嫁之故，再次更改年號為文久。（I，六）
	四月十九日	朝廷下賜和宮的內親王宣下，賜名親子，全名和宮親子內親王。（I，六）
	四月廿二日	薩摩藩家老要全藩藩士尊稱島津忠教為國父，忠教改名久光。（I，七）
	五月廿八日	第一次東禪寺事件。（I，八）
	八月	受草莽崛起論的啟發，土佐鄉士武市半平太在江戶藩邸成立土佐勤王黨。（I，八）
	十月廿日	和宮的隊列從桂御所啟程，一路上有十二個藩的藩兵保護，並有廿九個藩的藩兵在沿途警戒。（I，六）
	十一月十五日	和宮的隊列進入江戶城清水邸。（I，六）
	十一月廿一日	岩倉、千種兩位敕使登城詰問安藤、久世兩位老中，要他們簽下絕無挾持和宮逼迫今上讓位的誓約書。（I，六）
	十二月十四日	取得將軍親筆誓約書的兩位敕使離開江戶，返回京都。（I，六）
	十二月廿二日	幕府派出一遣歐使節團向英法等國交涉兩都兩港開市開港延期。（I，十五）

文久二年	
一月十四日	薩摩藩派出船隻前往奄美大島迎接流放三年多的西鄉吉之助。（Ⅰ，七）
一月十五日	安藤老中首座在坂下門外遭到六名刺客砍傷（坂下門外之變）。（Ⅰ，六）
二月十一日	將軍家茂與和宮完成大婚。（Ⅰ，六）
二月十二日	西鄉吉之助返回鹿兒島城下。（Ⅰ，七）
二月十五日	西鄉與久光會面，久光恢復齊彬時拔擢西鄉的徒目付、御庭方役等職務。（Ⅰ，七）
三月十六日	久光率領一千名藩兵以繼承亡兄遺志的名義上洛。（Ⅰ，七）
三月廿四日	坂本龍馬首度脫藩。（Ⅰ，十四）
三月廿八日	抵達下關的久光不見西鄉前來迎接，成為再次流放西鄉的直接原因。（Ⅰ，七）
四月八日	土佐藩參政吉田東洋遭到土佐勤王黨暗殺，享年四十七歲。（Ⅰ，八）
四月十一日	在坂下門外遭到砍傷的安藤老中首座被免職，改由板倉勝靜任老中首座。（Ⅰ，六） 西鄉、村田經滿（新八）被遣送回薩摩等候發落。（Ⅰ，七）
四月廿三日	久光下令清除伏見寺田屋內薩摩的攘夷志士，是為寺田屋事件。（Ⅰ，七）
四月廿五日	朝廷、幕府紛紛赦免安政大獄中受到謹慎的親王、公卿、大名的處分。（Ⅰ，七）
五月九日	朝廷任命大原重德為敕使，提出要將軍上洛等三件事情。（Ⅰ，七） 在倫敦與英國外務大臣簽訂《倫敦備忘錄》，達成兩都兩港開市開港延期的使命。（Ⅰ，十五）

文久二年	五月廿二日	久光率領薩摩藩兵護衛大原敕使東下江戶（七日抵達江戶）。（I，七）
	五月廿九日	第二次東禪寺事件。（I，八）
	六月一日	幕府同意將軍上洛，但確切日期未定。（I，七）
	六月十日	西鄉再次踏上流放之途，村田經滿流放到喜界島，西鄉則被流放到德之島（九月改為沖永良部島）。（I，七）
	六月廿三日	免除立場親幕的九條關白，近衛忠熙為新關白並取得內覽權。（I，七）
	六月廿八日	土佐藩主山內豐範受姻親三條實美之邀，率領藩兵上洛，武市半平太與土佐勤王黨幹部隨侍在側。（I，八）
	六月	提倡《航海遠略策》的長州藩士長井雅樂遭到免職問罪。（I，八）
	七月六日	獲赦的一橋慶喜出任將軍後見職，九日松平春嶽也同意出任新設的政事總裁職。（I，七）
	七月廿日	京都出現最早的天誅，受害者為前九條關白的家臣島田左近。（I，八）
	八月廿日	朝廷下令岩倉具視、千種有文、富小路敬直、久我見通、今城重子、堀河紀子等「四奸二嬪」辭官落飾。（I，八）
	八月廿一日	完成幕政改革的久光返回京都，在橫濱時遇上亂入大名行列的英國商人，發生砍傷外國人的「生麥事件」。（I，七）
	閏八月一日	會津藩主松平容保出任京都守護職。（I，七）
	閏八月九日	生麥事件使得無位無官的久光破例得到天皇接見。（I，七）
	九月七日	完成使命的久光因厭惡京都已為攘夷派掌控而返回薩摩。（I，七）

文久二年	九月廿一日	朝議以三條實美為正使、姉小路公知為副使，再次派往江戶督促幕府攘夷。（I，八）
	十月十八日	岩倉為避開攘夷派的追殺，遷居到洛外岩倉村蟄居。（I，八）
	十一月廿七日	病癒的家茂在江戶城白書院接見兩位敕使。（I，八）
	十二月五日	家茂在回覆敕旨的奉答書裡自稱臣家茂，並允諾來年二、三月上洛。（I，八）
	十二月九日	朝廷增設國事御用掛，由皇族、公卿出任。（I，八）
	十二月十二日	高杉晉作指揮長州藩士燒毀品川御殿山英國公使館。（I，八）
	十二月廿四日	松平容保率領一千名藩兵進入京都，以黑谷金戒光明寺為下榻地。（I，七）
	十二月廿六日	法國人路易-戴歐多·福黑神父在長崎南山手哥拉巴宅邸旁建造天主堂，元治元年年底落成。（Ⅲ，三）
文久三年	一月五日	將軍後見職一橋慶喜抵達京都。（I，九）
	一月廿三日	近衛忠熙關白因健康因素去職，但仍保有內覽權，鷹司輔熙繼任關白。（I，九）
	一月廿五日	山內容堂上洛。（I，九）
	一月廿七日	批准中山忠能、正親町三條實愛二卿辭職，朝廷漸為攘夷派公卿掌控。（I，九）
	二月四日	政事總裁職松平春嶽上洛。（I，九）

文久三年	
二月六日	長井雅樂切腹，享年四十五歲。（I，八）
二月十三日	在國事御用掛外增設國事參政、國事寄人二職，由公卿出任。（I，八） 將軍家茂率領三千隨從沿東海道上洛。（I，九）
二月廿二日	足利三代木像梟首事件。（I，九）
二月廿五日	透過勝海舟的斡旋，山內容堂赦免龍馬脫藩的罪名。（I，十四）
三月四日	家茂進入京都，此乃家光之後間隔二百餘年再次有將軍上洛。（I，九）
三月七日	家茂參內，此亦家光之後間隔二百餘年再次有將軍參內。（I，九）
三月十一日	家茂陪同天皇行幸賀茂神社（包括上賀茂神社和下鴨神社）。（I，九）
四月十一日	天皇行幸石清水八幡宮，但理當隨侍在旁的家茂缺席，將軍後見職一橋慶喜亦缺席。（I，九）
四月十八日	榎本武揚、津田真道、西周被幕府派往荷蘭留學。（II，十一）
四月廿日	一橋慶喜以家茂的名義回覆朝廷五月十日為攘夷期限。（I，九）
四月廿三日	這一日起家茂多次搭乘由勝海舟操作的軍艦視察大坂灣。（I，九）
五月十日	攘夷期限一到，長州立即砲擊停泊下關海峽的美國商船，之後數日法國、荷蘭商船亦遭殃。（I，九）
五月十二日	長州派遣包括井上馨、伊藤博文在內五名留學生前往英國留學。（I，十二）
五月十九日	老中格小笠原長行在慶喜的同意下率領約一千六百名兵力上洛。（I，九）

文久三年	
五月廿四日	攘夷公卿姉小路公知在御所北邊朔平門附近的路口遇到刺客襲擊，當場死去，得年廿四歲。（I，九）
五月廿六日	涉嫌行刺姉小路公知的薩摩藩士田中新兵衛被捕，當日自殺。（I，十）
六月八日	山內容堂下令藩的京都留守居役平井收二郎、間崎哲馬、弘瀨健太三人切腹。（I，十）
六月十三日	家茂在大坂登上軍艦循海路返回江戶，結束第一次上洛。（I，九）
七月二日	針對生麥事件索求賠償不成，英國海軍進攻薩摩，即薩英戰爭。（I，九）
七月三十日	松平容保在內裏建春門前舉行馬揃。（I，十）
八月十三日	攘夷派公卿偽造天皇詔敕宣告大和行幸之舉。（I，十） 同日，公武一合的薩摩藩與佐幕派的會津締結會薩同盟。（I，十）
八月十七日	大和天誅組包圍五條代官所，殺害代官。（I，十）
八月十八日	八・一八政變，長州被解除堺町御門的警備任務，以長州為首的攘夷派被逐出京都，大和行幸無限延期。（I，十）
八月十九日	三條實美、三條西季知、壬生基修、錦小路賴德、東久世通禧、四條隆謌、澤宣嘉七名公卿跟隨長州藩兵退往西國，是為七卿落。（I，十）
八月廿四日	朝廷剝奪七卿的官位。（I，十）
九月八日	紀州、津、彥根、大和郡山四藩對天誅組發動總攻擊。（I，十）
九月廿一日	土佐勤王黨領袖武市半平太被捕。（I，十）
九月廿七日	天誅組首領吉村寅太郎戰死，天誅組舉兵平定。（I，十）

文久三年	十月十二日	位在但馬國的生野發生襲擊代官所，次日即被平定。（I，十）
	十月	龍馬被勝海舟任命為海軍操練所塾頭。（I，十四）
	十一月十五日	江戶城大火，本丸及二丸御殿燒毀。（I，十一）
	十二月廿三日	與長州關係良好的鷹司輔熙關白遭罷免，改由二條齊敬代之，是最後的關白。（I，十一）
	十二月廿七日	家茂再次上洛，此次循海陸於翌年一月八日抵達大坂城。（I，十一）
文久四年 元治元年	一月十三日	島津久光被任命為參預，隔日敘從四位下左近衛權少將。（I，十一）
	一月十五日	家茂再次進入二條城。（I，十一）
	一月廿八日	從這一日起在京都舉行多次二條城會議及參預會議，雖然在地點及對象上有所不同，但聚焦在長州處分問題及橫濱鎖港問題上。（I，十一）
	二月十五日	陸軍總裁職改名軍事總裁職作為征討長州的準備，十七日由京都守護職松平容保改任，松平春嶽則接任京都守護職。（I，十一）
	二月十六日	在中川宮宅邸酒宴上，慶喜與久光、春嶽、宗城三人起口角，導致之後的參預會議形同破局。（I，十一）
	二月廿日	因遇上甲子年再次更改年號為元治。（I，十一）
	二月廿一日	薩摩藩船開到沖永良部島，迎接被赦免的西鄉返回。（I，十一）
	二月	龍馬再次脫藩。（I，十四）
	三月十八日	來到京都的西鄉拜見久光，同日被任命為執掌藩的軍政和外交的軍賦役與諸藩應接掛。（I，十一）

文久四年 元治元年	三月廿二日	久光再次提出辭去參預得到批准，為期近兩個月的參預會議最終破局。（Ⅰ，十一）
	三月廿五日	慶喜辭去將軍後見職轉任攝海防御指揮兼禁裏御守衛總督。（Ⅰ，十一）
	四月十一日	桑名藩主松平定敬任京都所司代，京都政局操掌在一橋家當主一橋慶喜、會津藩主松平容保、桑名藩主松平定敬手上，稱為「一會桑政權」。（Ⅰ，十一）
	四月廿日	朝廷對幕府發出庶政委任敕書，象徵天皇對幕府的信任。（Ⅰ，十一）
	四月	手持勝海舟推薦信的龍馬來到熊本小楠堂與横井小楠會面。（Ⅲ，四）
	五月十四日	家茂任命勝海舟為軍艦奉行兼作事奉行格，叙從五位下安房守。（Ⅰ，十一） 神戶海軍操練所正式成立。（Ⅰ，十四）
	五月廿日	家茂搭乘軍艦返回江戶，結束第二次上洛。（Ⅰ，十一）
	六月四日	經新選組一番拷打得知，有約四十名攘夷派潛入京都意圖不軌。（Ⅰ，十二）
	六月五日	近藤勇與土方歲三兵分兩路包圍池田屋與四國屋，近藤勇率領十名隊士突襲池田屋，強行壓制攘夷派的反撲，此即池田屋事件。（Ⅰ，十二）
	六月十六日	不甘藩主父子受到冤屈，長州決定出兵前往御所為藩主父子申冤，廿六、七日在京都西邊布陣。（Ⅰ，十二） 同日將軍後見職一橋慶喜的心腹平岡圓四郎在京都遭到暗殺。（Ⅱ，序）
	七月十一日	信濃松代藩士佐久間象山在三條木屋町前遭河上彥齋暗殺。（Ⅰ，十二）

文久四年 元治元年	七月十九日	禁門之變，御所外圍成為戰場，長州突破外圍朝內裏挺進，但為馳援的薩摩藩兵所敗。（I，十二）
	七月廿三日	朝廷發出征討長州的敕命，長州成為朝敵。（I，十二）
	七月廿六日	幕府沒收長州在江戶的所有屋敷與藩邸，然後予以拆毀。（I，十二）
	八月五日	英、美、法、荷四國聯合艦隊砲擊下關，長州砲台毫無招架能力，隔日四國聯軍登陸，長州降伏，八日結束戰事。（I，十二）
	八月十四日	長州與四國簽訂停戰協定（《下關條約》）。（I，十二）
	八月廿四日	朝廷下令褫奪毛利父子的官位，幕府亦取消毛利父子拜領的賜字。（I，十二）
	八月	龍馬在京都薩摩藩邸首度拜見西鄉吉之助。（I，十四）
	九月十一日	西鄉吉之助在大坂與勝海舟會面。（I，十四）
	九月廿五日	井上馨開完會議返家途中遭到刺客行刺，身中五十餘刀的他竟奇蹟被救活。（I，十二）
	九月廿六日	長州強硬派領袖周布政之助切腹，享年四十二歲。（I，十二）
	十一月十二日	在征長軍發動總攻擊前，益田等三位家老切腹承擔責任，另有四名參謀斬首。（I，十二）
	十一月	勝海舟被解除軍艦奉行職務。（I，十四）
	十二月十五日	高杉晉作在功山寺舉兵。（I，十三）
	十二月廿七日	長州履行藩主父子返回萩蟄居、毀壞山口城、引渡五卿的條件後，征長總督宣布征長軍撤兵並解散。（I，十二）

元治二年 慶應元年	
一月廿四日	普當斯・賽哈芬-巴德勒米・吉哈神父主持獻堂式，命名「二十六聖殉教者堂」。（Ⅲ，三）
一月	繪堂・太田之戰擊敗藩兵，收復山口。（Ⅰ，十三）
二月一日	酒井忠績出任大老。（Ⅰ，十五）
二月十四日	高杉晉作攻入萩城，推翻恭順派，重新執政，以武力倒幕作為藩論。（Ⅰ，十三）
二月廿日	大浦天主堂「信徒發現」。（Ⅲ，三）
三月	神戶海軍操練所閉校。（Ⅰ，十四）
四月七日	更改年號為慶應。（Ⅰ，十三）
四月八日	桂小五郎與幾松離開出石返回長州。（Ⅰ，十三）
四月十九日	幕府發出布告將再次進行征長。（Ⅰ，十三）
五月一日	龍馬與神戶海軍操練所閉校後無處可去的浪人來到薩摩。（Ⅰ，十四）
五月六日	奉藩命波多野金吾先改名為廣澤藤右衛門，再改名廣澤兵助。（Ⅲ，四）
五月十六日	將軍家茂三度上洛。（Ⅰ，十五）
五月廿三日	龍馬到太宰府拜會五卿。（Ⅰ，十四）
五月廿七日	桂小五郎被任命為政事堂用掛兼國政方用談役心得，亦即長州藩政最高負責人。（Ⅰ，十三）
五月	桂小五郎推舉村田藏六為馬廻役譜代，正式躋身武士。（Ⅰ，十三）
閏五月一日	龍馬在下關上岸，為促成薩長同盟而來。（Ⅰ，十四）

元治二年 慶應元年	閏五月十日	新任英國駐日全權公使巴夏禮在赴日途中拜會長州的桂小五郎等人。（I，十五）
	閏五月十一日	武市半平太、岡田以藏同日行刑。（I，十）
	閏五月廿二日	家茂參內在小御所拜謁天皇。（I，十五）
	七月廿一日	長州派出井上、伊藤二人來到長崎，透過龍馬的仲介向英國商人哥拉巴購買武器。（I，十四）
	九月廿日	朝議取得一致通過再次征討長州的結論，也取得天皇的敕命。（I，十五）
	九月廿四日	阿部正外、松前崇廣兩位老中事先未徵得將軍與老中首座同意，逕自同意兵庫開港。（I，十五）
	十月四日	朝廷正式敕許安政五國條約。（I，十五）
	十月七日	朝廷敕許從一八六八年1月1日起大坂開市、兵庫開港，同時也同意《倫敦備忘錄》及下關戰爭的賠償。（I，十五）
	十月廿二日	大久保利通拒絕幕府徵召再次征長，宣稱那是「非義的敕命」。（I，十五）
	十二月三日	龍馬在下關白石正一郎宅邸首度與高杉晉作會面。（I，十四）
慶應二年	一月十四日	龜山社中成員近藤長次郎因違反規定切腹。（I，十五）
	一月廿一日	在京都小松帶刀宅邸締結全文共六條的薩長同盟。（I，十四）
	一月廿三日	龍馬在寺田屋遇襲負傷，為薩摩藩所救，安置在伏見藩邸。（I，十四）

慶應二年	三月十日	負傷的龍馬與阿龍在西鄉的建議下來到薩摩藩養傷。（Ⅰ，十四）
	五月廿八日	勝海舟重新被啟用任命為軍艦奉行。（Ⅰ，十五）
	六月七日	第二次征長之役（也稱為四境戰爭）中的大島口開戰。（Ⅰ，十五）
	六月十四日	四境戰爭中的藝州口開戰。（Ⅰ，十五）
	六月十七日	四境戰爭也在石州口點燃戰火。（Ⅰ，十五）
		同日在小倉口進行海戰。（Ⅰ，十五）
	七月廿日	家茂在大坂城去世，死因為腳氣病，得年廿一歲。（Ⅰ，十五）
	七月三十日	小倉口戰線的熊本藩兵突然撤兵。（Ⅰ，十五）
	七月三十一日	慶喜辭去攝海防禦指揮兼禁裏御守衛總督。（Ⅰ，十六）
	七月	福澤諭吉出版《西洋事情　初篇》。（Ⅲ，八）
	八月一日	小倉城炎上，四境戰爭到此全部結束。（Ⅰ，十五）
	八月三十日	廿二名公卿列參要求立即解散征長軍與罷免支持慶喜的中川宮及二條關白，但天皇力挺中川宮使得此次公卿列參失敗。（Ⅰ，十六）
	九月二日	幕府派勝海舟為代表與廣澤兵助等人在嚴島協議停戰。（Ⅰ，十六）
	十一月廿八日	天皇宣稱庶政委任體制照舊，慶喜願意繼任第十五代將軍。（Ⅰ，十六）
	十二月五日	朝廷敘慶喜為正二位權大納言兼右近衛大將以及征夷大將軍宣下。（Ⅰ，十六）
	十二月廿五日	孝明天皇崩御，享年三十六歲。（Ⅰ，十六）
	十二月廿八日	慶喜增設陸軍總裁、海軍總裁二職。（Ⅰ，十八）

慶應三年	
一月九日	祐宮睦仁親王踐祚，二條關白轉任攝政，其餘照舊。（I，十六）
一月十一日	幕府派出以德川昭武為首的代表團前往法國請求派出軍事顧問團來日。（I，十八）
一月十三日	龍馬與土佐藩參政後藤象二郎會談和解。（I，十七）
三月十日	伊東甲子太郎脫離新選組，另組御陵衛士。（I，十九）
四月十四日	長州藩士高杉晉作病逝，得年廿九歲。（I，十七）
四月廿三日	發生伊呂波丸事件。（I，十七）
四月	龜山社中改名海援隊，由龍馬擔任隊長，同時也赦免再度脫藩之罪。（I，十七）
	約略在這個月，中岡慎太郎以三條實美代理人身分前往洛北與岩倉具視會面，拉攏他進討幕陣營。（I，十八）
五月十二日	慶喜再增設會計總裁、國內事務總裁、外國事務總裁，連同先前的陸軍總裁、海軍總裁為五局體制。（I，十八）
五月十九日	在二條城召開四侯會議，針對長州藩處置問題與兵庫開港進行討論。（I，十八）
五月廿一日	土佐上士乾退助、谷守部與小松帶刀締結薩土討幕密約。（I，十八）
六月三日	伊呂波丸事件告一段落，判定紀州藩須賠償海援隊八萬三千兩。（I，十七）
六月九日	龍馬在從長崎前往京都的夕顏丸上寫下《船中八策》。（I，十七）

慶應三年	
六月十三日	長崎奉行所派出與力與同心包圍大浦天主堂，帶走六十八名教徒。（Ⅲ，三）
六月十五日	後藤象二郎說服山內容堂接受大政奉還，並以此作為土佐藩論。（Ⅰ，十八）
六月廿二日	締結薩土盟約，薩摩同意將軍不接受大政奉還時便進行武力討幕。（Ⅰ，十八）
七月六日	在長崎發生伊卡魯斯號事件，最終成為懸案。（Ⅰ，十八）
八月十四日	成為將軍後的慶喜心腹原市之進遭到暗殺。（Ⅱ，序）
九月九日	薩摩以土佐身陷伊卡魯斯號事件為由，解除薩土藝盟約。（Ⅰ，十八）
九月十八日	締結薩長藝盟約，此盟約標榜武力討幕。（Ⅰ，十八）
九月廿一日	朝廷派出武家傳奏敘慶喜為內大臣。（Ⅰ，十八）
九月	山內容堂親筆寫下《土佐藩大政奉還建白書》交給後藤象二堂。（Ⅰ，十八）
十月三日	後藤帶著《土佐藩大政奉還建白書》以山內豐範名義交給板倉老中首座，再由他轉交慶喜。（Ⅰ，十八）
十月十三日	四十餘藩派出重臣聚集二條城二丸御殿大廣間，供幕府諮詢重大事情。（Ⅰ，十八）
	同日慶喜同意接受大政奉還。（Ⅰ，十八）

慶應三年	十月十四日	討幕密敕下達薩長二藩，但慶喜已同意大政奉還使密敕失效。（I，十九）
		同日龍馬連夜起草新政府成員名單。（I，十九）
	十月廿四日	德川慶喜向朝廷辭去征夷大將軍。（I，十九）
		同日龍馬前往越前拜會謹慎中的三岡八郎。（I，十九）
	十月廿九日	薩摩藩主島津忠義決定親率藩兵上洛以備不時之需。（I，二十）
	十一月十日	龍馬寄給越前藩重臣中根雪江的信件中首次出現「新國家」的字眼。（I，十九）
	十一月十五日	龍馬與中岡在近江屋遭到七名京都見廻組成員行刺，龍馬當場死去，享年三十三歲。（I，十九）
	十一月十七日	中岡慎太郎雖一度好轉，但傷勢在此日急轉直下死去，享年三十歲。（I，十九）
	十一月廿三日	島津忠義率領的三千名藩兵抵達京都，連同先前駐在京都的藩兵約近五千人。（I，二十）
	十一月三十日	朝廷出現人事異動，左右內三大臣悉數辭職，九條道孝任左大臣、大炊御門家信任右大臣、廣幡忠禮任內大臣。（I，二十）
	十二月七日	兵庫港正式開港。（II，序）
	十二月八日	舉行朝議，主張撤銷毛利父子朝敵罪名以及赦免所有尚未赦免的公卿。（I，二十）

慶應三年	十二月九日	頒布《王政復古大號令》，盡廢除三大臣和參議之外的古代官職，同時頒布總裁、議定、參與的成員名單以作為新政府的主力。（I，二十） 接著舉行小御所會議，成員為剛成立的總裁、議定、參與，該會通過慶喜必須辭官納地。（I，二十）
	十二月十日	松平春嶽、德川慶恕前往二條城向慶喜報告小御所會議的結論。（I，二十）
	十二月十二日	慶喜悄悄與松平容保、松平定敬、板倉勝靜撤出二條城。（II，序）
	十二月十六日	慶喜在大坂城白書院接見英法等六國公使，得到他們的支持。（II，序）
	十二月十七日	慶喜命人起草為自己辯護的《舉正退奸之表》，已決心與薩長開戰。（II，序）
	十二月十八日	近藤勇在巡視伏見街道時遇襲負傷。（II，序） 同日三岡八郎進入御所就職參與，並擬定《五條御誓文》初稿。（II，四）
	十二月廿三日	由於薩摩藩士的滋事，使江戶城二丸御殿炎上。（II，序）
	十二月廿五日	稻葉正邦老中下令新徵組等五個藩包圍並焚毀薩摩的三田藩邸。（II，序）
	十二月廿七日	在太宰府的三條實美等五卿回到京都，三條實美立即被新政府任命議定。（II，一）
慶應四年 明治元年	一月一日	慶喜命人起草《討薩之表》，雙方為即將到來的決戰做準備。（II，一）

慶應四年 明治元年	一月三日	阿波沖海戰，薩摩的翔鳳號中彈多發自沉。(II，一)
		同日新政府軍在以小枝橋(鳥羽街道)、御香宮(伏見街道)為據點與幕府軍進行戰鬥，開啟持續數日的鳥羽・伏見之戰。(II，一)
	一月四日	任命仁和寺宮嘉彰親王為征討大將軍(稱為大將軍宮)兼軍事總裁，授予敕命、節刀。(II，一)
	一月五日	大將軍宮巡視鳥羽街道，原本觀望的藝州、鳥取二藩加入新政府軍。位在戰場的淀城因錦之御旗的出現拒絕收容敗退的幕府軍，嚴守中立立場。(II，一)
	一月六日	津藩響應錦之御旗，加入新政府軍，幕府軍因而放棄橋本，撤往大坂。慶喜在當晚發表鼓勵士氣的演說，然而當夜慶喜便與幾位首腦悄悄撤出大阪。(II，一)
	一月七日	新政府總裁有栖川宮熾仁親王在小御所發布《慶喜追討令》，宣布慶喜為朝敵。(II，一)
	一月九日	大坂城引渡給新政府，但在引渡過程中大坂城陷入火海。(II，一)
	一月十日	新政府下令剝奪慶喜、容保、定敬等二十餘名幕臣的官位。(II，一)
	一月十一日	備前藩兵在神戶與法國兵發生衝突(神戶事件)。(II，二)
	一月十五日	以東久世通禧為敕使向英法等六國公使宣讀國書，要六國公使棄用大君稱號改為天皇，如此新政府才會承認幕府時代簽訂的條約。(II，二)

慶應四年 明治元年	
一月十七日	新政府增設神祇、內國、外國、海陸、會計、刑法、制度七科。（Ⅱ，四） 同日新政府命令仙台藩征討會津，並命秋田、盛岡、米澤三藩協助仙台。（Ⅱ，八）
一月廿日	乾退助率領迅衝隊降伏讚岐高松藩。（Ⅱ，三）
一月廿一日	外國事務科向六國公使呈遞備忘錄，允諾會妥善處理神戶事件，並保證新政府會承認所有幕府時代與外國簽訂的條約及條款。（Ⅱ，二）
一月廿三日	內國事務掛大久保利通提出大坂遷都論，但遭到反對。（Ⅱ，四）
一月廿五日	任命澤宣嘉為九州鎮撫總督兼外國事務總督。（Ⅲ，三）
一月廿七日	伊予松山藩向乾退助降伏，四國至此皆納入新政府的支配下。（Ⅱ，三）
一月廿八日	仁和寺宮嘉彰親王返回御所歸還節刀，同日解除征討大將軍職務。（Ⅱ，一）
二月二日	澤宣嘉改任長崎裁判所總督，井上馨為參謀。（Ⅲ，三）
二月三日	七科改組為神祇、內國、外國、軍防、會計、刑法、制度、總裁八局。（Ⅱ，四） 同日祐宮發布親征之詔，將東海道、東山道、北陸道鎮撫使改稱鎮撫總督，成立鎮撫總督府，另新設奧羽鎮撫總督府。（Ⅱ，五）
二月四日	松平容保為擅自脫離大坂負責，辭去藩主之位。（Ⅱ，五）
二月九日	執行神戶事件的懲處。（Ⅱ，二） 同日成立東征大總督府，有栖川宮熾仁親王為東征大總督，下轄北陸道、東山道、東海道三道鎮撫使。（Ⅱ，三）

慶應四年 明治元年	二月十二日	慶喜讓出德川宗家當主，由田安龜之助繼承，前往上野寬永寺謹慎。(Ⅱ，三)
	二月十四日	東山道參謀乾退助率領千餘名兵力從京都土佐藩邸出發。(Ⅱ，三)
	二月十五日	土佐藩兵在堺對法國士兵開槍造成十一名法國兵死亡(堺事件)。(Ⅱ，二) 同日祐宮授予東征大總督錦之御旗及節刀。(Ⅱ，五) 佐賀藩正式加入新政府軍。(Ⅱ，五)
	二月十六日	繼慶喜之後，會津、桑名二藩亦成為朝敵。(Ⅱ，五)
	二月廿二日	會津藩家老神保修理扛起藩成為朝敵的責任切腹。(Ⅱ，五) 同日松平容保返回會津。(Ⅱ，八)
	二月廿三日	侯許受邀觀看堺事件射擊法國兵的二十名土佐藩士的切腹。(Ⅱ，二) 同日在江戶成立擁戴慶喜的彰義隊。(Ⅱ，六)
	二月廿五日	土佐藩主山內豐範拜訪法國駐日公使侯許針對堺事件謝罪，並允諾賠償。(Ⅱ，二)
	二月廿六日	任命九條道孝為奧羽鎮撫總督，澤為量為副總督，醍醐忠敬為參謀。(Ⅱ，八)
	三月一日	成為旗本的近藤、土方二人率領約三百人的甲陽鎮撫隊前往甲斐。(Ⅱ，三) 乾退助在進入甲斐國境前改名板垣退助。(Ⅱ，三)

慶應四年 明治元年	
三月三日	赤報隊隊長相樂總三等人在下諏訪宿遭新政府軍斬首。（II，序）
	在三條實美等新政府成員力邀下，巴夏禮進宮覲見祐宮。（II，四）
三月四日	板垣退助搶先在甲陽鎮撫隊之前從甲斐代官手中接管甲斐城。（II，三）
三月六日	甲斐勝沼之戰，近藤勇敗退。（II，三）
	同日召開以東征大總督府及東海道鎮撫總督府為對象的軍事會議，決定十五日對江戶發動總攻擊。（II，五）
三月九日	山岡鐵舟來到駿府城與西鄉為饒恕慶喜性命進行談判。（II，五）
三月十一日	永倉新八等若干新選組隊士脫離新選組。（II，七）
三月十三日	巴夏禮嚴重警告東海道鎮撫總督參謀不得處死慶喜和對江戶發動總攻擊。（II，五）
三月十四日	祐宮在御所紫宸殿率領百官向天地神祇祭祀，由三條實美朗讀《五條御誓文》。（II，四）
	同日頒布反動的《五榜揭示》。（II，四）
	同日勝海舟、大久保忠寬、山岡鐵舟與西鄉隆盛、村田新八、中村半次郎在江戶的薩摩藏屋敷達成江戶無血開城。（II，五）
三月十八日	冊立准三宮九條夙子為英照皇太后。（II，四）
三月廿一日	在大久保的建議下，祐宮離開御所，展開為期四十四日的大坂行幸。（II，四）
三月廿五日	東征大總督正式宣布取消進攻江戶的命令。（II，五）

慶應四年 明治元年	
三月廿八日	太政官神祇事務局頒布《神佛分離令》。（Ⅲ，三）
三月	彰義隊分裂，澀澤成一郎派撤出江戶改名振武軍，天野八郎以寬永寺為據點。（Ⅱ，五）
四月一日	日吉大社神官率領神人搗毀社內的佛像、經卷及法器，開啟廢佛毀釋。（Ⅲ，三）
四月三日	東山道先鋒部隊在流山發現盤據此地的近藤勇，近藤放棄抵抗就縛。（Ⅱ，七）
四月十日	會津、庄內二藩締結會庄同盟。（Ⅱ，八）
四月十一日	江戶城交由尾張藩看管，大奧女中撤出江戶城。（Ⅱ，五） 同日慶喜步出寬永寺大慈院，前往水戶藩弘道館至善堂繼續謹慎。（Ⅱ，五）
四月十九日	第一回宇都宮城攻防戰，幕府軍攻下宇都宮城。（Ⅱ，七） 同日高倉永祜被任命為北陸道鎮撫總督兼會津征討總督、四條隆平為北陸道副總督兼新潟裁判所總督，山縣狂介、黑田了介為參謀。（Ⅱ，九）
四月廿三日	進行第二回宇都宮城攻防戰，新政府軍奪回宇都宮城。（Ⅱ，七）
四月廿五日	近藤勇在板橋刑場遭到斬首，享年三十五歲。（Ⅱ，七）
四月廿七日	三條實美被任命為關東監察使，大村益次郎被任命為軍防事務局判事。（Ⅱ，六）
閏四月廿日	奧羽鎮撫總督參謀世良修藏遭到殺害。（Ⅱ，八）

慶應四年 明治元年	
閏四月廿一日	頒布《政體書》，據此設置太政官制，強調立法、行法、司法三權分立。（Ⅱ，四）
閏四月廿三日	連同閏四月十一日共有廿七個奧羽地方的藩主張對會津採取寬大處置。（Ⅱ，八）
閏四月廿四日	首任箱館府知事清水谷公考抵達箱館。（Ⅱ，十一）
五月一日	板垣退助攻下白河城。（Ⅱ，十）
五月二日	小千谷會談失敗，越後長岡藩等北越六藩決定與奧羽諸藩一同作戰。（Ⅱ，九）
五月三日	奧羽地方共廿五各藩締結奧羽列藩同盟。（Ⅱ，八）
五月六日	加入北越地方六個藩總計三十一個藩締結奧羽越列藩同盟。（Ⅱ，八）
五月十五日	上野戰爭，當日平定盤據寬永寺的彰義隊。（Ⅱ，六）
五月十九日	大總督府在江戶設置鎮台，由大總督兼任，以江藤新平為鎮台判事。（Ⅱ，六）
五月廿四日	太政官下令以駿河、遠江共七十萬石領地封給德川宗家當主田安龜之助。（Ⅱ，六）
	同日三條實美被任命為關東監察使東下江戶。（Ⅱ，八）
五月廿五日	輪王寺宮在寬永寺僧眾協助下搭乘榎本武揚艦隊離開江戶。（Ⅱ，十）
五月三十日	前新選組一番隊組長沖田總司病逝江戶，得年廿五歲（或廿七歲）。（Ⅱ，七）

明治元年	
六月十四日	增設會津征討越後口總督，以仁和寺宮嘉彰親王為總督，西園寺公望為大參謀。（II，九）
六月十六日	輪王寺宮公現入道親王被擁戴為奥羽越列藩同盟盟主，原盟主仙台藩主伊達慶邦成為總督。（II，八）
七月四日	秋田藩成為新政府軍征討庄內藩的先鋒，是奥羽越列藩同盟的破口。（II，九）
七月十一日	新政府假道秋田藩進攻庄內藩。（II，九）
七月十七日	頒布江戶改名東京的詔書，廢江戶鎮台，改制東京鎮將府，東征大總督監管鎮將府。（II，八）
七月廿三日	慶喜再次遷徙至駿府附近的寶台院謹慎。（II，五）
七月廿五日	河井繼之助夜襲新政府軍，奪回長岡城，但數小時後新政府軍反攻，河井在作戰中負傷。（II，九）
七月廿七日	長岡城為新政府軍奪回。（II，九）
七月廿九日	新政府軍攻下新潟港。（II，九） 同日前北陸道鎮撫總督高倉永祜病逝。（II，九）
八月七日	會津東邊諸藩盡皆降伏新政府軍，會津藩陷於孤立。（II，十）
八月十一日	北越六藩脫離奥羽越列藩同盟，向新政府軍降伏。（II，九）
八月十六日	越後長岡藩家老河井繼之助病逝，享年四十二歲。（II，九）
八月十九日	榎本武揚率領八艘船艦搭載幕臣在內共二千五百人北上。（II，十一）

明治元年	
八月廿三日	會津藩二十名白虎隊士在飯盛山上自裁，僅有飯沼貞吉獲救。（Ⅱ，十）
八月廿七日	祐宮在京都即位，是為明治天皇。（Ⅱ，十）
八月	在朝彥親王宅邸搜出與慶喜往來的書信，遭褫奪親王身分，押解至廣島。（Ⅲ，四）
九月七日	停用慶應年號，改元明治。（Ⅱ，十）
九月八日	天皇頒布《一世一元詔》。（Ⅱ，十）
九月十八日	輪王寺宮向奧羽追討平潟口總督四條隆謌遞上降表。（Ⅱ，八）
九月廿日	天皇在岩倉具視等人及三千三百名警備下，從京都出發行幸東京。（Ⅲ，一）
九月廿二日	松平容保．喜德父子打開若松城門向新政府軍降伏，會津戰爭結束。（Ⅱ，十） 同日天皇的車隊在近江國與伊勢國交界處土山宿迎接天長節。（Ⅲ，一）
九月廿六日	庄內藩向新政府軍降伏，本州部分的戰爭到此結束。（Ⅱ，九）
十月十三日	天皇一行進入江戶城西丸御殿，以此為皇居。（Ⅲ，一）
十月十七日	松平容保．喜德父子押解至東京幽禁。（Ⅱ，十）
十月十八日	會津戰爭逃出的奧羽諸藩成員與榎本艦隊會同北上蝦夷地。（Ⅱ，十一）
十月廿六日	土方歲三率兵攻下五稜郭。（Ⅱ，十一）
十月廿八日	太政官頒布「藩治職制」。（Ⅲ，五）

明治元年	十一月二日	東征大總督有栖川宮熾仁親王凱旋前往東京歸還御旗和節刀，意味東征的完成。（Ⅱ，十）
	十一月四日	會津征討越後口總督仁和寺宮嘉彰親王亦凱旋歸來。（Ⅱ，十）
	十一月五日	土方歲三率兵攻下福山城。（Ⅱ，十一）
	十一月十五日	幕府軍攻下江差及館城。（Ⅱ，十一）
	十一月十七日	榎本艦隊排水量最大的開陽丸在江差外海因不明原因沉沒。（Ⅱ，十一）
	十一月十九日	英法公使向榎本武揚提出備忘錄以強調維護列強在箱館的既得利益。（Ⅱ，十二）
	十一月廿日	蝦夷地的松前藩兵向幕府軍降伏。（Ⅱ，十一）
	十一月廿二日	英、法、荷、義四國公使謁見天皇，承認天皇政府為日本合法政權。（Ⅱ，十二）
	十二月七日	新政府宣布陸奥分成五國、出羽分成二國。（Ⅱ，十）
	十二月八日	天皇鳳輦從二重橋御門啟程，還幸京都。（Ⅲ，一）
	十二月十五日	榎本武揚在箱館成立蝦夷政權，榎本被選為總裁，松平太郎為副總裁。（Ⅱ，十一）
	十二月廿二日	天皇返回御所，結束此次行幸東京。（Ⅲ，一）
	十二月廿六日	一條勝子入宮，叙從三位，改名美子。（Ⅲ，一）
	十二月廿八日	各國同意對新政府撤除對日局外中立。（Ⅱ，十二） 同日冊立一條美子為皇后，即昭憲皇后。（Ⅲ，一）

明治二年	
一月五日	橫井小楠在京都寺町通和丸太町通交界處遭到六名刺客行刺，當場死去，享壽六十一歲。（Ⅲ，四）
一月六日	與美國簽訂石牆號讓渡條約，命名甲鐵艦。（Ⅱ，十二）
一月十八日	太政官下達大小侯伯及中下大夫上士召開國是基礎會議的御沙汰書，提到天皇將在春天再次行幸東京，要他們四月前往東京召開國是基礎會議。（Ⅲ，一）
一月廿日	薩長土肥四藩藩主聯名向朝廷上奏版籍奉還建白書。（Ⅲ，二）
一月廿七日	太政官頒布《出版條例》。（Ⅲ，十八）
二月十一日	派出敕使萬里小路博房、副使毛利廣封帶著天皇的手詔抵達山口慰勞毛利家。（Ⅲ，二）
二月十三日	派出敕使柳原前光、副使大久保利通帶著天皇的手詔抵達鹿兒島慰勞島津家。（Ⅲ，二）
二月十六日	大久保利通向島津忠義建議任命伊地知正治為政體調查主任進行藩政改革。（Ⅲ，五）
二月廿二日	伊地知正治、桂久武、橋口彥二、大迫貞清、伊集院兼寬、黑田清綱等人為參政，內田政風為公議人，大山綱良、橋口與一郎、島津伊勢等人為新設諸局總裁，主持薩摩藩藩政改革。（Ⅲ，五）
二月廿四日	太政官宣布移往東京。（Ⅲ，一） 同日西鄉隆盛被任命為薩摩藩參政。（Ⅲ，五）

明治二年	
三月三日	島津久光、毛利敬親兩人前往京都參內。（Ⅲ，二）
三月七日	天皇再次離開御所行幸東京。（Ⅲ，一）
	成立以制定律法為第一要務的公議所，以秋月種樹為議長、神田孝平為副議長。（Ⅲ，二）
三月九日	派出由三艘軍艦、四艘運輸船組成的艦隊北上進攻蝦夷政權。（Ⅱ，十二）
三月廿五日	宮古灣海戰，蝦夷政權意欲奪取甲鐵艦的意圖失敗。（Ⅱ，十二）
三月廿八日	天皇抵達東京，皇居再次改名為皇城，從此天皇永居東京。（Ⅲ，一）
四月九日	進行戊辰戰爭的最後一役箱館戰爭。（Ⅱ，十二）
四月十九日	秋月種樹辭去公議所議長，廿三日大原重德繼任。（Ⅲ，二）
五月一日	跟隨榎本北上的法國軍事顧問團軍團，搭乘停泊在箱館港的法國軍艦脫離戰場。（Ⅱ，十二）
五月十一日	土方歲三在箱館一本木關門戰死，享年三十五歲。（Ⅱ，十二）
	同日新政府軍將五艘軍艦開進箱館灣作最後決戰。（Ⅱ，十二）
五月十五日	舉行戰前僅有的一次選舉，三條實美為輔相，岩倉具視、德大寺實則為議定，木戶準一郎、大久保利通、後藤象二郎、副島種臣、由利公正、板垣退助、東久世通禧等七名為參與。（Ⅲ，二）
五月十七日	榎本武揚、松平太郎親自向新政府軍降伏，戊辰戰爭到此全部結束。（Ⅱ，十二）

明治二年	六月二日	開始進行戰後的論功行賞。(Ⅱ，十二)
	六月十二日	大久保利通主張知藩事世襲制拍板定案。(Ⅲ，二)
	六月十七日	太政官接受各藩提出版籍奉還，藩主改稱為知藩事，不採世襲制。(Ⅲ，二)
		依太政官達廢除公卿諸侯，改稱華族，計有一百四十二家公卿、二百八十五家諸侯。(Ⅲ，九)
	六月廿五日	依行政官達一門以下迄於平士，改稱士族。到明治八年士族人數近一百九十萬人。(Ⅲ，九)
	六月廿八日	山縣有朋與西鄉從道奉命前往歐洲考察陸軍(翌年八月返國)。(Ⅲ，五)
	七月八日	太政官制定《職員令》，在太政官之上增設神祇官。(Ⅲ，二)
	七月十三日	成立負責開發蝦夷地的行政機構開拓使，首任開拓使長官為鍋島直正。(Ⅲ，二)
	七月	島津忠義提拔西鄉為大參事，要他全權負責藩政改革。(Ⅲ，五)
	八月十五日	太政官布告改蝦夷地為北海道。(Ⅲ，二)
	九月四日	大村益次郎在三條通與木屋町通交界處下榻的旅館遭到八名刺客行刺負傷。(Ⅲ，四)
	九月	福澤諭吉出版《西洋事情 二篇》。(Ⅲ，八)
	十月四日	神祇伯中山忠能兼任宣教使長官、神祇少副福羽美靜兼任宣教使次官。(Ⅲ，三)

明治二年	十月九日	宣教使併入神祇官。（Ⅲ，三）
	十月廿四日	昭憲皇后抵達東京。（Ⅲ，一）
	十一月五日	動完右大腿切除手術的大村益次郎引發敗血症病逝，享年四十六歲。（Ⅲ，四）
	十一月三十日	長州藩士大樂源太郎等人聚集約一千二百人引發脫隊騷動。（Ⅲ，四）
	十一月	會津藩獲准在下北半島恢復家名，改稱斗南藩。（Ⅱ，十）
	十二月二日	前原一誠接替死去的大村益次郎成為兵部大輔。（Ⅲ，十九）
	十二月廿九日	京都粟田口刑場處決行刺大村益次郎倖存的六名刺客。（Ⅲ，四）
明治三年	一月三日	天皇以個人名義頒布大教宣布之詔，在神祇官與太政官外增設以宣教為目的的宣教使。（Ⅲ，三）
	二月	外務省派出權大錄佐田白茅、權少錄森山茂前往釜山與朝鮮交涉遭拒。（Ⅲ，十二）
	七月十日	民部大藏省分為民部省、大藏省，民部省的權力遭到弱化。（Ⅲ，五）
	七月廿七日	集議院徵士橫山安武留下《時弊十條》切腹死諫，得年廿八歲。（Ⅲ，五）
	八月廿二日	西鄉從道出任兵部權大丞。（Ⅲ，五）
	八月廿八日	山縣有朋出任兵部少輔。（Ⅲ，五）
	九月十日	太政官公布《藩制改革》作為廢藩置縣的準備。（Ⅲ，五）
	九月十九日	太政官頒布《平民苗字許可令》，允許平民擁有苗字。（Ⅲ，九）

明治三年	九月	薩摩藩兵未待自家藩兵到來便擅自逃離，是為「薩兵引揚事件」。（Ⅲ，五）
	十月十日	行刺橫井小楠的凶手上田立夫等人伏法。（Ⅲ，四）
	閏十月廿日	成立工部省。（Ⅲ，九）
	十二月十八日	敕使岩倉與大久保來到薩摩，懇求西鄉前往東京任官以鎮士族之心。（Ⅲ，五）
	十二月廿八日	企圖顛覆太政官的雲井龍雄遭到處斬，得年廿八歲。（Ⅲ，四）
明治四年	一月五日	岩倉敕使與大久保、西鄉一行抵達三田尻，與毛利父子、木戶商談廢藩之事。（Ⅲ，五）
	一月九日	參議廣澤真臣遭不明刺客闖入私宅行刺，當場死去，享年三十七歲。（Ⅲ，四）
	一月十七日	西鄉、木戶、大久保、山縣等人在土佐上岸，與板垣退助、福岡孝弟商談獻上藩兵之事得到允諾。（Ⅲ，五）
	二月十三日	太政官對外宣布薩、長、土將獻上親兵歸兵部省管轄。（Ⅲ，五）
	三月十九日	任命大隈重信、吉田清成為各國條約改定御用掛。（Ⅲ，六）
	三月廿八日	長州藩老公毛利敬親病逝，享年五十三歲。（Ⅲ，五）
	四月四日	依太政官物告頒布戶籍法，依此法調查的戶籍資料稱為壬申戶籍。（Ⅲ，十）
	四月廿三日	山縣新置東山道、西海道兩鎮台。（Ⅲ，五）

明治四年	
六月五日	准許平民騎馬。(Ⅲ，九)
六月廿五日	所有參議皆辭職，只有西鄉和木戶因貢獻藩兵有功任職參議。(Ⅲ，五)
六月	薩、長、土三藩獻上藩兵約八千名組成御親兵以保衛帝都。(Ⅲ，五)
七月十四日	天皇向在京五十六名藩知事頒布廢藩詔書，到該月底改置一使三府三百零二縣(到年底合併為一使三府七十二縣)。(Ⅲ，五) 同日民部省併入大藏省，大藏省成為擁有十一寮一司的機構。(Ⅲ，五)
七月十八日	成立文部省。(Ⅲ，九)
七月廿九日	太政官改制，新太政官包含正院、左院、右院。(Ⅲ，五) 大藏卿伊達宗城前往北京與北洋大臣李鴻章簽訂《日清修好條規》。(Ⅲ，十六)
八月九日	神祇官降格為神祇省，其長官為大輔，由福羽美靜出任。(Ⅲ，三) 太政官頒布《散髮脫刀令》，規定華、士族可不剃月代、不挽丁髷，不配刀械。(Ⅲ，九)
八月廿日	廢除東山道、西海道鎮台，改置東北、東京、大阪、鎮西四鎮台。(Ⅲ，七)
九月四日	頒布改定服制敕諭，以大禮服取代以往的衣冠束帶及烏帽子直垂。(Ⅲ，十九)
九月十五日	敕命岩倉外務卿為特命全權大使。(Ⅲ，六)
十月八日	岩倉外務卿升任岩倉右大臣。(Ⅲ，六)

明治四年	十月十八日	八瑤灣事件。（Ⅲ，十六）
	十一月六日	使節團成員與留守政府成員達成十二條協定。（Ⅲ，七）
	十一月十二日	岩倉使節團一行搭上美國蒸汽船亞美利加號從橫濱啟航。（Ⅲ，六）
	十一月十七日	天皇在吹上御苑內舉行大嘗祭。（Ⅲ，一）
	十二月三日	小河真文、初岡敬治斬首，公卿愛宕通旭、外山光輔切腹。（Ⅲ，四）
	十二月十四日	伊藤博文在舊金山格蘭大飯店內進行「日之丸演說」。（Ⅲ，六）
明治五年	一月廿五日	岩倉大使與四名副使在華盛頓拜會美國總統格蘭特與國務卿費雪。（Ⅲ，六）
	二月廿六日	皇城和田倉門內兵部省附近起火，火勢蔓延至丸之內、銀座、築地一帶。（Ⅲ，九）
	二月廿七日	太政官廢兵部省，另設陸軍、海軍二省，以原兵部大輔山縣有朋為陸軍大輔，以川村純義為海軍少輔（五月十日幕臣勝海舟任海軍大輔）。（Ⅲ，七）
	二月	福澤諭吉與同鄉學生小幡篤次郎合撰《勸學》初篇。（Ⅲ，八）
	三月九日	御親兵改稱近衛兵，十七日山縣兼任近衛都督，西鄉從道兼任近衛副都督。（Ⅲ，七）
	三月十四日	廢除神祇省與大藏省社寺課，新設教部省，正親町三條實愛為教部卿，福羽美靜為教部大輔。（Ⅲ，三）
	四月一日	鎮西鎮台改為熊本鎮台。（Ⅲ，十）

明治五年	
四月十五日	開拓使仮學校成立，校長為荒井郁之助，校址位於東京芝增上寺。（Ⅲ，九）
四月十七日	太政官在東京湯島舉辦博覽會，這是日本最早的官辦博覽會。（Ⅲ，十三）
四月廿五日	江藤新平從左院副議長轉任司法卿。（Ⅲ，七）
五月廿三日	明治天皇展開六大行幸的第一次，目的地為西國和九州。（Ⅲ，七）
五月	品川至橫濱之間的鐵道通車。（Ⅲ，九）
六月十七日	返回日本取得全權委任狀的大久保重返華盛頓與費雪國務卿重啟條約改正交涉。（Ⅲ，六）
六月廿二日	天皇行幸來到鹿兒島，會見島津久光、鹿兒島縣參事大山綱良等人。（Ⅲ，七）
六月廿九日	由於山城屋事件曝光，山縣有朋主動辭去近衛都督（八月廿二日生效）。（Ⅲ，七）
七月三日	使節團結束美國參訪，搭船前往英國（十三日抵達愛爾蘭）。（Ⅲ，六）
七月五日	西鄉參議（隆盛）、西鄉陸軍少輔（從道）及野津鎮雄先行返回東京。（Ⅲ，七）
七月廿九日	西鄉隆盛以參議身分兼任近衛都督，同時被賜予陸軍元帥頭銜。（Ⅲ，七）
八月二日	依太政官布告頒布《學制》。（Ⅲ，九）
八月十日	外務大丞花房義質、外務少記森山茂搭乘春日、有功二艦朝釜山浦而去，打算收回草梁倭館但最後只拆下草梁倭館內可拆之物。（Ⅲ，十二）

明治五年	九月十二日	天皇與鐵道相關人員及外國公使親自搭乘往返新橋、橫濱。（Ⅲ，九）
	九月十四日	琉球王國被日本降格為琉球藩。（Ⅲ，十六）
	九月廿八日	日本進一步剝奪琉球王國的外交權，琉球藩外交事務由外務省管轄。（Ⅲ，十六）
	十一月五日	使節團謁見從蘇格蘭返回的維多利亞女王，並呈上國書。（Ⅲ，六）
	十一月十六日	使節團結束在英國的行程，前往法國。（Ⅲ，六）
	十一月廿九日	山城屋和助切腹平息其在法國投資失利的風波。（Ⅲ，七）
	十二月二日	使用和曆的最後一日。（Ⅲ，九）
明治六年	1月1日	採用格列高里曆，同時也採用一日廿四小時、一周七日制。（Ⅲ，九）
	1月9日	增設名古屋、廣島二鎮台，並把東北鎮台改為仙台鎮台。（Ⅲ，十）
	1月10日	太政官推動由山縣陸軍大輔主導的徵兵制。（Ⅲ，十）
	1月14日	太政官分別向陸軍省、大藏省下達決定城郭的處置命令，簡稱《廢城令》。（Ⅲ，十）
	2月7日	太政官下令禁止仇討、試刀及切捨御免等行為。（Ⅲ，九）
	2月24日	太政官撤除《五榜揭示》嚴禁切支丹禁令，天主教在日本取得合法地位。（Ⅲ，三）
	2月27日	太政官任命副島種臣為特命全權大使，就宮古島民遇害一事與清國交涉。（Ⅲ，十六）
	3月11日	使節團在柏林謁見德皇威廉一世、首相俾斯麥及元帥毛奇。（Ⅲ，六）

明治六年	
3月15日	俾斯麥首相招待岩倉大使及四名副使到其私宅餐敘。(Ⅲ，六)
4月3日	使節團成員謁見俄國沙皇亞歷山大二世。(Ⅲ，六)
4月18日	山縣推動的徵兵制徵募到的兵力過少，山縣為自己的失職辭去陸軍大輔。(Ⅲ，十)
4月19日	批准江藤新平、大木喬任辭去司法卿、文部卿，同日任命兩人與後藤象二郎為參議。(Ⅲ，七)
4月30日	副島種臣外務卿前往北京簽字批准《日清修好條規》。(Ⅲ，十六)
5月3日	井上馨主動辭去大藏大輔，大藏大丞澀澤榮一與其同進退。(Ⅲ，七)
5月10日	廢除陸軍元帥，晉升西鄉參議為陸軍大將代管陸軍省。(Ⅲ，十)
5月26日	使節團副使之一大久保利通返國。(Ⅲ，六)
6月3日	使節團來到奧地利，滯留奧地利期間多次造訪萬國博覽會會場。(Ⅲ，六)
6月8日	山縣重返陸軍省出任陸軍卿，陸軍大輔於7月2日由西鄉從道接任。(Ⅲ，十)
6月12日	西鄉參議首先在閣議上提出征韓。(Ⅲ，十二)
6月29日	副島特命全權大使單獨覲見同治皇帝，其順序在英、法、荷、俄、美五國公使前。(Ⅲ，十六)
7月17日	使節團結束所有行程，前往馬賽搭船返國。(Ⅲ，六)
7月23日	使節團副使之一木戶孝允返國。(Ⅲ，六)
7月28日	太政官頒布地租改正條例，內容共八條。(Ⅲ，十一)

明治六年	8月1日	由澀澤主導、三井組與小野組出資的第一國立銀行成立，澀澤自任頭取。（Ⅲ，七）
	8月17日	在三條太政大臣私宅舉行閣議，全體成員一致通過由西鄉擔任出使朝鮮的使節。（Ⅲ，十二）
	9月13日	使節團歷經一年九個月的參訪，返回日本。（Ⅲ，六）
	9月	啟蒙團體明六社成立，森有禮為社長。（Ⅲ，八）
	10月12日	大久保在三條、岩倉簽下切結書保證不會動搖反征韓立場下，以大藏卿身分兼任參議。（Ⅲ，十三）
	10月13日	在外務卿表現傑出的副島種臣亦兼任參議。（Ⅲ，十三）
	10月14日	針對征韓與否征韓派與反征韓派首度進行閣議，此日閣議不分勝負。（Ⅲ，十三）
	10月15日	三條太政大臣和岩倉右大臣同意以西鄉為朝鮮使節。（Ⅲ，十三）
	10月18日	三條太政大臣因壓力過大而陷入昏迷狀態。（Ⅲ，十三）
	10月19日	太政官制定《新聞紙條目》。（Ⅲ，十八）
	10月20日	天皇親自到三條宅邸探病，得知病況後下令岩倉代理太政大臣之職。（Ⅲ，十三）
	10月23日	岩倉代理太政大臣進宮向天皇闡述征韓派與反征韓派的見解。（Ⅲ，十三）
		同日西鄉向太政官辭去本官（參議）與兼任（近衛都督、陸軍大將）。（Ⅲ，十三）

明治六年	10月24日	太政官批准西鄉辭去參議與近衛都督，但為其保留陸軍大將。（Ⅲ，十三） 同日板垣、後藤、江藤、副島四名參議亦提出辭職，約六百餘名薩摩籍與土佐籍近衛兵將領跟進。（Ⅲ，十三）
	10月25日	因應征韓派五位參議辭職，太政官進行微幅改組，伊藤成為新參議。（Ⅲ，十三）
	11月10日	根據太政官布告發布成立內務省的消息。（Ⅲ，十三）
	11月29日	大久保成為新機構內務省的長官內務卿。（Ⅲ，十三）
	12月12日	歷經三次閣議，決定實施家祿稅和家祿奉還制度。（Ⅲ，十一）
	12月23日	在佐賀成立征韓黨，主張征韓，人數多達二千餘人。（Ⅲ，十四）
	12月25日	任命島津久光為內閣顧問。（Ⅲ，十四）
明治七年	1月9日	內務省正式運作，下轄勸業、警保、戶籍、驛遞、土木、地理寮以及測量司等六寮一司。（Ⅲ，十三）
	1月12日	板垣等四名前參議在古澤滋、小室信夫起草的《民選議院設立建白書》上簽名。（Ⅲ，十五） 由利公正、福岡孝弟等數十人將成立的幸福安全社改名愛國公黨，擁板垣退助為領袖。（Ⅲ，十五）
	1月14日	岩倉右大臣該晚下班時在喰違見附遇襲（赤坂喰違之變）。（Ⅲ，十五）
	1月15日	在東京設置警視廳，直轄於內務省，川路利良為首任大警視。（Ⅲ，十三）

明治七年	
1月17日	行刺岩倉右大臣的凶手武市熊吉等九名土佐士族被捕。（Ⅲ，十五）
	板垣等八人捧著《民選議院設立建白書》來到左院。（Ⅲ，十五）
1月25日	木戸孝允以參議身分兼任文部卿。（Ⅲ，十六）
1月27日	天皇初次參拜招魂社（靖國神社前身），並歌詠御製。（Ⅲ，二）
2月1日	佐賀憂國黨員搗毀小野組在佐賀的支店。（Ⅲ，十四）
2月2日	太政官核定東京警視廳應維持六千名警力的名額。（Ⅲ，十五）
2月3日	宮內省四等出仕加藤弘之撰文駁斥《民選議院設立建白書》（Ⅲ，十五）
2月11日	江藤新平在長崎會見島義勇，促成征韓黨與憂國黨的合作。（Ⅲ，十四）
2月13日	江藤進入佐賀，以舊藩校弘道館為本營指揮兩黨士族進攻佐賀城。（Ⅲ，十四）
2月16日	佐賀士族猛攻佐賀城，未能攻下。（Ⅲ，十四）
2月19日	島義勇草擬起事意趣書對外昭告。（Ⅲ，十四）
	大久保內務卿在這一日抵達福岡，旋即發出佐賀征討令。（Ⅲ，十四）
2月20日	太政官允許階級在巡查以上的警察可以攜帶武器。（Ⅲ，十五）
2月22日	征韓黨與鎮台兵在鳥栖激戰後敗北。（Ⅲ，十四）
2月23日	太政官任命東伏見宮嘉彰親王為佐賀征討總督，山縣陸軍卿與伊東祐麿海軍少將為征討參軍。（Ⅲ，十四）
2月28日	大久保內務卿全力進攻憂國黨，激戰中島義勇逃走。（Ⅲ，十四）
3月1日	東京、大阪、廣島、熊本四鎮台兵合力攻下佐賀城。（Ⅲ，十四）

明治七年	
3月7日	島義勇在鹿兒島被捕押解回佐賀。（Ⅲ，十四）
3月29日	江藤在土佐、阿波交界處的甲之浦被捕。（Ⅲ，十四）
4月3日	明六社機關誌《明六雜誌》發行創刊號，到解散為止共發行四十三期。（Ⅲ，八）
4月4日	太政官成立隸屬正院的台灣蕃地事務局，大隈重信為長官、5日任命西鄉從道為都督。（Ⅲ，十六）
4月9日	西鄉從道率領約三千名征討軍搭乘孟春、日進二船前往長崎。（Ⅲ，十六）
4月13日	江藤新平、島義勇的判決出爐，兩人均在佐賀斬立決並梟首。（Ⅲ，十四）
4月16日	板垣退助在高知城下成立政治團體立志社。（Ⅲ，十五）
4月18日	木戶不滿征台提出辭職，5月15日予以批准。（Ⅲ，十六）
4月27日	被敕使、副使帶回東京的內閣顧問島津久光擢為左大臣。（Ⅲ，十四）
4月	西鄉在鹿兒島縣內廣設私學校。（Ⅲ，二十）
5月22日	從道率領的三千兵力在屏東車城登陸。（Ⅲ，十六）
7月9日	行刺岩倉右大臣的武市熊吉等九名土佐士族在傳馬町牢屋敷處以斬罪。（Ⅲ，十五）
7月24日	駐清公使柳原前光與直隸總督兼北洋大臣李鴻章談判未果。（Ⅲ，十六）
8月1日	大久保取得前往清國談判的敕命，被任命為特命全權大使。（Ⅲ，十六）

明治七年	8月2日	大久保向太政官引薦伊地知正治、黑田清隆、山縣有朋三人為參議。(Ⅲ，十六)
	9月14日	大久保跳過李鴻章直接與恭親王主持的總理衙門進行談判。(Ⅲ，十六)
	10月31日	大久保與總理衙門簽訂《日清兩國間互換條款及互換憑章》，也稱《北京專約》，根據此約，日本取得五十萬兩的賠償。(Ⅲ，十六)
明治八年	1月4日	大久保等薩摩藩士前往神戶迎接木戶孝允。(Ⅲ，十七)
	1月22日	根據數日會談，木戶、大久保得出四點共識，此為半個月後大阪會議的論點。(Ⅲ，十七)
	2月11日	大阪會議召開，與會者有木戶、大久保、伊藤、板垣、井上馨等人。(Ⅲ，十七)
	2月13日	太政官頒布《平民苗字必稱義務令》，規定平民必須有苗字。(Ⅲ，九)
	2月22日	各地政治團體派出代表在大阪聚會，成立全國性政社愛國社。(Ⅲ，十七)
	3月8日	木戶孝允返回太政官再次出任參議。(Ⅲ，十七)
	3月12日	板垣退助繼木戶之後返回太政官，再次出任參議。(Ⅲ，十七)
	3月17日	大久保、木戶、伊藤、板垣四人出任政體取調掛，制定未來國家政體。(Ⅲ，十七)
	3月28日	大久保等政體取調掛完成《四參議政體取調案之略》，預告太政官將會有若干改組。(Ⅲ，十七)

明治八年	3月	太政官成立集神官教導職和神道系宗教於一身的神道事務局（後改為神道本局）。（Ⅲ，三）
		成立隸屬內務、大藏二省的地租改正事務局，總裁由大久保利通兼任。（Ⅲ，十一）
	4月14日	天皇的侍補及宮內省修改《四參議政體取調案之略》，代以天皇名義頒布《漸次樹立國家立憲政體》詔敕。（Ⅲ，十七）
		同日廢除太政官左院與右院。（Ⅲ，十七）
	4月25日	制定元老院章程，同時任命勝海舟等十三人為元老院議官（最後為廿二人）。（Ⅲ，十七）
	5月7日	榎本武揚駐俄特命權大使與俄國外務大臣簽訂《樺太・千島交換條約》。（Ⅲ，十六）
	5月25日	日本派出雲揚艦（6月12日又派出第二丁卯艦）前往釜山。（Ⅲ，十六）
	5月29日	內務大丞松田道之下達廢止由清國冊封琉球王的命令，此後琉球奉明治元號。（Ⅲ，十六）
	6月20日	地方官會議正式在東京淺草東本願寺別院召開，天皇親臨現場主持開會式，以木戶孝允為議長，為期廿日。（Ⅲ，十七）
	6月28日	太政官頒布《讒謗律》、《新聞紙條例》兩道惡法。（Ⅲ，十八）
	7月5日	天皇親臨元老院主持開院式。（Ⅲ，十七）
	7月	廢止行之有年的家祿奉還制。（Ⅲ，十一）

明治八年	8月	福澤諭吉出版《文明論之概略》。（Ⅲ，八）
		《東京曙新聞》編輯長末廣重恭因批評時政成為《新聞紙條例》首位受害者。（Ⅲ，十八）
	9月7日	太政官布告家祿與賞典祿不再供應米糧，以明治五到七年的平均米價換算為金錢支付。（Ⅲ，十一）
	9月20日	雲揚艦北上在漢江出口處江華島與朝鮮發生衝突（江華島事件）。（Ⅲ，十六）
	10月27日	參議與省卿分離的要求不被採納，板垣遂與島津左大臣一同辭職。（Ⅲ，十七）
明治九年	1月6日	黑田清隆、井上馨以大使、副使身分前往朝鮮就江華島事件進行談判。（Ⅲ，十六）
	2月26日	黑田清隆、井上馨與朝鮮簽訂《日朝修好條規》（《江華島條約》）。（Ⅲ，十六）
	3月28日	太政官頒布《廢刀令》，規定除著大禮服及軍人警察官吏外禁止佩刀。（Ⅲ，十九）
	3月	太政官提出《金祿公債證書發行條例》取代家祿稅與家祿奉還制度。（Ⅲ，十一）
	6月2日	天皇展開六大行幸的第二次，目的地為奧羽與函館。（Ⅲ，廿一）
	7月16日	天皇搭乘明治丸抵達函館。（Ⅲ，廿一）
	7月21日	天皇回到皇城，結束第二次行幸。（Ⅲ，廿一）

明治九年	
8月5日	大久保不顧木戶的反對，強行通過並對外頒布《金祿公債證書發行條例》。（Ⅲ，十一）
8月13日	札幌學校（前身為開拓使仮學校）改名為札幌農學校，克拉克為首任校長。（Ⅲ，九）
10月24日	一百七十餘名敬神黨徒夜襲熊本鎮台，熊本縣令傷重（數日後死去）、熊本鎮台司令長官及參謀當場死亡，但因熊本鎮台兵力充足，無法攻克而退走。（Ⅲ，十九）
10月27日	爆發秋月之亂（31日平定）。（Ⅲ，十九）
10月28日	前參議前原一誠率百餘名眾進攻萩城，是為萩之亂（11月5日平定）。（Ⅲ，十九）
10月29日	思案橋事件，首謀永岡久茂負傷被捕，死於獄中。（Ⅲ，十九）
11月20日	任命富岡敬明為熊本權令。（Ⅲ，二十）
11月30日	茨城縣真壁郡發生地租改正反對一揆。（Ⅲ，十一）
11月	任命谷干城為熊本鎮台司令長官，樺山資紀為參謀長、兒玉源太郎・川上操六為高級參謀。（Ⅲ，二十）
12月3日	前原一誠、奧平謙輔等人在萩處斬。（Ⅲ，十九）
12月8日	茨城縣那珂郡亦發生地租改正反對一揆。（Ⅲ，十一）
12月18日	三重縣飯能郡發生規模最大的地租改正反對一揆，24日鎮壓。（Ⅲ，十一）
12月26日	川路利良從警視廳挑出廿一名薩摩出身者返回鹿兒島縣。（Ⅲ，二十）

明治十年	
1月4日	太政官同意將地租從地價的百分之三調降為百分之二・五。(Ⅲ，十一)
1月29日	赤龍丸開進鹿兒島灣，艦上官員指揮工人欲趁黑夜搬走火藥庫存放的火藥及兵器而與私學校生發生衝突，私學校生搶走六萬發子彈。(Ⅲ，二十)
1月30日	天皇率領半數太政官成員前往京都泉涌寺祭祀先帝孝明天皇十周年祭。(Ⅲ，二十)
1月31日	私學校生欲搶奪造船所的火藥，但該單位的火藥事先已沾濕而未果。(Ⅲ，二十)
2月3日	私學校生匯集東京獅子的自白、口供，確定其返鄉目的為暗殺西鄉，西南戰爭的爆發已如箭在弦上。(Ⅲ，二十)
2月7日	私學校大幹部們召開軍事會議，目標為進攻熊本城。(Ⅲ，二十)
2月9日	大久保派出川村純義前往鹿兒島。(Ⅲ，二十)
2月15日	總計約一萬五千名薩軍手持「新政厚德」旗幟，從此日起兵分多路北上包圍熊本城，正式點燃西南戰爭的戰火。(Ⅲ，二十)
2月19日	太政官向熊本鎮台下達征討薩軍的命令，但此時還不清楚西鄉是否在薩軍中。(Ⅲ，二十) 熊本城大火，燒毀二之天守全部及部分的一之天守。(Ⅲ，二十)
2月20日	任命有栖川宮熾仁親王為鹿兒島縣逆徒征討總督，陸軍卿山縣有朋陸軍中將、海軍大輔川村純義海軍中將為參軍。(Ⅲ，二十)

明治十年	
2月22日	長崎縣令發來的電報確定西鄉為薩軍之首。(Ⅲ，二十) 薩軍開始進攻熊本城。(Ⅲ，二十) 政府軍第一、第二旅團在博多港登陸，隨即投入熊本城戰線。(Ⅲ，二十)
2月25日	宣布褫奪西鄉的陸軍大將軍階，並取消其兩千石永世賞典祿，桐野與篠原的陸軍少將軍階也一併褫奪。(Ⅲ，二十) 政府軍與薩軍在高瀨相遇，立即展開激戰。(Ⅲ，二十)
2月27日	西鄉末弟小兵衛在高瀨會戰陣亡，享年三十一歲。(Ⅲ，二十)
3月3日	田原坂激戰開始(20日結束)。(Ⅲ，二十)
3月4日	薩軍將領之一篠原國幹在吉次峠遭政府軍狙擊，享年四十一歲。(Ⅲ，二十)
3月8日	敕使柳原前光及黑田清隆、高島鞆之助兩位副使搭乘船艦前往鹿兒島。(Ⅲ，二十)
3月10日	島津久光正式在鹿兒島城二丸會見柳原敕使。(Ⅲ，二十)
3月18日	會津藩家老佐川官兵衛率領會津出身的警視隊在阿蘇戰死，享年四十七歲。(Ⅲ，二十)
3月19日	高島鞆之助率領一個半大隊鎮台兵與警察為衝背軍在八代海岸登陸。(Ⅲ，二十)
4月1日	政府軍攻下吉次峠。(Ⅲ，二十)

明治十年	4月6日	黨薩諸隊之一協同隊的宮崎八郎在八代與衝背軍作戰戰死，得年廿七歲。（Ⅲ，二十）
	4月13日	山川浩陸軍中佐擊退熊本城外的薩軍，解除熊本城的圍城。（Ⅲ，二十）
		薩軍三番大隊大隊長永山彌一郎切腹，享年四十歲。（Ⅲ，二十）
	4月15日	政府軍攻下植木，平定熊本北方的薩軍據點。（Ⅲ，二十）
	4月28日	從熊本城撤退的薩軍轉進至人吉盆地。（Ⅲ，二十）
	4月	東京開成學校與東京醫學校合併成東京大學，設置法、理、文、醫四個學部。（Ⅲ，九）
	5月5日	昭憲皇后下次兩箱葡萄酒以表達對木戶病情的慰問。（Ⅲ，廿一）
	5月26日	木戶在京都病逝，享年四十五歲。（Ⅲ，廿一）
	6月4日	政府軍完全控制住人吉盆地。（Ⅲ，二十）
	6月13日	大久保任命佐佐木高行及北村賴重為高知鎮撫，逮捕立志社成員。（Ⅲ，二十）
	6月	薩軍在日向國宮崎郡設置造幣局發行紙幣，此即西鄉札。（Ⅲ，二十）
	8月8日	林有造被捕，四十餘名立志社成員也在數日內陸續被捕，是為高知大獄。（Ⅲ，二十）
	7月28日	因戰局明顯對政府軍有利，天皇離開滯留半年的京都，返回東京。（Ⅲ，二十）
	8月2日	大久保內務卿接在天皇之後返回東京。（Ⅲ，二十）

明治十年	8月16日	西鄉親筆寫下布告，要黨薩諸隊解散。（Ⅲ，二十）
	8月18日	薩軍突破政府軍在可愛岳的包圍，一路衝回鹿兒島。（Ⅲ，二十）
	8月20日	大久保被任命為國內勸業博覽會事務局總裁。（Ⅲ，廿一）
	8月21日	第一回內國勸業博覽會在上野恩賜公園舉行，會期共計一百零二日。（Ⅲ，十三）
	9月1日	薩軍完成可愛岳的撤退，返回至鹿兒島的薩軍人數不足四百人。（Ⅲ，二十）
	9月23日	山縣親筆寫下要西鄉切腹的信函由河野主一郎轉交。（Ⅲ，二十）
	9月24日	負傷的西鄉進行切腹，別府晉介為其介錯，享年五十一歲。池上、村田、別府、邊見等人紛紛切腹追隨，惟，桐野利秋不願切腹，作戰至死，西南戰爭在桐野戰死後結束。（Ⅲ，二十）
	9月30日	大山縣令在長崎遭到斬首。（Ⅲ，二十）
	10月24日	福澤諭吉最遲在此時完成《丁丑公論》。（Ⅲ，廿一）
明治十一年	3月25日	石川縣士族島田一郎等七人分批離開金澤。（Ⅲ，廿一）
	4月10日	召開第二回地方官會議，伊藤博文出任議長，會期至5月3日。（Ⅲ，廿一）
	5月14日	大久保內務卿在上班途中途經紀尾井坂清水谷附近，遭到島田一郎等六名刺客襲擊，大久保當場死去，享年四十九歲。（Ⅲ，廿一）

後記

費時近四年終於完成《幕末．維新史》系列，內心充滿喜悅及振奮。回想二〇一六年前遠足總編郭昕詠女士向我邀稿時，我當時只有動筆寫《幕末》的構想，實際動筆後立即面臨到兩個問題：一是該如何處理戊辰戰爭，二是應該製作《幕末》的年表以供對照。寫《幕末》不提戊辰戰爭總有不完整之感，但依我全書的章節架構來看大概也只能占去三到四章，但三到四章的內容真的有辦法講完戊辰戰爭嗎？對此我抱持高度的懷疑。此外，最初答應郭女士是以一年的時間完成《幕末》，如果再加上戊辰戰爭與年表，一年的時間有辦法寫完嗎？對此我也抱持高度的懷疑。

《幕末》就在我兩個高度的懷疑下從二〇一七年八月開始動筆，原本我是從第一部〈幕末各方勢力簡介〉開始寫起，但進度不如預期，在朝廷部分寫完後跳到第二部〈幕末歷史發展〉。隨著第二部各章逐漸完成，我的《幕末・維新史》概念也隨之成形，到二〇一八年一月第二部完成在即，我決定把戊辰戰爭獨立出來，作為《幕末・維新史》的二部曲，另外也把戊辰戰爭之後的部分納進來作為三部曲，於是從原本的《幕末》擴大到《戊辰戰爭》及《御一新》。

戊辰戰爭的問題解決後，年表的問題也迎刃而解，年表不能只有幕末，戊辰戰爭、御一新也應該納入，與其每一部獨立製作年表，不如三部一併製作年表，也好提供讀者對照。

既已決定《幕末・維新史》為三部曲的大部頭之作，如何命名也是學問。二部曲現在稱為戊辰戰爭，但在當時是稱為戊辰役或戊辰之役，不管命名為戊辰役、戊辰之役或戊辰戰爭都無損於讀者的認知。三部曲則不然，由於明治維新一詞過於響亮，在 amazon 日文版可搜尋到超過一萬筆書目，中文譯本也有好幾本，連遠足也有兩本同名書籍，有鑒於此我不得不為三部曲想個別開生面的書名，以免拙作淹沒在浩瀚的書海裡。維新這個詞明顯出自中文，應該不被以王政復古為目標的新政府接受，因此我試著找出王政復古時對維新回天的說法作為三部曲的書名。其實也不難找，升味準之輔在《日本政党史論》、信夫清三郎在日本政治史第二卷《明治維新》、田中彰在《明治維新》、半藤一利在《幕末史》（後三者有中譯本）都有提及御一新，即使是日文，以御一新作為書名的著作並不多（最有名的大概就屬鶴見俊輔的《御一新の嵐》），益發增添我以御一新作為三部曲書名的信心。

確定二部曲與三部曲的書名後，當年五月，我向郭女士提出《幕末・維新史》系列的構想，之後三年這便成為我的「噩夢」（笑）。

御一新（明治維新）令人望之卻步的原因之一在於其下限年代難以掌握，光是下限的年代便有明治四年廢藩置縣（封建體制的終結）、明治十年西南戰爭（最後的內戰）、明治廿七年簽訂《日英通商航海條約》（與歐美列強簽訂平等新約）、明治四十四年簽訂《日美通商航海條約》（至此完全廢除《安政五國條約》以來所有的不平等條款）等諸種說法，前兩種我還勉可為之，後兩種（尤其是最後一種）幾乎在寫明治一代史，不僅非我能負荷，也非我的興趣。最後我選擇在明治十一年大久保利通暗殺事件作為《御一新》（同時也是《幕末・維新史》）的句點，因為維新三傑至此全部殞落，大久保利通在《濟世遺言》的規劃提前十年上演，換言之亦即提前十年進行太政官世代交替，我認為，以此作為《御一新》的結束應也有其歷史意義。

以明治維新為主題的書籍幾乎都會引用遠山茂樹教授的著作《明治維新》（一九五一年

初版），這本經典認為具有劃時代意義的明治維新始於天保十二（一八四一）年，終於明治十年的西南戰爭，前後三十七年是近代日本絕對主義形成的過程。遠山教授將明治維新提前到開國之前，顯然認為幕府統治下的日本蘊藏明治維新的能量，而非薩長一蹴可幾獨力完成倒幕與維新的事業，時至今日，遠山教授的觀點已普遍得到認同。我的《幕末・維新史》並未提及開國之前，因為我對天保、弘化、嘉永年間的認識還不夠，而非我不認同這一說法。

本書副標題為「近代日本的光與影」，顧名思義，談及的內容兼顧維新過程中的光與影，而非一味歌頌維新中進步的、影響正面的一面，我相信唯有完整的理解明治維新（包括光與影的部分）才是真正的以史為鑑。

如本文開頭所述，《幕末・維新史》系列費時近四年，這包含完成一部後到下一部動筆前的準備，實際上寫作的時間並沒有那麼久。《幕末・維新史》能夠與讀者見面，我首先要感謝前遠足總編郭昕詠女士，若不是她南下彰化向我邀稿，這一系列恐怕無緣問世，郭女士及責編陳柔君小姐在編輯《幕末》、《戊辰戰爭》付出的心力我非常的感激。之後的遠足總編李進文先生、賴譽夫先生兩位總編也在接手前後不惜紆尊降貴，百忙中抽空與我會面，對此我亦感激不已。

最後，我額外要感謝兩人：一是幫我在《幕末．維新史》系列出現不少外國人名（尤其是法國人）翻譯成中文的張元慧女士，另一是為我解說十九世紀傳入日本武器的劉至堅先生。我對於法國人名的翻譯以及傳入日本的兵器這兩方面都不具足夠的知識，好在有這兩位友人鼎力相助，增添《幕末．維新史》系列的可看性，在此致上我最深摯的感謝。

最後要感謝對幕末．維新史感興趣與購買本系列的讀者，你們的支持是我持續創作的動力。更希望藉由拙作的問世，能讓更多華人認識日本從近世邁入近代的過程。

洪維揚

2021年7月於彰化員林自宅

参考書目

一、日文書

1.明治文化全集　第一巻皇室篇　明治文化研究会　１９９２年7月復刻版
2.明治維新　隠された真実　安藤優一郎　日本経済新聞出版社　２０１９年5月
3.明治文化全集　第二巻政史篇上巻　明治文化研究会　１９９２年7月復刻版
4.大浦天主堂物語　ＮＰＯ法人世界遺産長崎チャーチトラスト　カトリック長崎大司教区　２０１８年7月
5.明治維新　日本の歴史20　井上清　中央公論新社　１９９７年6月
6.明治裏面史　隠れたる事実　伊藤痴遊　講談社　２０１８年9月

7. 明治維新と自由民権　石井孝　有隣堂　1993年11月
8. 日本政党史論　第一巻　升味準之輔　東京大学出版会　1983年4月
9. 日本政治史1　幕末維新、明治国家の成立　升味準之輔　東京大学出版会　1991年6月
10. 政治史Ⅲ　体系日本史叢書3　宇野俊一・大久保利謙・藤原彰　山川出版社　1985年11月
11. 明治新政権の権力構造　福地惇　吉川弘文館　1996年8月
12. 近代天皇制への道程　田中彰　吉川弘文館　1986年2月
13. 大久保利通伝（中）（下）　勝田孫弥　同文館　1910年10月
14. 大久保利通　幕末維新の個性3　笠原英彦　2005年5月
15. 西郷隆盛と士族　幕末維新の個性4　落合弘樹　吉川弘文館　2005年10月
16. 木戸孝允　幕末維新の個性8　松尾正人　吉川弘文館　2013年4月
17. 明治維新と文明開化　日本の時代史21　松尾正人編　吉川弘文館　2004年2月
18. 岩倉使節の研究　大久保利謙編　宗高書房　1976年12月

19. 西郷隆盛　滅びの美学　沢村修治　幻冬舎　2017年9月
20. 江戸東京の幕末・維新・開化を歩く　黒田涼　光文社　2018年4月
21. 華族——近代日本貴族の虚像と実像　小田部雄次　中央公論新社　2007年5月
22. 徴兵制と近代日本 1868~1945　加藤陽子　吉川弘文館　2005年10月
23. 秩禄処分——明治維新と武士のリストラ　落合弘樹　中央公論新社　1999年12月
24. 明治六年政変の研究　毛利敏彦　有斐閣　1978年5月
25. 自由党史（上）　板垣退助監修　岩波書店　1997年9月
26. 近世日本国民史　明治三傑　徳富蘇峰　講談社　1981年10月
27. 図説西郷隆盛と大久保利通　芳即正、毛利敏彦編着　河出書房新社　2004年2月
28. 日本史年表・地図　児玉幸多編　吉川弘文館　2010年4月
29. 大久保利通　佐々木克監修　講談社　2008年12月
30. 自由民権運動の研究——国会開設運動を中心として——　内藤正中　青木書店　1987年10月
31. 大久保甲東先生　徳富猪一郎　民友社　1927年10月

32.伊藤博文伝（上）　春畝公追頌会編　春畝公追頌会　1940年10月
33.西南戦争——西郷隆盛と日本最後の内戦　小川原正道　中央公論新社　2007年12月
34.歴史群像シリーズ21　西南戦争——最強薩摩軍団崩壊の軌跡　学習研究社　1995年10月
35.不敗の宰相大久保利通　加来耕三　講談社　1998年3月
36.甲東逸話　勝田孫弥　マツノ書店　2004年7月
37.国史大辞典第五巻　国史大辞典編集委員会　吉川弘文館　1985年2月

二、中文書

1.日本近代政治史第二巻　信夫清三郎　桂冠圖書公司　1994年4月
2.明治維新　田中彰　玉山社　2012年5月
3.明治天皇・睦仁和他的時代　1852～1912（上）　唐納德・基恩　遠足文化

2019年2月
4.日本史（四） 鄭學稼 黎明文化事業有限公司 1985年10月
5.日本近代國家的形成 原口清著，李永熾譯 水牛出版社 1972年
6.日本開國五十年史（上） 大隈重信 上海社會科學院出版社 2007年5月
7.明治天皇 伊藤之雄著，林靜薇譯 廣場出版 2019年10月
8.福澤諭吉與《學問之勸》 林呈蓉著 五南出版 2017年11月
9.日本軍國主義 第一冊 井上清著，姜晚成譯 商務印書館 1985年1月
10.日本經濟史 石井寬治著，黃紹恆譯 五南出版 2008年9月
11.參勤交代：江戶幕府的統治關鍵 安藤優一郎著，黃琳雅譯 遠足文化 2019年4月
12.西鄉隆盛傳 鄭學稼 黎明文化事業有限公司 1980年7月
13.日本政黨史 陳水逢 台灣商務印書館 1966年11月
14.日本外交史 上冊 信夫清三郎編 天津社會科學院日本問題研究所譯 商務印書館 1980年8月
15.六十年來中國與日本 第一卷 王芸生 三聯書店 2005年7月

16. 西鄉隆盛：通往西南戰爭的道路　猪飼隆明著，呂靈芝譯　社會科學文獻出版社
2020年9月
17. 宛如飛翔（一）～（十）　司馬遼太郎著　劉惠禎、蔡宗明、周素芬合譯　遠流出版公司
1996年3月

國家圖書館出版品預行編目 (CIP) 資料

御一新：近代日本的光與影 . 有司專制．士族反亂／洪維揚 著
一初版 .一 新北市：遠足文化事業股份有限公司，2022 年 10 月 480 面；14.8×21 公分

ISBN 978-986-508-157-7 (平裝)

1. 明治維新　2. 日本史

731.272　　111013019

大河

御一新：近代日本的光與影

有司專制．士族反亂

作者——洪維揚
責任編輯——賴譽夫
封面設計——霧室
排版——簡單瑛設

編輯出版——遠足文化
行銷企劃——余一霞、汪佳穎、林芳如
行銷總監——陳雅雯
副總編輯——賴譽夫
執行長——陳蕙慧
社長——郭重興
發行人兼
出版總監——曾大福
發行——遠足文化事業股份有限公司
地址——23141 新北市新店區民權路 108 之 2 號 9 樓
代表號——(02)2218-1417
傳真——(02)2218-0727
客服專線——0800-221-029
Email ——service@bookrep.com.tw
郵政劃撥帳號——19504465　戶名：遠足文化事業股份有限公司
網址——http://www.bookrep.com.tw
法律顧問——華洋法律事務所 蘇文生律師
印製——呈靖彩藝有限公司
初版一刷——西元 2022 年 10 月

ISBN　978-986-508-157-7
定　價　500 元